JN114733

A SYSTEMATIC APPROACH TO ENGLISH WORDS BASIC

SYSTEM
システム英単語
Basic 5訂版

駿台予備学校講師／PRODIGY英語研究所
霜　康司
刀祢 雅彦
コンサルタント
Preston Houser

本書は『システム英単語Basic〈5訂版〉』
と同内容で文庫判にしたものです。

"I've learned that I still have a lot to learn."
— Maya Angelou

* * *

私はまだ学ぶべきことがたくさんあると学びました。
— マヤ・アンジェロウ

駿台文庫

Ⅰ 時代と共に変わる『システム英単語』

★言葉は変わる

本書の初版が出版されてはや20年以上になりますが，その間にも新しい単語や語法が生まれています。たとえば，20年前ならtextという単語はほぼ常に名詞で使われていましたが，2002年にはtextが動詞として使われだしたことに驚いたという辞書編纂者の記事が*The New York Times* 紙に掲載されました。もちろん，今では動詞textはごく普通に使われており，たとえばつい最近の早稲田大学の入試問題でも次のような文が登場しました。

I'll **text** you later.（あとでメールする）

★大学入試問題は変わる

大学入試の英文の話題も時代と共に変わってゆきます。特に，最近の大学入試問題では医学・生物関連の話題がよく登場するようになりました(詳細は『システム英単語メディカル』参照)。当然ながら医学・生物関係の単語が多く登場するようになり，**antibiotic**「抗生物質」，**medication**「薬物(治療)」などもごく普通に見かけます。**dementia**「認知症」は1998年の400回の大学入試で出題されたのは2大学だけでしたが，最近では毎年10大学以上で登場し，注が付かないことも多くなっています。また，**cognitive**「認知の」や**antibiotic**「抗生物質」は20年前の10倍以上出現しています。

医学・生物関連以外でも大きく頻度が変わった単語があります。たとえば，**infrastructure**「インフラ」，**artificial intelligence**「人工知能(AI)」なども多く登場するようになりました。

今回の改訂でも，こうした新しいトレンドをいち早く取り入れていますから，インターネットや新聞・雑誌で見られる最新の英単語が自然と身につけられます。

★英語教育は変わる

英語教育とそれを巡る入試制度は今大きな岐路に立っています。受験生は不安でしょうが，目先の制度変更に学習者が大きく左右される必要はありません。豊富な語彙を自由に使えるようになるという目標は変わりません。

もともと『システム英単語』は，膨大な大学入試問題のデータだけでなく，新聞，雑誌，シナリオ，スクリプト，書籍，インターネットなどの膨大なデータとを比較検討した上で作成してきました。つまり，本書の誕生のコンセプトは≪実用英語として役立つ受験英語≫ですから，制度がどのように変わろうと目指す方向に変わりはありません。

★改訂のポイント

今回の改訂では，最新の大学入試問題に加えて，中高の教科書全種類，各種のCEFRの語彙レベル，各種資格試験の入手可能な全ての公開資料や過去問題などを全調査し，基礎的なレベルから順序よく配列しました。特に前半(～Fundamental Stage)では単語の頻度だけでなく学習の順序を考慮しています。そして後半(Essential Stage～)では大学入試問題での頻度を重視して編集しています。本書の順序通りに進めれば，基礎レベルから段階を踏んで最難関の大学入試まで到達できますから，安心して学習を進めてください。

最後になりましたが，膨大な資料と読者や先生方の声，とりわけ教え子の皆さんの声を頼りに，ようやく5訂版を上梓できました。貴重なご教示を賜った方々はあまりに多く，ここにはあえて記しませんが，皆さんの一つ一つの言葉によってこの言葉の本ができ上がったことに深く感謝します。英文校閲をお願いしたPreston Houser先生，ナレーターのAnn Slaterさん，Howard Colefieldさんには数々の助言をいただきました。また小島茂社長をはじめ駿台文庫の皆様には大いに助けられ，励まされました。緻密極まる編集作業においては上山匠さん，斉藤千咲さんをはじめ多くの皆様にご尽力いただきました。まことに幸運な本であったと，心から感謝いたします。

2019年　　秋

著者しるす

▶ミニマルフレーズ校閲

Preston Houser / Paul McCarthy
David Lehner / Frederick Arnold / Brad Reinhart

▶ナレーター

Ann Slater / Howard Colefield
Lynne Hobday / Bill Benfield
尾身美詞（劇団青年座）/ 亀田佳明（文学座）

II ミニマル・フレーズについて

★≪ミニマル・フレーズ≫を覚えよう！

英単語にはそれぞれ個性があります。発音がまぎらわしいもの，語法がややこしいもの，前置詞が異なれば意味が違ってしまうもの，日本語訳では意味がつかみにくいものと，覚えるポイントもさまざまです。そういった単語の特徴を捉えるためには，他の単語との関わりの中で覚えるのが何より大切です。

本書の≪ミニマル（最小限）・フレーズ≫は，最小の労力で最大の学習効果が得られるように工夫されています。たとえば次の例を見てください。

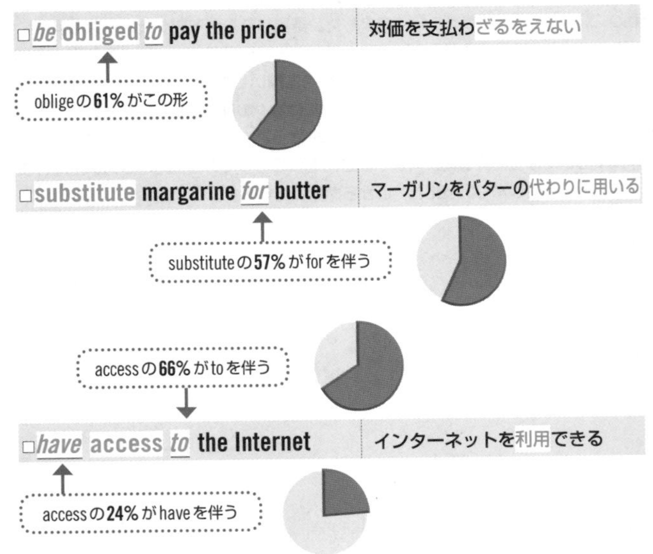

□be obliged to pay the price
対価を支払わざるをえない
obligeの61%がこの形
□substitute margarine for butter
マーガリンをバターの代わりに用いる
substituteの57%がforを伴う
accessの66%がtoを伴う
□have access to the Internet
インターネットを利用できる
accessの24%がhaveを伴う

上の数値は大学入試問題のデータによるものです。たとえば名詞の**access**は大学入試問題2,617例中1,719例（66%）がtoを伴います。こうして見ると，英単語を孤立した形で覚えるより，フレーズ丸ごとで覚える方が有益なのは一目瞭然です。

★信頼のデータが生みだした≪出る形≫と≪意味まで頻度順≫

英単語の中には変化形がある単語も多く，名詞なら単数形・複数形，動詞なら原形・ing形・過去分詞形などがあります。その中である形が極端に高頻度で現れる単語もあります。

本書はそうした変化形の使われ方を全調査し，≪ミニマル・フレーズ≫には一番よく出る形を採用しています。たとえば，**manufacture**という単語は大学入試1,471例中736例(50％)で**manufacturing**という形で使われています。従って≪ミニマル・フレーズ≫は次のようになっています。

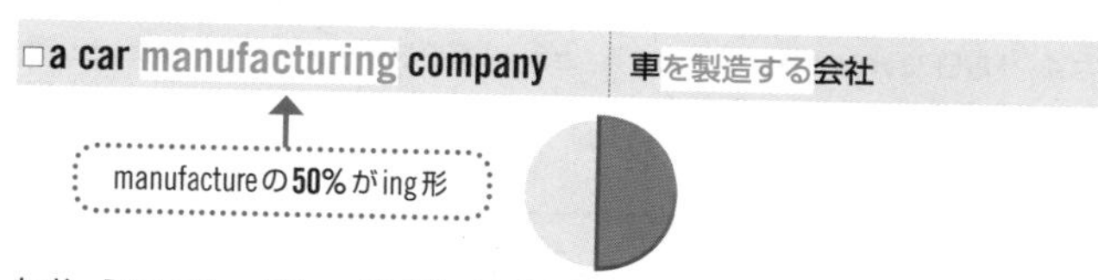

なお，ミニマル・フレーズ同様＜名詞＋**manufacturing**＞の形は60例，後ろに**company**を伴う例は46例あります。

さらに大学入試問題と入試以外のデータ(約4億語)で比較してみましょう。**underlie**の変化形の出現数を下に挙げます。

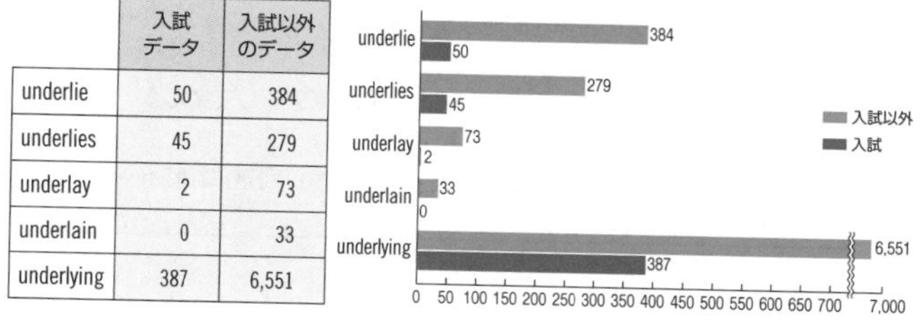

	入試データ	入試以外のデータ
underlie	50	384
underlies	45	279
underlay	2	73
underlain	0	33
underlying	387	6,551

このデータを見れば，まず最初は**underlying**という形で覚えるのが効率的だと誰もが納得するでしょう。だから≪ミニマル・フレーズ≫は下のようになっています。

□**the underlying cause**　根本的な原因

Ⅲ『システム英単語』シリーズの効果的学習法

★感覚を研ぎ澄ませて，ミニマル・フレーズを丸ごと覚える！

まずは≪ミニマル・フレーズ≫の英語を丸ごと覚えるのが目標です。単語やフレーズの日本語訳だけを覚えようとしてはいけません。≪ミニマル・フレーズ≫には意味だけでなく語法や連語関係も凝縮されていますから，それが自然と口をついて出てくるのが理想です。単に目で読むだけではなく，耳で聞き，口に出し，手で書くという作業が長期記憶を作ってくれます。特に音声を使う方がはるかに効果的におぼえられるので，ぜひ利用してください。また，「毎日単語を50個覚える」という結果を目標にするのではなく，「毎日30分シャドウイングする」とか，「毎日フレーズを100個書く」というような作業計画を立てることが重要です。

☆本書の記事を読み，単語の意味・語法を確認する

⬇

☆単語の音声をダウンロードして確認(→p. X)

⬇

☆『システム英単語Basic　例文書きこみワークブック』(別売)でつづり字の確認

⬇

☆ミニマル・フレーズの音声を聞きながら繰り返しシャドウイング(→p. X)

⬇

☆派生語，ポイントチェッカー，Q&Aなどを確認して覚える

⬇

☆『システム英単語Basic　チェック問題集』(別売)で確認

★忘却を防ぐ反復練習

覚えたことを忘れるのは当たり前。長期間記憶を保つためには，反復して復習する必要があります。たとえば今日1～100を覚えたら，次の日は20～120を覚え，さらに次の日には40～140を覚える，というようにして，同じ単語を5，6日連続して確認しましょう。覚えていることを何度も確認することで，忘れにくくなるのです。

★紙を使う

最近の研究によると，視覚，聴覚はもちろん，触感なども記憶に関係していると言われています。スマホやタブレットのスクリーンよりも，紙を使う方が学習効果が高いそうです。デジタル・デバイスの利点も多いのですが，紙を使うことも忘れないようにしましょう。

Ⅳ 本書の構成と使い方

『システム英単語』では，単語によって覚えるポイントが違うということを示すために2つのレイアウトを用いています。語法問題に出やすい単語や，複数の訳語を覚える必要がある単語は下記のレイアウト，語法が比較的単純で，派生語も少ないのでフレーズの形で覚えれば対応できる単語は右のページのレイアウトになっています。

★≪ポイントチェッカー≫

ページの左の欄には，「ポイントチェッカー」が並んでいます。これはその単語について特に重要な派生語や反意語・同意語，出題頻度の高い発音・アクセントについてチェックをうながすサインです。以下の記号がついている場合，答えは記号の右側に書かれています。答えを自分で考えてから右側を見てチェックしてください。

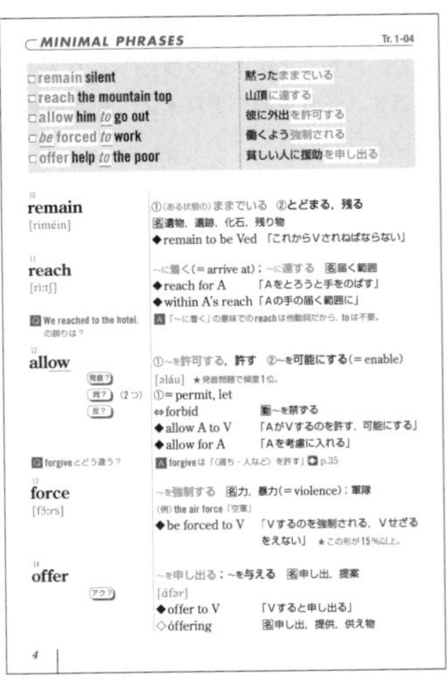
MINIMAL PHRASES　Tr. 1-04

□remain silent	黙ったままでいる
□reach the mountain top	山頂に達する
□allow him *to* go out	彼に外出を許可する
□*be* forced *to* work	働くよう強制される
□offer help *to* the poor	貧しい人に援助を申し出る

10 **remain** [riméin]
①(ある状態の)ままでいる　②とどまる，残る
名遺物，遺跡，化石，残り物
◆remain to be Ved　「これからVされねばならない」

11 **reach** [ri:tʃ]
～に着く(= arrive at)；～に達する　名届く範囲
◆reach for A　「Aをとろうと手をのばす」
◆within A's reach「Aの手の届く範囲に」
Q We reached to the hotel. の誤りは？
A 「～に着く」の意味でのreachは他動詞だから，toは不要。

12 **allow**
発音?　[əláu]　★発音問題で頻度1位。
同?(2つ)　①= permít, let
反?　⇔forbíd　動～を禁ずる
①～を許可する，許す　②～を可能にする(= enable)
◆allow A to V　「AがVするのを許す，可能にする」
◆allow for A　「Aを考慮に入れる」
Q forgiveとどう違う？
A forgiveは「〈過ち・人など〉を許す」 p.35

13 **force** [fɔ́:rs]
～を強制する　名力，暴力(= violence)；軍隊
(例) the air force「空軍」
◆be forced to V　「Vするのを強制される，Vせざるをえない」　★この形が15%以上。

14 **offer**
アク?　[ɑ́fər]
～を申し出る；～を与える　名申し出，提案
◆offer to V　「Vすると申し出る」
◇óffering　名申し出，提供，供え物

4

- 動?　動詞形は何ですか。
- 名?　名詞形は何ですか。
- 形?　形容詞形は何ですか。
- 副?　副詞形は何ですか。
- 同?　同意語は何ですか。
- 反?　反意語は何ですか。
- 同熟?　同じ意味を表す熟語は何ですか。

発音記号は普通各ページの左の欄にありますが，下の記号がついている場合は，右の欄に発音記号が書かれています。答えを自分で考えてから右側を見てチェックしてください。

- アク?　アクセントはどこにありますか。
- 発音?　下線の部分をどう発音しますか。
（一部の黙字を除き，単語に下線があります）

各ページの右上に，フレーズ音声のトラック番号を記しました。番号は別売CDと有料ダウンロード版で共通しています。CDの場合，**Tr. 3-23**はDisc 3のtrack 23のことを表します。

(5) Verbs　動詞

MINIMAL PHRASES　Tr. 1-72

332
□explain *why* he was late　彼がなぜ遅れたかを説明する
[ikspléin]　★why, howなど疑問詞をよく伴う。
(名?)　◇explanátion　名説明
Q Explain me the answer. はなぜ誤り？
A explainはSVOOの文型がない。Explain the answer to me. が正しい。

333
□accept the truth as it is　ありのまま真実を受け入れる
[əksépt]
(反?)　⇔rejéct, refúse　動～を断る
◇accéptable　形容認できる
◇accéptance　名受け入れ，容認
Q receive an invitationとaccept an invitationはどう違う？
A receiveだと単に「招待状をもらう」の意味，acceptでは「招待を受け入れる」の意味になる。

★≪語法Q&A≫

左の欄にQの記号と質問が書かれている場合があります。これはその単語の語法や意味に関する重要事項をチェックするためのコーナーです。答えを自分で考えてから右側のAの解答や解説を見てチェックしてください（A↑と書いてあるときは，記号の上に答えに相当する情報が記載されています）。

本書で使われている記号

動　動詞　　名　名詞　　形　形容詞　　副　副詞
接　接続詞　　前　前置詞　　源　語源の説明　　諺　ことわざ
＝　同意語　　⇔　反意語
◇　派生語・関連語　　◆　熟語・成句　　cf.　参照
《米》《英》　アメリカ英語・イギリス英語に特有の意味・表現など
(多義)　重要な意味が2つ以上あるので注意
(語法)　語法や構文に注意

熟語の中のカッコ

[　]　直前の語と入れ替え可　　(　)　省略可能

単語の意味の表記

①②……多義語
，(カンマ)で区切られた意味……同種の意味・用法の列挙
；(セミコロン)で区切られた意味……注意が必要な区分(自動詞と他動詞の違いなど)

V 本書の音声について

★英米4人のナレーター

本書の音声はそれぞれの単語，フレーズを米音と英音の両方で収録しています。ほとんどの英単語はアメリカ英語もイギリス英語も同じ発音ですから，その違いをあまり気にする必要はありません。しかし，英語を覚えるときには，できるだけ多くの人の声を聞くことが重要です。たとえば母語を習得する際にも，多くの人の異なる声を聞きながら言葉を覚えてきたはずです。どんな言語であれ，何人もの人の声を通して覚える方が自然で，効率的なのです。

本書の音声は，英単語(無料版)，ミニマル・フレーズ(有料版)ともに，アメリカ人の男女，イギリス人の男女，日本人の男女の計6人のナレーターの声を収録しています。同じ声の繰り返しではなく，次々に聞こえてくる声を頼りに学習を進めましょう。

★≪ミニマル・フレーズ≫はトリプル・リピート方式！
～本書の音声ダウンロードと音声CDについて～

本書の見出し語の音声データは無料でダウンロードできます。それぞれの単語は下のように収録されており，同じ単語の音声を2回聞くことができます。なお，本書の英単語の発音記号には，多くの英和辞典などに掲載されている表記を採用していますが，それとは異なる発音の仕方もあります。そのため，ナレーターの発音と発音記号が異なる場合があります。

英単語の発音に慣れたら，次は有料ダウンロード版／別売CDで≪ミニマル・フレーズ≫を聞いて，シャドウイングしてください。こちらは同じフレーズの英語が3回繰り返される「トリプル・リピート方式」で収録されており，最小(ミニマル)の労力で語法や連語関係も覚えられます。

1単語／フレーズごとの読み方

(単語)　アメリカ英語 → 日本語訳 → イギリス英語

(フレーズ)　アメリカ英語 → 日本語訳 → アメリカ英語 → イギリス英語

『システム英単語Basic〈5訂版〉』音声一覧

ステージ	収録内容	CD ／ DL	無料DL
Introduction	例文・単語	○*	○*
Stage 1 **Starting Stage**	単語		○
	フレーズ	○	
Stage 2 **Fundamental Stage**	単語		○
	フレーズ	○	
Stage 3 **Essential Stage**	単語		○
	フレーズ	○	
多義語の**Brush Up**	フレーズ	○	
ジャンル別英単語	単語		○

▶≪ミニマル・フレーズ≫の有料音声ダウンロード

https://audiobook.jp/product/243942（フルセット版購入ページ）

※DL版はフルセット版の他に，ステージごとの分割版もございます。

＊有料ダウンロード(DL)版は，オーディオブック配信サービス「audiobook.jp」を通じてのご提供となります。ご利用には会員登録が必要となります。ご購入やご使用方法の詳細につきましては，audiobook.jpサイトをご覧ください。
＊Introductionの音声は，別売CDとDL版(有料･無料)で同一内容を収録しています。
＊本サービスは予告なく終了されることがあります。

▶単語の無料音声データダウンロード

https://www2.sundai.ac.jp/yobi/sc/dllogin.html?bshcd=B3&loginFlg=2

上記アドレスまたは二次元コードより駿台文庫ダウンロードシステムへアクセスし，認証コードを入力して「サービスを開始する」を押してください。

認証コード：B3-96111416

ダウンロードしたいコンテンツを選択し，「ダウンロードを実行」または「ファイル単位選択・ダウンロード画面へ」を押してください。ファイル名の番号は，書籍に記載のトラック番号(例：Tr.1-02)に対応しています。

Introduction

Lesson 1. Key Sentences …… 2
Lesson 2. Check them out! …… 7
Lesson 3. Key Rules …… 22

Stage 1 *Starting Stage*

Verbs 動詞 …… 34
Nouns 名詞 …… 51
Adjectives 形容詞 …… 82
Adverbs etc. 副詞・その他 …… 98

Stage 2 *Fundamental Stage*

(1) Verbs 動詞 …… 110
(2) Nouns 名詞 …… 144
(3) Adjectives 形容詞 …… 159
(4) Adverbs etc. 副詞・その他 …… 171
(5) Verbs 動詞 …… 177
(6) Nouns 名詞 …… 188
(7) Adjectives 形容詞 …… 205
(8) Adverbs etc. 副詞・その他 …… 213

Stage 3 *Essential Stage*

(1) Verbs 動詞 …… 218
(2) Nouns 名詞 …… 237
(3) Adjectives 形容詞 …… 253
(4) Adverbs etc. 副詞・その他 …… 262

(5) Verbs　動詞 264
(6) Nouns　名詞 274
(7) Adjectives　形容詞 298
(8) Adverbs　副詞 309
Stage 4　多義語の ***Brush Up*** 314
INDEX 346

ジャンル別 英単語

1 職業 108
2 人間関係 108
3 野菜・果物 170
4 天気 175
5 動物 176
6 植物 187
7 虫 216
8 鳥 216
9 図形 297
10 食事 308
11 海の生き物 310
12 人体 311
13 衣服 311
14 公共施設・建物 312
15 住居 312
16 教育 345

Introduction

ここでは Speaking にも必要な表現やルールを確認します。すべて中学で習ったことですが，考えなくてもさっと正しい英語が出てくるようにしましょう。

"Well begun is half done."— Aristotle

＊　＊　＊

始めよければ半ば成功。— アリストテレス

Lesson 1. Key Sentences

Tr. 1-02

s-1	"What is the purpose of your visit?" "Sightseeing."
□	「訪問の目的は何ですか？」「観光です」

s-2	"How long have you been in Hawaii?" "Hmm, let's see ... for over ten weeks."
□	「ハワイに来てどれくらいになりますか？」 「ふーむ，そうですね…10週間以上になります」

s-3	"Have you ever been to Thailand?" "No, not yet."
□	「これまでにタイに行ったことはありますか？」「いいえ，まだありません」

s-4	I found a surprising fact about Brazil.
□	ブラジルについて驚くべき事実を見つけた。

s-5	There is a factory several miles away from here.
□	ここから数マイル離れたところに工場がある。

s-6	I have live*d* in the country since I *got* married.
□	私は結婚して以来その国に住んできた。

s-7	Three months *have* pass*ed* *since* he went away.
□	彼がいなくなってから 3 ヵ月たつ。

s-8	We gathered in front of the entrance of the hall.
□	私たちはホールの入口の正面に集まった。

s-9 We crossed to the other side of the street.

☐ 私たちは道を渡って向こう側に行った。

s-10 A group of five people went camping near a waterfall in the Philippines.

☐ 5人のグループがフィリピンの滝の近くへキャンプしに行った。

s-11 "Excuse me. Can you tell me the way to the nearest bank?"
"Well, turn left at the second corner and you'll see it on your right."
"I see. Thanks."

☐ 「すみません。一番近くの銀行へ行く道を教えていただけますか？」
「ええと，2つめの角を左に曲がりなさい。そうすると，右側に見えます」
「わかりました。ありがとう」

s-12 "Excuse me. Is there a hotel around here?"
"Yeah. Go straight along the street and turn left at the second traffic *light*."

☐ 「すみません。このあたりにホテルはありますか？」
「ええ。この道をまっすぐに行って2つめの信号を左に曲がりなさい」

s-13 "How long does it take to get to the station?"
"Sorry, I'm a stranger here myself."
"Okay. Thank you anyway."

☐ 「駅に行くのにどれくらい時間がかかりますか？」
「すみません，私自身もこのあたりは不案内なんです」
「わかりました。とにかくありがとう」

s-14	**I am afraid to travel by myself. I often get lost on my way to school.**
□	私はこわくてひとりで旅行できない。学校に行く途中で迷うこともしばしばだ。

s-15	**The castle is 800 meters above *sea* level.**
□	その城は海抜800メートルにある。

s-16	**He worked for a long time as a tour guide in California.**
□	彼は長い間カリフォルニアで観光ガイドとして働いた。

s-17	**I took a direct flight to Paris.**
□	私はパリ直行便に乗った。

s-18	**A kitten was approaching me.**
□	子猫が私に近づいてきた。

s-19	**He went down to the convenience store alone.**
□	彼はひとりでコンビニへ行った。

s-20	**"Would you help me?" "Sure, what can I do for you?"**
□	「手伝っていただけますか？」 「はい，何をしましょうか？」

s-21	**Can I exchange this five-dollar bill *for* coins?**
□	この５ドル札をコインに交換していただけますか？

s-22	Let's ask Greg for advice.
□	グレッグに助言を頼もう。

s-23	"I'm sure we'll have a good time together." "I think so, too."
□	「一緒に楽しめると思うよ」 「私もそう思う」

s-24	I'm looking forward to see*ing* you.
□	あなたに会えるのを楽しみにしています。

s-25	"*What's the* matter?" "I have a headache and fever." "That's too bad."
□	「どうしたのですか？」 「頭痛がして，熱があるのです」 「それはかわいそうに」

s-26	"Hey, why don't you come with me?" "That's very kind of you."
□	「やあ，一緒に来ませんか？」 「ご親切にありがとう」

s-27	"Why don't we take a break?" "Why not? Sounds *good*. By the way, what time is it?" "It's about seven."
□	「休憩を取りませんか？」 「うん，いいね。ところで，今何時？」 「7時くらいです」

s-28	"May I have your name?" "Yes, my name is Norman Rockwell."
□	「お名前を教えていただけますか？」 「はい，私の名前はノーマン・ロックウェルです」

s-29	"Can I speak to Cathy?" "Sorry, but she's out now. Would you like to leave a message?" "No, thank you. I'll call back later."
□	「キャシーと話せますか？」 「すみませんが，彼女は今外出しています。メッセージを残しますか？」 「いいえ，ありがとう。後でかけ直します」

s-30	"Will you introduce me to your friend?" "Sure. This is Nao. She is an old friend from nursery school."
□	「あなたの友だちに私を紹介してくれませんか？」 「ええ。こちらナオです。保育園からの古い友だちです」

s-31	"Here is my e-mail address." "Thanks. I'll send you an e-mail by tomorrow."
□	「これが私のEメールアドレスです」 「ありがとう。明日までにEメールを送ります」

Lesson 2. Check them out!

Tr. 1-03

(1) 週の曜日

□ **week** [wíːk] ウィーク	名 週 ◇wéekend	名 週末
□ **Sunday** [sʌ́ndei] サンデイ	名 日曜日	略 Sun. 源 Sun（太陽）+ day（日）
□ **Monday** [mʌ́ndi] マンディ	名 月曜日	略 Mon. 源 Mon（= moon ／月）+ day（日）
□ **Tuesday** [t(j)úːzdei] トゥーズデイ	名 火曜日	略 Tue. またはTues.
□ **Wednesday** [wénzdei] ウェンズデイ	名 水曜日	略 Wed.
□ **Thursday** [θə́ːrzdei] サーズデイ	名 木曜日	略 Thur. またはThurs.
□ **Friday** [fráidi] フライディ	名 金曜日	略 Fri.
□ **Saturday** [sǽtərdei] サタデイ	名 土曜日	略 Sat.

(2) 暦の月

□ **January** 発音?	名 1月 [dʒǽnjuèri] ヂャニュエリ	略 Jan.
□ **February** [fébjueri] フェビュエリ	名 2月	略 Feb.
□ **March** [mά:*r*tʃ] マーチ	名 3月	略 Mar.
□ **April** [éiprəl] エイプリル	名 4月	略 Ap. または Apr.
□ **May** [méi] メイ	名 5月	
□ **June** [dʒú:n] ヂューン	名 6月	略 Jun.
□ **July** [dʒulái] ヂュライ	名 7月	略 Jul.
□ **August** [ɔ́:gəst] オーガスト	名 8月	略 Aug.
□ **September** [septémbə*r*] セプテンバ	名 9月	略 Sep. または Sept.
□ **October** [ɑktóubə*r*] アクトウバ	名 10月	略 Oct.
□ **November** [no*u*vémbə*r*] ノウヴェンバ	名 11月	略 Nov.
□ **December** [disémbə*r*] ディセンバ	名 12月	略 Dec.

(3) 数字(基数詞と序数詞)

	〈基数詞〉			〈序数詞〉	
1	one	[wʌ́n] ワン	1st	first	[fə́ːrst] ファースト
2	two	[túː] トゥー	2nd	second	[sékənd] セコンド
3	three	[θríː] スリー	3rd	third	[θə́ːrd] サード
4	four	[fɔ́ːr] フォー	4th	fourth	[fɔ́ːrθ] フォース
5	five	[fáiv] ファイヴ	5th	fifth	[fífθ] フィフス
6	six	[síks] スィクス	6th	sixth	[síksθ] スィクスス
7	seven	[sévn] セヴン	7th	seventh	[sévnθ] セヴンス
8	eight	[éit] エイト	8th	eighth	[éitθ] エイトス
9	nine	[náin] ナイン	9th	ninth	[náinθ] ナインス
10	ten	[tén] テン	10th	tenth	[ténθ] テンス
11	eleven	[ilévn] イレヴン	11th	eleventh	[ilévnθ] イレヴンス
12	twelve	[twélv] トウェルヴ	12th	twelfth	[twélfθ] トウェルフス
13	thirteen [θə̀ːrtíːn] サーティーン		13th	thirteenth [tə̀ːrtíːnθ] サーティーンス	
14	fourteen [fɔ̀ːrtíːn] フォーティーン		14th	fourteenth [tɔ̀ːrtíːnθ] フォーティーンス	
15	fifteen [fìftíːn] フィフティーン		15th	fifteenth [fìftíːnθ] フィフティーンス	
16	sixteen [síkstíːn] スィクスティーン		16th	sixteenth [síkstíːnθ] スィクスティーンス	
17	seventeen [sèvntíːn] セヴンティーン		17th	seventeenth [sèvntíːnθ] セヴンティーンス	
18	eighteen [èitíːn] エイティーン		18th	eighteenth [èitíːnθ] エイティーンス	
19	nineteen [nàintíːn] ナインティーン		19th	nineteenth [nàintíːnθ] ナインティーンス	
20	twenty [twénti] トウェンティ		20th	twentieth [twéntiəθ] トウェンティイス	
21	twenty-one		21st	twenty-first	
22	twenty-two		22nd	twenty-second	
23	twenty-three		23rd	twenty-third	
24	twenty-four		24th	twenty-fourth	

25	twenty-five	**25th**	twenty-fifth
26	twenty-six	**26th**	twenty-sixth
27	twenty-seven	**27th**	twenty-seventh
28	twenty-eight	**28th**	twenty-eighth
29	twenty-nine	**29th**	twenty-ninth
30	thirty [θə́ːrti] サーティ	**30th**	thirtieth [θə́ːrtiəθ] サーティイス
40	forty [fɔ́ːrti] フォーティ	**40th**	fortieth [fɔ́ːrtiəθ] フォーティイス
50	fifty [fífti] フィフティ	**50th**	fiftieth [fíftiəθ] フィフティイス
60	sixty [síksti] スィクスティ	**60th**	sixtieth [síkstiəθ] スィクスティイス
70	seventy [sévnti] セヴンティ	**70th**	seventieth [sévntiəθ] セヴンティイス
80	eighty [éiti] エイティ	**80th**	eightieth [éitiəθ] エイティイス
90	ninety [náinti] ナインティ	**90th**	ninetieth [náintiəθ] ナインティイス
100	one hundred [hʌ́ndrəd] ハンドレド	**100th**	one hundredth [hʌ́ndrədθ] ハンドレドス
101	one hundred one	**101st**	one hundred first
1000	one thousand [θáuznd] サウズンド	**1000th**	one thousandth [θáuzndθ] サウズンドス
1001	one thousand one	**1001st**	one thousand first

★**21**から**99**までは普通 **twenty-four** のようにハイフンでつなぐ。

(4) 人称代名詞などの使い方

人称			主格 「～が」「～は」	所有格 「～の」	目的格 「～を」	所有代名詞 「～のもの」
1人称	単数	私	I	my	me	mine
	複数	私たち	we	our	us	ours
2人称	単数	あなた	you	your	you	yours
	複数	あなたたち				
3人称	単数	彼	he	his	him	his
		彼女	she	her	her	hers
		それ	it	its	it	–
	複数	彼(女)ら・それら	they	their	them	theirs
	単数	代名詞以外	Peter	Peter's	Peter	Peter's
	複数	代名詞以外	students	students'	students	students'

(5) 基礎単語のチェック

① 名　詞

Tr. 1-05

1 □ **million** [míljən]	100万
2 □ **travel** [trǽvl]	旅行　動旅行する，進む
3 □ **war** [wɔ́ːr]	戦争 ⇔peace　名平和
4 □ **attention** [əténʃən]	注意 ◆pay attention to A　「Aに注意を払う」
5 □ **motion** [móuʃən]	運動，動き ◇move　動動く
6 □ **front** 発音？	前部，正面 [frʌ́nt] ◆in front of A　「Aの正面に」
7 □ **style** [stáil]	様式，型，文体 動〈髪〉をセットする
8 □ **voice** [vɔ́is]	声；意見 ★loud「大きな」，low「低い」，quiet「静かな」などをつけられる。
9 □ **position** [pəzíʃən]	位置，場所，立場，職 ◆in position　「所定の位置に」
10 □ **ship** [ʃip]	船　動〈荷物など〉を送る ★動詞は船以外を使ってもship。
11 □ **symbol** [símbl]	象徴，シンボル，記号
12 □ **god** [gɑ́d]	神，(God)キリスト教などの唯一神
13 □ **energy** [énərdʒi]	エネルギー ◇energétic　形精力的な

14 □ **plane** [pléin]
①飛行機(＝airplane)；面，水準，②平面；次元

15 □ **meat** [mí:t]
肉　★普通，不可算名詞だが種類を言う時には可算名詞になる。
◇végetable　名野菜

16 □ **secret** [sí:krət]
秘密(の)
◆in secret　「ひそかに」

17 □ **childhood** [tʃáildhud]
子供時代
◇adúlthood　名大人であること

18 □ **essay** [ései]
エッセイ，評論，小論文
★日本語の「エッセイ」と違い，随筆とは限らない。

19 □ **toy** [tɔ́i]
おもちゃ(の)

20 □ **gesture** [dʒéstʃər]
身ぶり；意思表示　動身ぶりをする

21 □ **teenager** [tí:neidʒər]
10代の若者，ティーンエイジャー（13～19歳）(＝teen(s))

22 □ **umbrella** [ʌmbrélə]
傘；保護
◇párasol　名日傘

23 □ **tail** [téil]
尾，しっぽ；後部，末尾

24 □ **wing** [wíŋ]
翼，羽
◆take wing　「飛び立つ」

25 □ **rhythm** [ríðm]
リズム
(例) the rhythm of a heart「心臓の鼓動」

26 □ **pond** [pánd]
池，沼，貯水池
◇lake　名湖

27 □ **subway** [sʌ́bwei]
地下鉄　★《英》は underground。

28 □ **hobby** [hábi]
趣味
★テレビを見るようなことではなく，知識・技術が要るものを言う。

29	□ **salad** [sǽləd]	サラダ
30	□ **rock** [rɑ́:k]	岩　動~を揺り動かす
31	□ **ghost** [góust]	幽霊，おばけ
32	□ **victory** [víktəri]	勝利 ⇔defeát　名敗北
33	□ **medicine** [médəsn]	薬；医学
34	□ **discount** [dískaunt]	割引　動~を割り引きする 源 dis（off）＋ count（数える）
35	□ **flag** [flǽg]	旗 ◆show the flag「態度を明らかにする」
36	□ **glove** 発音？	手ぶくろ　★数える時は a pair［two pairs］of gloves。 [glʌ́v]
37	□ **problem** [prɑ́bləm]	（解決を要する）問題
38	□ **ocean** [óuʃən]	海，海洋　★the Pacific Ocean のように大きい海。 ＝sea　名海　（例）the sea of Japan「日本海」
39	□ **magazine** [mǽgəzi:n]	雑誌
40	□ **button** [bʌ́tn]	（服の）ボタン；押しボタン
41	□ **hole** [hóul]	穴 ★whole「全体の」と同音。
42	□ **event** アク？	できごと，事件 [ivént]
43	□ **illness** [ílnəs]	病気

44 □ **film** [fílm]
映画，フィルム
★「映画」は《英》。《米》ではmovie。

45 □ **earth** [ə́ːrθ]
①地球；地上　②土

46 □ **blackboard** [blǽkbɔːrd]
黒板
◇chalk 「チョーク」

47 □ **message** [mésidʒ]
メッセージ，伝言，伝えたい主題
（例）Do you get the message?「わかったかい？」

48 □ **wood** 発音？
木材，材木
[wúd]

49 □ **typhoon** [taifúːn]
台風
◇húrricane 名ハリケーン

50 □ **smoke** [smóuk]
煙　動喫煙する
◇smóking 名喫煙
◇cigarétte 名（紙巻き）タバコ
◇cigár 名葉巻
◇tobácco 名（パイプにつめる）タバコの葉

51 □ **business** [bíznəs]
①事業；仕事　②企業，会社
◆on business 「商用で」

52 □ **course** [kɔ́ːrs]
コース，進路；講座
◆of course 「もちろん」

53 □ **design** [dizáin]
デザイン；設計　動～をデザインする，設計する

54 □ **cafeteria** [kæfətíəriə]
カフェテリア，学食　★セルフサービスの食堂。

55 □ **diary** [dáiəri]
①日記(帳)　②手帳，スケジュール帳

56 □ **condition** [kəndíʃən]
①状態，体調　②条件
◆on [under] no condition 「どんな条件でも…ない」

57 □ **schedule** [skédʒuːl]
計画，予定(表)

58 □ **frog** [frág] (小型の) カエル

59 □ **train** [tréin] 列車，電車　動～を訓練する

60 □ **roof** [rú:f] 屋根，屋上
◆under one [the same] roof 「同じ屋根の下で」

② 動　詞

Tr. 1-06

61 □ **return** [ritə́:rn] 帰る；～を戻す　名帰ること，帰還

62 □ **ride** [ráid] 〈自転車・乗物・馬などに〉乗る(ride; rode; ridden)
名乗ること

63 □ **burn** [bə́:rn] 燃える，焦げる；～を燃やす，焦がす

64 □ **attack** [ətǽk] ～を攻撃する　名攻撃(+on～)

65 □ **hate** [héit] ～がいやだ，大嫌いだ，(+toV, Ving) Vしたくない
名憎しみ，嫌悪

66 □ **shoot** [ʃú:t] ～を撃つ(shoot; shot; shot)
◇shót　名発射，発砲

67 □ **fall** [fɔ́:l] 落ちる，倒れる(fall; fell; fallen)　名①秋　②落下

68 □ **drive** [dráiv] 運転する，〈車〉を運転する，〈人〉を車で運ぶ
(drive; drove; driven [drívn])

69 □ **fill** [fíl] ～を満たす(+with)
◆fill A out 「Aに記入する」

70 □ **build** [bíld] ～を建設する，作り上げる(build; built; built)

71 □ **feel** [fí:l] ～を感じる；～の気持ちがする(feel; felt; felt)
◇féeling　名感情，感覚

72 □ **happen** [hǽpn]
起きる
◆happen to V 「偶然Vする」

73 □ **carry** [kǽri]
~を運ぶ，~を持ち歩く
◆carry A out 「Aを実行する」

③ 形容詞 Tr. 1-07

74 □ **popular** [pápjələr]
人気のある；大衆の，民間の
源 popul-（人々）
★省略形は pop。（例）pop music = popular music
◇populárity 名人気，評判

75 □ **safe** [séif]
安全な
◇sáfety 名安全(性)，無事

76 □ **quiet** [kwáiət]
静かな，穏やかな
（例）Be quiet!「静かにしなさい」

77 □ **weak** [wíːk]
弱い，下手な
◇wéaken 動~を弱める；弱まる

78 □ **hungry** [hʌ́ŋgri]
空腹な，飢えた
◇húnger 名空腹，飢え

79 □ **wet** [wét]
ぬれた，しめった，雨がちの，雨の

80 □ **grand** [grǽnd]
雄大な，壮大な
◇grándchild 名孫

81 □ **double** [dʌ́bl]
2倍の，二重の 動~を2倍にする；2倍になる

82 □ **ill** [íl]
病気だ
= sick ★軽い不調は not feel well など。

83 □ **dry** [drái]
乾燥した(⇔wet)

84 □ **full** [fúl]
いっぱいの，満ちた(+ of)

85 □ **same** [séim]
同じ；同一の
★the (that; this; those; these) を伴う。

86 □ **modern** [mádərn]
現代の，近代の

87 □ **sharp** [ʃá:rp]
鋭い；急な　副きっかり
(例) a sharp rise「急な増加」

88 □ **mild** [máild]
おだやかな，〈程度などが〉軽い，温和な

89 □ **digital** [dídʒitl]
デジタルの(⇔ánalog)
★つづり注意。

90 □ **important** [impɔ́:rtənt]
重要な
◇impórtance　名重要性

91 □ **wrong** [rɔ́(:)ŋ]
悪い，誤っている
⇔right　形正しい

92 □ **normal** [nɔ́:rml]
標準の，正常な，普通の
⇔abnórmal　形例外的な，特異な，異常な

93 □ **monthly** [mʌ́nθli]
月１回の，毎月の　副月に１回
◇wéekly　形毎週の　副週に１回

Tr. 1-08

④ 副　詞

94 □ **suddenly** [sʌ́dnli]
突然に，急に，不意に，予期せずに
◇súdden　形突然の，思いがけない
◆sudden death「突然死」

95 □ **maybe** [méibi(:)]
多分，おそらく
★普通文頭で。時に文中・文末。

96 □ **forever** [fərévər]
永遠に(＝for ever)，ずっと

97 □ **however** [hauévər]
しかし　接どんなに～でも
★「しかし」の意味のhoweverは副詞なので，～(文), however ... (文). とはしない。
× He felt bad, ×however he went to school.
上の文ではbutなら正しい。

⑤ 前置詞

Tr. 1-09

98
□ **below** [bilóu]
〈ある基準〉より下の方に(⇔above) 副下に，階下に
(例) **below sea level**「海面下に」

99
□ **beside** [bisáid]
～の横に 副近くに，そばに

100
□ **above** [əbʌ́v]
〈ある基準〉より上の方に(⇔below) 副上に
(例) **1000 meters above sea level**「海抜1000メートルに」

(6) 長さ／重さの単位

〈長さの単位〉		
1 kilometer = 1,000 meters	1 meter = 100 centimeters	1 centimeter = 10 millimeters
1 mile ≒ 1.6 kilometers	1 mile = 1,760 yards	
1 yard ≒ 0.9144 meter	1 yard = 3 feet	
1 foot ≒ 30.48 centimeters	1 foot = 12 inches	1 inch ≒ 2.54 centimeters
★1キロメートルより大きいなら複数形にして，**1.1 kilometers**，1キロメートル以下なら単数形で **0.9 kilometer** とする。他の単位も同様。		

〈重さの単位〉	
1 ton = 1,000 kilograms	1 kilogram = 1,000 grams
1 pound ≒ 454 grams	1 pound = 16 ounces

(7) カタカナ英語のつづりと発音

□**accessory** アク? アクセサリー [əksésəri]
□**album** [ǽlbəm] アルバム
□**alphabet** [ǽlfəbet] アルファベット
□**amateur** アク? アマチュア [ǽmətʃuər]
□**box** [báks] 箱
□**camera** [kǽmərə] カメラ
□**camp** [kǽmp] キャンプ
□**candle** [kǽndl] ロウソク
□**captain** [kǽptn] キャプテン，長，船長
□**chorus** [kɔ́:rəs] コーラス
□**colorful** [kʌ́lərfl] カラフルな
□**computer** [kəmpjú:tər] コンピュータ
□**contest** [kántest] コンテスト；(〜を)競う
□**copy** [kápi] コピー(する)
□**corn** [kɔ́:rn] コーン
□**couple** [kʌ́pl] カップル
◆a couple of A「2つのA；2，3のA」
□**cute** [kjú:t] かわいい
□**cycling** [sáikliŋ] サイクリング
□**designer** [dizáinər] デザイナー
□**engine** [éndʒən] エンジン
□**fan** [fǽn] (有名人などの)ファン；扇
★funは「楽しみ」。
□**fence** [féns] フェンス
□**gasoline** [gǽsəli:n] ガソリン
□**gold** [góuld] 金
□**golden** [góuldn] 金の
□**group** [grú:p] グループ
□**guitar** アク? ギター [gitá:r]
□**gun** [gʌ́n] 銃
□**handkerchief** [hǽŋkərtʃif] ハンカチ
□**heart** 発音? 心 ★発音注意！ [há:rt]
□**hotel** アク? ホテル [houtél]
□**idea** アク? 考え [aidí:ə]
□**jogging** [dʒágiŋ] ジョギング
□**juice** [dʒú:s] ジュース
□**kick** [kík] キック，(〜を)蹴る
□**league** [lí:g] リーグ

□**lemon** [lémən]	レモン
□**lucky** [lʌ́ki]	ラッキー，幸運な ◇luck 名（幸）運
□**machine** 発音？	機械 [məʃíːn]
□**magic** [mǽdʒik]	マジック
□**manager** アク？	経営者 [mǽnidʒər]
□**marathon** [mǽrəθɑn]	マラソン
□**medal** [médl]	メダル
□**menu** [ménjuː]	メニュー
□**metal** [metl]	金属
□**mirror** [mírər]	鏡
□**monster** [mánstər]	怪物
□**musician** アク？	音楽家 [mjuːzíʃən]
□**nonsense** [nánsens]	ナンセンス，無意味，ばかげたこと
□**omelet** [ámələt]	オムレツ
□**panel** [pǽnl]	パネル
□**passport** [pǽspɔːrt]	パスポート
□**pattern** アク？	パターン [pǽtərn]
□**percentage** アク？	百分率 [pərséntidʒ]
□**photograph** アク？	写真 [fóutəgræf]
□**pocket** [pákət]	ポケット
□**police** アク？	警察 [pəlíːs]
□**pot** [pát]	ポット
□**prince** [príns]	王子
□**princess** [prínsəs]	王女
□**queen** [kwíːn]	女王
□**record** [rékərd]	記録（する） 動[rikɔ́ːd]
□**report** [ripɔ́ːrt]	報告（する）
□**rival** [ráivl]	ライバル
□**rocket** [rákət]	ロケット
□**rope** [róup]	ロープ
□**silver** [sílvər]	銀
□**sofa** [sóufə]	ソファ
□**spaghetti** [spəgéti]	スパゲッティ
□**staff** [stǽf]	スタッフ，職員
□**stamp** [stǽmp]	スタンプ，切手
□**title** [táitl]	タイトル
□**towel** [táuəl]	タオル
□**wedding** [wédiŋ]	結婚式

Lesson 3. Key Rules

(1) 自動詞と他動詞

① I live *in* Kyoto.（私は京都に住んでいる。）
② I like vegetables.（私は野菜が好きだ。）

英語の動詞は自動詞と他動詞の２種類に分けられる。①のように動詞の後に前置詞(ここではin)がないと名詞を置けないものを自動詞と言い，②のように動詞の後に前置詞なしで名詞(ここではvegetables)が来るものを他動詞と言う。また，他動詞の後ろに来る名詞を目的語と言う。

自動詞… come, go, arrive, talk など
他動詞… bring, take, reach, discuss など

上の動詞は，それぞれ自動詞か他動詞か，ほぼ固定的に決まっているが，動詞の中には自動詞としても他動詞としても使うものが多くある。

① He returned *to* his country.（彼は自分の国に戻った。）
② He returned the book to the library.（彼は図書館にその本を返した。）

上の例では①が自動詞，②が他動詞。return以外にも，change, get, keep など，多くの動詞が自動詞としても他動詞としても使われる。

(2) SVOC の文型（主語＋動詞＋目的語＋補語）

(1) SVOC（C には形容詞・名詞）

① We call our cat Kitty.（私たちは家の猫をキティと呼ぶ。）
② His words made her angry.（彼の言葉が彼女を怒らせた。）
③ She kept her room clean.（彼女は自分の部屋をきれいにしておいた。）

SVOC（主語＋動詞＋目的語＋補語）の文型は第５文型と呼ばれる。この文型ではO（目的語）とC（補語）のあいだに「OがCだ」という関係が成り立つ。

①→ Our cat is Kitty.　②→ She is angry.　③→ Her room is clean.

□ call O C「O を C と呼ぶ」　□ make O C「O を C にする」
□ keep O C「O を C にしておく，保つ」　□ name O C「O を C と名づける」

(2) S V + A + to V

① I want you to join the party tomorrow.
（明日あなたにパーティに参加してほしい。）
② He asked me to come with him.（彼は私に一緒に来るよう頼んだ。）
③ She told me not to be late.（彼女は私に遅れないように言った。）

この形では A（目的語）が to V（補語）の意味上の主語になる。
I want to join the party tomorrow. ←「私が参加すること」を「私は望む」
I want you to join the party tomorrow. ←「あなたが参加すること」を「私は望む」

□ want A to V　「A に V してほしい」
□ would like A to V　「A に V してほしい」
□ ask A to V　「A に V するよう頼む」
□ tell A to V　「A に V するように言う，命じる」
□ allow A to V　「A が V するのを許す」p. 112
□ encourage A to V　「A が V するように励ます」p. 118

(3) 名詞の種類

(1) 数えられる名詞(可算名詞)

普通名詞	一定の形や区切りを持ったものの名前。 例 book, cat, desk, student
集合名詞	いくつかの同種類のものの集合体を表す名詞。 例 class, club, family, team

数えられる名詞(可算名詞)は，単数形と複数形の区別がある。a [an], some, few, many, one, two などを付けることができる(little, much は不可)。

単数形	複数形
a boy「1人の少年」	boys「少年たち」
an apple「1個のリンゴ」	two apples「2個のリンゴ」
a family「一家族」	some families「いくつかの家族」

(2) 数えられない名詞(不可算名詞)

固有名詞	人名，地名などの名前。 例 George, New York, Osaka
物質名詞	形や大きさが一定しない物質や材料の名前。 例 milk, sugar, water
抽象名詞	具体的な形を持たない性質・状態・動作・概念などの名前。 例 beauty, information, love, music

固有名詞・物質名詞・抽象名詞は数えられない名詞で，常に単数形で用いる。a [an], few, many, one, twoなどを直接付けることはできない。物質名詞や抽象名詞にはsome, (a) little, muchは付けられる。

例 some water, a little milk, much money

▶ 物質名詞の量を器や単位などを使って表すことがある。

a glass of water「コップ1杯の水」　two glasses of water「コップ2杯の水」
a cup of tea「カップ1杯のお茶」　three cups of tea「カップ3杯のお茶」
a sheet of paper「1枚の紙」　a piece of cake「ひと切れのケーキ」
a pound of meat「1ポンドの肉」

(3) 複数形の作り方

① ほとんどの名詞はそのままsを付ける。

book → books　dog → dogs　girl → girls

② s, ss, ch, sh, xで終わる語は，esを付ける。

bus「バス」→ buses　class「クラス」→ classes
bench「ベンチ」→ benches　dish「皿」→ dishes　box「箱」→ boxes

▶ oで終わる語は普通はsを付けるが，esを付けるものもある。

sを付ける語：piano「ピアノ」→ pianos　photo「写真」→ photos
kilo「キロ」→ kilos
esを付ける語：hero「英雄」→ heroes　potato「ジャガイモ」→ potatoes

③〈子音字＋y〉で終わる語は，yをiにかえてesを付ける。

city「都市」→ cities　country「国」→ countries　story「物語」→ stories

④ f，feで終わる語は，f，feをvにかえてesを付ける。

leaf「葉」→ leaves　knife「ナイフ」→ knives　wife「妻」→ wives

⑤ 不規則変化

man「男」→ men　woman「女」→ women　child「子ども」→ children
foot「足」→ feet　tooth「歯」→ teeth

▶ 単数・複数が同形。

sheep「羊」→ sheep　fish「魚」→ fish

(4) 分詞形容詞・surprise 型

The news was surprising.（その知らせは驚くべきものだった。）
I was surprised at the news.（私はその知らせに驚いた。）

▶ surprise という動詞は「〈人〉を驚かす」という意味の他動詞で，〈人〉を目的語にとる。そのsurprise の現在分詞から派生した形容詞surprising は「〈人を〉驚かすような，驚くべき」という意味で，過去分詞から派生した形容詞surprised は「〈人が〉驚く」という意味になる。

▶ 他にも人の感情や心理を動かす意味の他動詞の分詞から派生した形容詞は同じような使い方になる。

The game was exciting.（そのゲームはどきどきさせるものだった。）
He was excited at the game.（彼はそのゲームにどきどきした。）

☐ interesting　形〈もの・ことが〉おもしろい
☐ interested　形〈人が〉興味を持っている
☐ tiring　形〈もの・ことが〉骨の折れる，疲れさせる
☐ tired　形〈人が〉疲れている

(5) 形容詞・副詞の比較級・最上級

(1) 比較を表す3つの級

① Bill is as tall as Steve.（ビルはスティーブと同じくらい背が高い。）
② Bill is taller than Neil.（ビルはニールより背が高い。）
③ Bill is the tallest in his class.（ビルはクラスで一番背が高い。）

▶ ① tallを原級，② tallerを比較級，③ tallestを最上級という。
▶ 他と比べて一番，という意味の最上級にはtheが付くことが多い。

▶ 副詞を使って比べることもできる。
例 Bill swims as fast as Steve.（ビルはスティーブと同じくらい速く泳ぐ。）
↑このfastは副詞

(2) 比較級・最上級の作り方

① 普通は語尾に，比較級ならer，最上級ならestを付ける。

原級	比較級	最上級
high	higher	highest
long	longer	longest

② 語尾がeで終わる語は，比較級ならばr，最上級ならばstを付ける。

原級	比較級	最上級
large	larger	largest
wise	wiser	wisest

③ 語尾が〈子音字＋y〉の語

語尾のyをiにかえて，比較級ならばer，最上級ならばestを付ける。

原級	比較級	最上級
busy	busier	busiest
easy	easier	easiest
heavy	heavier	heaviest

④ 語尾が〈短母音＋子音字〉の語

語尾の子音字を重ねて，比較級ならばer，最上級ならばestを付ける。

原級	比較級	最上級
big	bigger	biggest
hot	hotter	hottest

⑤ 比較的つづりの長い語

2音節語の大部分，および3音節以上の語は，比較級ならばmore，最上級ならばmostを付ける。また，語尾がlyの副詞もこの型だが，earlyは例外(early － earlier － earliest)。

原級	比較級	最上級
famous	more famous	most famous
important	more important	most important
slowly	more slowly	most slowly

⑥ 不規則変化

原級	比較級	最上級
good; well	better	best
bad; ill	worse	worst
many; much	more	most
little	less	least

（6） that 節の働き

① I know (that) he loves this film very much.
（彼がこの映画をとても好きだということを私は知っている。）
② I'm glad (that) you're safe.
（あなたが無事で私はうれしい。）
③ It is true (that) he bought a new car.
（彼が新しい車を買ったのは本当だ。）

▶ 上のthatはすべて接続詞。
▶ 〈that＋文〉で1つのかたまり（節）を作り，「～すること」という意味になる。
▶ 接続詞のthatはしばしば省略される。thatを省略しても，文の意味は変わらない。

① 〈動詞＋ that ～〉

▶ that ～を目的語とする主な動詞は次のようなものである。

□ believe that ～「～と信じる」
□ feel that ～「～と感じる」
□ hear that ～「～と聞く」
□ hope that ～「～と望む」
□ know that ～「～と知っている」
□ say that ～「～と言う」
□ think that ～「～と思う」

② 〈be＋形容詞＋ that ～〉

I was surprised at the news.（その知らせに私は驚いた。）
I was surprised that he was there.（彼がそこにいたことに私は驚いた。）

▶ 形容詞の後にも，that ～を置ける。that ～の前に前置詞を置いてはいけないので，下のような文を書いてはいけない。
× I was surprised ×at that he was there.（←atを消去）
▶ この文型で使われる主な形容詞

□ be afraid that ～「～を心配する，恐れる」
□ be sure that ～「～を確信している」
□ be happy that ～「～をうれしく思う」
□ be surprised that ～「～に驚いている」
□ be sorry that ～「～を残念に思う」

(7) 動詞の活用　過去形と過去分詞

(1) 規則動詞の活用形

ほとんどの動詞は，〈原形＋ ed〉で過去形と過去分詞になるが，一部注意を要する語尾もある。下の一覧表で確認しよう。

語尾のつづり	過去形・過去分詞の作り方	例
①普通の語	edを付ける	talk − talked
②-eで終わる語	dを付ける	live − lived use − used
③子音字＋yで終わる語	yを取ってiedを付ける	cry − cried study − studied
④短母音＋1つの子音字で終わる1音節語	子音字を重ねてedを付ける	stop − stopped

③にあるように，〈子音字＋y〉で終わる場合はyを取って-iedを付けるが，〈母音字＋y〉で終わる場合は，-edを付けるだけでよい。

例 enjoy − enjoyed，play − played　(yの前のo，aが母音字)

④のように子音字を重ねる単語は，beg − begged「請う」，rob − robbed「奪う」などもある。また，lookのように母音字が2つ(oo)ある場合はedを付けるだけでよい。

例 look − looked

(2) 不規則動詞の活用形

Tr. 1-11, 12

不規則動詞変化表① (過去形と過去分詞が同じもの)

意味	原形	過去形	過去分詞
持ってくる	bring	brought	brought
建てる	build	built	built
買う	buy	bought	bought
つかまえる	catch	caught	caught
切る	cut	cut	cut
掘る	dig	dug	dug
感じる	feel	felt	felt
見つける	find	found	found
つるす	hang	hung	hung
持っている	have	had	had
聞く	hear	heard	heard
たたく，打つ	hit	hit	hit
持つ，抱く	hold	held	held
傷つける	hurt	hurt	hurt
保つ	keep	kept	kept
置く	lay	laid	laid
出発する	leave	left	left
なくす	lose	lost	lost
作る	make	made	made
意味する	mean	meant	meant
会う	meet	met	met
置く	put	put	put
読む	read	read	read
言う	say	said	said
売る	sell	sold	sold
送る	send	sent	sent
輝く	shine	shone / shined	shone / shined
座る	sit	sat	sat
眠る	sleep	slept	slept
費やす	spend	spent	spent
立つ	stand	stood	stood
教える	teach	taught	taught
言う	tell	told	told
思う	think	thought	thought
理解する	understand	understood	understood
勝つ	win	won	won

不規則動詞変化表② （過去形と過去分詞が違うもの）

意味	原形	過去形	過去分詞
～である	be	was・were	been
～になる	become	became	become
始める	begin	began	begun
噛む	bite	bit	bitten
吹く	blow	blew	blown
壊す	break	broke	broken
選ぶ	choose	chose	chosen
来る	come	came	come
する	do	did	done
描く	draw	drew	drawn
飲む	drink	drank	drunk
運転する	drive	drove	driven
食べる	eat	ate	eaten
落ちる	fall	fell	fallen
飛ぶ	fly	flew	flown
忘れる	forget	forgot	forgot / forgotten
得る	get	got	got / gotten
与える	give	gave	given
行く	go	went	gone
成長する	grow	grew	grown
隠す	hide	hid	hidden
知っている	know	knew	known
横になる	lie	lay	lain
乗る	ride	rode	ridden
鳴る	ring	rang / rung	rung
のぼる	rise	rose	risen
走る	run	ran	run
見る	see	saw	seen
振る	shake	shook	shaken
見せる	show	showed	shown / showed
歌う	sing	sang	sung
話す	speak	spoke	spoken
盗む	steal	stole	stolen
泳ぐ	swim	swam	swum
取る	take	took	taken
投げる	throw	threw	thrown
着ている	wear	wore	worn
書く	write	wrote	written

(8) 名詞を修飾する現在分詞・過去分詞

(1) [(分詞)＋名詞]

① The crying baby is my sister. (泣いている赤ちゃんは私の妹です。)
② They found my stolen bag. (彼らは私の盗まれたカバンを見つけた。)

分詞は形容詞のように名詞を修飾できる。修飾される名詞と分詞の間には主語と述語の関係がある。

the crying baby ← The baby is crying. (能動態なので現在分詞)
my stolen bag ← My bag was stolen. (受動態なので過去分詞)

本書では現在分詞をVing，過去分詞をVedと表記しているが，過去形と過去分詞形が違うものはp. 30〈(2) 不規則動詞の活用形〉を参照。

(2) [名詞＋(分詞…)]

① Who is that man drinking water?
(水を飲んでいるあの男は誰ですか？)
② The baby sleeping in the bed is my brother.
(ベッドで寝ている赤ちゃんは私の弟です。)
③ I bought a book written by Littlewood.
(リトルウッドによって書かれた本を買った。)

分詞が目的語や修飾語を伴って2語以上のかたまりになると，名詞の後ろに置いて，後ろから修飾する。この場合も，修飾される名詞と分詞の間には主語と述語の関係がある。

that man＋(drinking water) ← That man is drinking water.

a book＋(written by Littlewood) ← A book was written by Littlewood.

Stage 1

高校英語の最初歩の単語。中学でも登場した単語やカタカナで使う単語も多いが，意味は知っていても意外な語法が隠されていたり，発音がカタカナと全然違っていたりする。英語の土台を固めるためには必須の単語だ。

"A word is enough to a wise man."

＊　＊　＊

賢者にはひとことで十分。(一を聞いて十を知る)

Verbs 動詞

MINIMAL PHRASES

Tr. 1-14

□**help** him find a room	彼が部屋を見つけるのを手伝う
□**try** *to* find a word	言葉を見つけようとする
□**hold** flowers in both hands	両手で花を持つ

1
help
[hélp]

～を助ける，手伝う；役立つ　名手助け，援助

◆help A (to) V (原形)　「AがVするのを手伝う，AがVするのに役立つ」

★help (to) Vになることがある。

◆help A with B　「AをBのことで手伝う」

◆May [Can] I help you?　「何か御用ですか」

◇hélpful　形役に立つ

Q **help his homework**はなぜだめ？

A **help**は目的語に人をとり，仕事などはとらないから。**help him with his homework**か**help him (to) do his homework**が正しい。

2
try
[trái]

①(+to V) Vしようとする　②～を試す，やってみる
③(+Ving) 試しにVしてみる　名試み，試行

◆try A on　「Aを試着する」

Q 1) **I tried to talk to her.**
2) **I tried talking to her.**
上の2つの違いは？

A 1)「彼女に話しかけようとした」
2)「試しに彼女に話しかけてみた」
1) では実際に話しかけたかどうかは不明だが，2) は実際に話しかけたことになる。

3
hold
[hóuld]

①～を保持する，おさえる　②〈会など〉を開催する
(hold; held; held)

◆hold on　「(電話を切らずに) 待つ」

(例) **Hold on a minute, please.**「ちょっと待ってください」

◆hold on to A　「Aにしがみつく」

◆hold true for A　「Aに当てはまる」

◆get hold of A　「①Aを手に入れる②Aに連絡をとる」

□grow *up* in the country	田舎で育つ
□Let me talk to her.	彼女と話をさせてください
□He seems *to be* happy.	彼は幸せそうだ

4
grow
[gróu]

①〈動植物が〉育つ，〈植物がある場所に〉生える
②〈植物〉を栽培する　③しだいに〈ある状態〉になる
(例) grow older「大きくなる，年をとる」 (grow; grew; grown)

◆grow up　「〈人が〉成長する，大人になる」
◇grówn-up　形大人になった　名大人（＝adult）
名? ◇growth　名成長

Q She grew up two children. の誤りは？

A 「〈人〉を育てる」の意味ではgrowは使えない。She brought up two children. が正しい。

5
let
[lét]

(＋A＋原形V) AにVさせてやる，
Vするままにしておく，Vさせる　(let; let; let)
★×let A to V；×let A Ving；×let A Ved。左の形はすべて不可。ただし，let A be Vedは可能。

◆let A know B　「AにBを知らせる」
◆let alone A　「ましてやAは～ない」
★否定文の後で用いる。
◆let go of A　「Aを放す」
◆let A down　「Aをがっかりさせる」

6
seem
[síːm]

①(＋(to be) A) Aのように思える，見える
②(＋to V) Vするらしい，Vするように思える
語法 ★seemは進行形にはならない。後のto Vは状態動詞(have, knowなど)。

◆it seems that～　「～のようだ」
★He seems happy. = It seems that he is happy.
◆it seems as if [though]～　「まるで～のようだ」
★if [though] 節中は仮定法もしくは直説法。
◇séemingly　副一見
◇séeming　形外見の，うわべの
(例) a seeming difference「見かけの違い」

□enjoy reading comics	マンガを読むのを楽しむ
□create new problems	新しい問題を生み出す
□choose the best answer	もっともよい答えを選ぶ
□spend time thinking	考えるのに時間を費やす

7
enjoy
[indʒɔ́i]

Q I enjoyed at the party. はどこがいけない？

①〈活動・時間・食べ物など〉を楽しむ(＋Ving)
②〈権利・利益など〉を持っている

A enjoyは他動詞で目的語が必要。I enjoyed myself at the party.か I enjoyed the party.が正しい。

◆enjoy oneself 「楽しむ」
◇enjóyable 形(ものが人にとって)楽しい

8
create
[kriéit]

～を生み出す，創造する

★カタカナの「クリエイト」にはよい響きがあるが，createはproblemなど悪いものを生み出す場合にもよく用いるので注意。

◆All people are created equal.
「すべての人は平等につくられている」
◇creátion 名創造，作り出すこと
◇creátive 形創造的な，独創的な
◇creatívity 名創造性，独創性

9
choose
[tʃú:z]

(～を)選ぶ (choose; chose; chosen)

◆choose to V 「Vすることを選ぶ」
◆choose from A 「Aの中から選ぶ」
◇choice 名選択，選択肢 (名?)

10
spend
[spénd]

(語法)

〈時間・お金など〉を費やす，使う(spend; spent; spent)

★「無駄に使う」はwaste。→ p. 341

◆spend A Ving 「AをVすることに費やす」
★Vingの前にinを置くこともある。
◆spend A in［on］B 「AをBに費やす」

Q spend money (　　)
① to travel　② traveling

A ②「旅行にお金を使う」to Vは不可。

□He **appears** *to* *be* sleeping.	彼は眠っているように見える
□**lie** in bed	ベッドで横になる
□**lie** to her father	彼女の父にうそをつく
□**arrive** *at* the station	駅に着く

11
appear
[əpíər]

①～のように見える(＝look)，思われる(＝seem)
②現れる

◆A appear to V　「AはVするように見える，思える」
★Vはbe, haveなど状態動詞が普通。

◆it appears that A V
「AはVするように見える，思える」

◇appéarance　名①外見，様子　②出現

反?
⇔disappéar　動消える

12
lie[1]
[lái]

①横になる　★lie in bedは睡眠や病気のため床についていること。
②ある，位置する
(例) The origin lies in Africa.「その起源はアフリカにある」

Q 活用形は？
A 活用形は，lie; lay [lei]; lain [lein]; lying [laiiŋ]となる。lay (▶p. 42) と区別しよう。

13
lie[2]
[lái]

うそをつく (lie; lied; lied; lying)　名うそ
★上のlieとは同じつづり字でも別単語なので活用形も違う。

Q「うそでしょう？」は？
A Are you joking?など。You're lying.は強い非難になるので，使う場面に注意しよう。

14
arrive
[əráiv]

着く，到着する

◆arrive at A　「A (狭い場所) に着く」＝get to A
★Aは地点，駅，空港名など。

◆arrive in A　「A (広い場所) に着く」
★Aは国，都市など。町，村などはat, in両方ありうる。

名?
◇arríval　名到着

□discover a new world	新しい世界を発見する
□act as a group	集団として行動する
□The sun rises in the east.	東に太陽が昇る
□Don't forget *to* call him.	彼に電話するのを忘れないで
□hang a picture on the wall	壁に絵をかける

15
discover
[diskʌ́vər]
名?

～を発見する，(＋that～)～ということを知る，気づく
源 dis (取る)＋cover (おおい，カバー)
◇discóvery　名発見

16
act
[ǽkt]
名?

行動する，(＋as A) Aの役を果たす，演じる　名行動
◇áction　名行動，動き

17
rise
[ráiz]

上がる，高まる；生じる；昇進する
(rise; rose; risen)
★The sun rises in the east.「東から日が昇る」 fromは×。
◆give rise to A　「A(悪いことなど)を引き起こす」★頻出!
◇súnrise　名日の出　⇔súnset「日没」

18
forget
[fərgét]

～を忘れる (forget; forgot; forgotten)
◆Don't forget to V.　「忘れずにVしなさい」
◇forgétful　形忘れっぽい

Q forget to V とforget Ving の違いは?

A forget to Vは「(これから) Vすべきことを忘れる」, forget Vingは「(すでに) Vしたことを忘れる」。

19
hang
[hǽŋ]

～をかける，ぶら下げる；かかる，ぶら下がる
(hang; hung; hung)
◆hang up　「〈電話を〉切る」
⇔hold [hang] on　「〈電話を〉切らないで待つ」
◆hang out　「(ある場所で) 過ごす，ぶらつく」
◆hang on (to A)　「(Aに) しがみつく」

□I wish I could fly.	飛べればいいのにと思う
□be born with a talent for music	音楽の才能を持って生まれる
□win a prize	賞を勝ち取る
□fight against disease	病気と戦う
□pick up a coin	コインを拾い上げる

20
wish
[wíʃ]

①(＋(that)～)～であればいいのにと思う
②(＋ to V) Vしたい ★want to Vより丁寧な言い方。
名願望，願い，望み
★①は実現できない願望を表し，that節中では仮定法を用いる。
◆wish for A 「Aが欲しい」
★容易に手に入らないものに用いる。

21
born
[bɔ́ːrn]

(be born)生まれる ★bear「～を産む」の過去分詞形。
◆be born with A 「A(能力・病気など)を持って生まれる」
◇bear 動〈子供〉を産む(bear; bore; born)
◇birth 名誕生

22
win
[wín]

〈競技・戦争など〉に勝つ；〈賞・選手権など〉を勝ち取る
(win; won; won [wʌn])
語法 ★win the gameとは言えるが，win himとは言えない。「〈人〉に勝つ」はbeatを使う。p. 336

23
fight
[fáit]

(＋(against) A) A(敵・病気・災害など)と戦う，
(＋for A) Aを求めて[Aのために]戦う 名戦い，けんか
(fight; fought; fought)
◇fíghter 名戦うもの，戦士
◆fire fighter 「消防士」

24
pick
[pík]

多義 ①(＋A up) Aを拾い上げる，手に取る；Aを買う
②(＋A up) Aを車で迎えに行く，Aを車に乗せる
③～を選ぶ(＝choose)
◆pick A out 「Aを選び出す」

□She *is* dressed *in* black.	彼女は黒を着ている
□communicate *with* each other	お互いに考えを伝え合う
□The number of children dropped.	子供の数が減った
□throw a pie at him	彼にパイを投げる
□promise *to* go with him	彼と行くと約束する

25
dress
[drés]

服を着る；~に服を着せる　名ドレス，ワンピース
◆be dressed in A「Aを着ている」= wear A
◇dréssing　名①服装　②ドレッシング

26
communicate
[kəmjúːnəkeit]

考えを伝える；~を伝える
◆communicate with A　「Aと考えを伝え合う」
★Aがeach otherのときもwithを忘れないように!
◆communicate A to B　「BにAを伝える」
◇communicátion 名意思伝達，コミュニケーション

27
drop
[dráp]

落ちる，減少する；~を落とす　名落下，減少；しずく
(~ ped; ~ ping)
◆drop in　「ふらりと立ち寄る」(at＋場所，on＋人)
◆drop by　「ふらりと立ち寄る」
◆drop out　「〈学校などを〉途中でやめる，ドロップアウトする」

28
throw
[θróu]

~を投げる，投げ込む (throw; threw; thrown)
◆throw A away　「Aを捨てる」= discard A

29
promise
[prámәs]

(~を)約束する　名約束
◆make a promise (to V)　「(Vする)約束をする」
◆keep a promise　「約束を守る」
◆break a promise　「約束を破る」

□separate gold *from* sand	砂から金を分離する
□pull the rope hard	ロープを強く引く
□push a button	ボタンを押す
□hunt wild animals	野生の動物を狩る
□hide the truth *from* them	彼らに真実を隠す

30
separate
[sépəreit]

~を分ける，分離する　形 [sépərət]　別れた，個々の
★be separatedは「〈夫婦が〉別居する」の意味でも使う。
◇separátion　名分離，離れること

31
pull
[púl]

~を引く，~を引き抜く，~を引きつける
◆pull up　「〈人が〉車を止める，〈車が〉止まる」
◆pull A down　「〈家など〉を取り壊す」

32
push
[púʃ]
反？

~を押す，~を押して動かす
★push the door open = push open the door「ドアを押しあける」
⇔pull　動~を引く

33
hunt
[hʌ́nt]

(~を)狩る；探し求める(+for)
◇húnting　名狩猟；探すこと
(例) job hunting「職探し」

34
hide
[háid]

~を隠す；隠れる(hide; hid; hidden)
★過去分詞hiddenは「隠された，隠れた」の意味で形容詞的に用いられることが多い。(例) the hidden meaning「隠された意味」
◆hide A from B　「AをB(人)に隠す」
★hide A to Bやhide B + Aは×。

MINIMAL PHRASES　Tr. 1-22

□**lay** a hand on the shoulder	肩に手を置く
□**join** the baseball club	野球部に入る
□**climb** Mount Everest	エベレストに登る
□**relax** on the sofa	ソファでくつろぐ
□**invite** her *to* dinner	彼女をディナーに招待する

35
lay 多義
[léi]

①～を置く，敷く　②〈卵〉を産む　③〈基礎など〉を築く
(lay; laid; laid; laying)
◆lay an egg　「卵を産む」
◆lay A off　「Aを解雇する，くびにする」= fire A
◆lay A out　「〈衣服など〉を広げる，並べる；〈建物など〉を設計する」
◇láyout　名設計，配置

36
join
[dʒɔ́in]

①～に参加する(= take part in)，加わる　②～をつなぐ
◆join in (A)　「(議論などに)参加する」
◇joint　形共同の　名関節，つなぎ目

37
climb
[kláim]

〈山・木など〉に登る；登る
◆mountain climbing　「登山」

Q 「東京タワーに登る」は climb Tokyo Tower でいい？

A 不自然。乗り物やエレベーターなどで登る時は go up を用いるのが普通。

38
relax
[rilǽks]

リラックスする；～をくつろがせる
◇reláxing　形〈人を〉くつろがせる
◇reláxed　形〈人が〉くつろいだ，〈場所・雰囲気などが〉うちとけた
◇relaxátion　名息抜き，休養；ゆるみ，緩和

39
invite
[inváit]

～を招待する，誘う
◆invite A to [for] B　「AをBに招待する」
◆invite A to V　「AにVしようと誘う」
名？　◇invitátion　名招待，誘い

□ring a bell	ベルを鳴らす
□collect information	情報を集める
□gather food	食料を集める
□wake up early	早く目が覚める
□Stress *is* linked *to* illness.	ストレスは病気と関係がある

40
ring
[ríŋ]

〈鐘・ベル・電話などが〉**鳴る**；(人に)**電話をかける**，
〈ベルなど〉を**鳴らす**(ring; rang; rung)
名①鳴る音，響き　②(指)輪
★「電話をかける」の意味は主に《英》で，《米》では**call**を使う。

41
collect
[kəlékt]

〈情報・お金など〉を**集める**(＝gather)，**収集する**
◇colléction　名集めること，収集
◇colléctor　名集める人[装置]，収集家

42
gather
[gǽðər]

〈情報・食料など〉を**集める**，**採集する**；**集まる**
◆hunter-gatherer「狩猟採集生活者」

43
wake
[wéik]

目を覚ます，**目が覚める**；～を**起こす**，**目覚めさせる**
(wake; woke; woken)
◆wake-up call　「モーニングコール」
★**morning call**とは言わない。《英》では**alarm call**。

44
link
[líŋk]

①(be linked to［with］A) Aと**関係がある**
②～を**つなぐ**，**関連づける**
名関連，関係，きずな，つながり；輪

□repeat what he just said	彼が言ったことを繰り返す
□mix yellow *with* blue	青と黄色を混ぜる
□recycle paper	紙を再生利用する
□roll down the street	道を転がる
□I requested that she *send* me money.	彼女にお金を送ってくれと頼んだ

45
repeat
[ripíːt]

(～を)繰り返して言う，(～を)繰り返し行う
◇repéatedly　副繰り返して，しばしば

46
mix
[míks]

①～を混ぜる；混じる　②〈人が〉うちとけて付き合う
◆(be) mixed with A　「Aと混じっている」

Q a mixed society はどんな社会？
A「多様な人種からなる社会」

47
recycle
[risáikl]　名?

～を再生利用する
◇recýcling　名(廃棄物質の)再生利用，リサイクル

48
roll　多義
[róul]

①～を巻く，～を転がす　②進む，〈坂などを〉転げ落ちる
名巻き
諺 A rolling stone gathers no moss.「転石こけむさず」
元は「職などを変えすぎる人はものにならない」の意味だが，《米》では移動することはよいことだという意味でも用いられる。

49
request
[rikwést]　語法

～を頼む，～を要請する　名要望，依頼
★普通requestの後のthat節の動詞は原形かshould V（主に《英》）の形になる。suggest, demandなども同様だ。

Q He requested that the door (　　) left open.
①was　②would be
③be　④had been

A ③「彼はそのドアを開けておくよう頼んだ」
should be としてもよい。

□lift a heavy rock	重い岩を持ち上げる
□The wind is blowing from the north.	北から風が吹いている
□dislike washing dishes	皿洗いが嫌いだ
□sail west from Spain	スペインから西に船旅をする
□limit the speed	速度を制限する

50
lift
[líft]

~を持ち上げる，引き上げる　名持ち上げること
◆give A a lift　「Aを(自動車などに)乗せる」《英》
=give A a ride《米》

51
blow
[blóu]

〈風が〉吹く；~を吹く　名打撃，ショック
(blow; blew; blown)
◆blow up　「爆発する，~を爆破する」
=explode
◆blow A out　「Aを吹き消す」

52
dislike
[disláik]

~が嫌いだ　名嫌悪，反感(+ of, for)
★動詞を目的語にするときはVingが普通。
(例) I dislike walking.「歩くのが嫌いだ」
◆likes and dislikes　「好き嫌い」

53
sail
[séil]

航行する，航海する；〈帆船〉を操る
名帆，航海
◇sáiling　名航海(術)　形船の
◇sáilboat　名帆船，ヨット
◇sáilor　名船員，乗組員

54
limit
[límit]

~を制限する，限定する　名制限，限定
◆be limited to A　「Aに限定される」
◇limitátion　名限度，限界

□comment *on* the news	そのニュースについて論評する
□introduce you *to* my friend	友人に君を紹介する
□a barking dog	ほえる犬
□dig a hole in the ground	地面に穴を掘る
□wrap a birthday present	誕生日の贈り物を包む
□The sun is shining.	太陽が輝いている

55
comment
[kάment]

論評する，批評する，コメントする　名論評，コメント
◆comment on A「Aについてコメントする」
◇cómmentator　名（ニュースなどの）解説者

56
introduce
[intrədjúːs]

～を紹介する；〈技術など〉を導入する，採用する
◇introdúction　名紹介，導入，序論

57
bark
[bάːrk]

ほえる　名（犬などの）ほえ声

58
dig
[díg]

〈穴〉を掘る，〈場所〉を掘りかえす，〈物〉を掘り出す
(dig; dug; dug)
★dig up＋〈場所・物〉の形が多い。

59
wrap
[rǽp]

～を包む，～を巻く　名包装紙，包むもの
(～ped; ～ping)

60
shine
[ʃáin]

〈太陽・明かりなどが〉輝く，光る；〈明かり〉を向ける
(shine; shone; shone)
◇súnshine　名日光，日射し

□shut the door	ドアを閉める
□enter the room	部屋に入る
□knock *on* the door	ドアをノックする
□lend him 5,000 yen	彼に5,000円を貸す
□mark the beginning of a new age	新時代の幕開けを示す

61
shut
[ʃʌ́t]

~を閉じる，閉め出す；閉まる(shut; shut; shut)
形閉まっている(=closed)

同？ =close

◆shut up 「黙る」 ★命令文でよく使う。

62
enter
[éntər]

①〈場所〉に入る ②~を記入する
★「大学に入学する」はget into collegeが普通。

名？（2つ）
◇éntrance 名入口，入ること
◇éntry 名入ること；記入(事項)

Q I entered into the house. はなぜ誤り？
A 場所にintoは不要。enter intoは「〈状態・行為〉を始める」だ。（例）enter into a conversation「会話を始める」

63
knock
[nák]

ノックする，たたく；~を強打する
◆knock A down 「Aを取りこわす，Aを打ちのめす」

64
lend
[lénd]

~を貸す(lend; lent; lent)
◆lend A B 「A(人)にBを貸す」
=lend B to A

反？ ⇔bórrow 動~を借りる

65
mark
[mɑ́:rk]

~に印を付ける，~を示す，~を採点する
名印，記号，得点
◇marked 形著しい，際だった，明白な

□pass through the gate	門を通る
□shout *at* him	彼にどなる
□Imagine there's no hunger.	飢えがなくなると想像しなさい
□I hope someday you'll join us.	君がいつか参加することを望む

66
pass [pǽs]　多義

①(〜を)通る，通過する　②〈試験〉に合格する
③〈時が〉過ぎる；〈時〉を過ごす　④〜を手渡す
(例) Please pass me the salt.「塩を取ってください」
◆pass away　「亡くなる(dieの婉曲表現)；消え去る」

67
shout [ʃáut]

叫ぶ，大声で呼びかける；〜を叫ぶ
★shout to himは「(聞こえるように)大声で彼に言う」ということだが，shout at himは「(怒って)彼をどなる」ということ。

68
imagine [imǽdʒin]

〜と想像する(+that〜)，〜を想像する
◇image アク　名[ímidʒ] イメージ；映像
◇imaginátion　名想像，想像力
◇imáginary　形架空の，想像上の p. 305
◇imáginative　形想像力豊かな，独創的な

69
hope [hóup]

(+(that) SV) SVを望む，SVであればいいと思う
(+to V) Vしたい　名望み；(よいことが起きる)可能性
★that節中が現在形でも未来のことを表すことが多い。
◆I hope so.　「そうだといいと思う」
⇔I hope not.
◆hope for A　「Aを望む」

Q1 I hope you to come again. の誤りは？
A1 hope + O + to Vという形はない。I hope (that) you ('ll) come again.が正しい。(頻出!)

Q2 We hope peace. の誤りは？
A2 We hope *for* peace.が正しい。hopeは自動詞。

□He's planning *to* visit India.	彼はインドを訪問するつもりである
□plant trees	木を植える
□record data	データを記録する
□She reported that he was alive.	彼が生きていると彼女は報告した
□We were shocked to hear the news.	私たちはその知らせを聞いてショックを受けた

70
plan
[plǽn]

(〜を)計画する (〜 ned; 〜 ning)
名計画
◆plan to V 「Vするつもりだ」
★略式だと，plan on Vingの形になる。
◆make a plan for A 「Aの計画を立てる」

71
plant
[plǽnt]

〜を植える 名①植物 ②施設，(製造)工場
(例) a power plant「発電所」，a chemical plant「化学工場」

72
record
アク?

〜を記録する 名記録
動[rikɔ́:rd] 名[rékərd]
★アクセントは名詞は前，動詞は後ろにある。
◆before recorded history「先史時代に，有史以前に」
◇récord-breaking 形記録破りの，新記録の

73
report
[ripɔ́:rt]

〜を報告する 名報告(書)，レポート

74
shock
[ʃák]

〜にショック[衝撃]を与える 名ショック，衝撃
◆be shocked 「〈人が〉ショックを受ける，驚く」
◆be in shock 「ショックを受けている」
◇shocking 形衝撃的な，ショッキングな

□steal money *from* a bank	銀行からお金を盗む
□Barking dogs seldom bite.	ほえる犬はめったにかまない
□It began to rain.	雨が降りはじめた
□I disagree *with* you *on* this point.	この点で私はあなたと意見が異なる
□boil water	湯をわかす
□fried chicken	フライドチキン

75
steal
[stíːl]

～を盗む (steal; stole; stolen)

Q「私はお金を盗まれた」を英語で言うと?

A I had money stolen. あるいは My money was stolen. が正しい。×I was stolen money. としてはいけない(受動態の主語になれるのは，能動態の目的語だから)。

76
bite
[báit]

(～を)かむ (bite; bit; bitten)

名 一かみ，一口の食物；かみ傷

諺 Barking dogs seldom bite.「ほえる犬はめったにかまない」「大声でわめくやつはあまりこわくない」という意味。

77
begin
[bigín]

はじまる；～をはじめる (begin; began; begun)

◆begin to V［Ving］「Vしはじめる」

★begin の後の to V と Ving の出現の比は約 7：3。

78
disagree
[disəgríː]

意見が異なる，不賛成である；一致しない

源 dis (否定) + agree (賛成する)　★agree ▶ p. 327

79
boil
[bɔ́il]

～をゆでる，わかす；わく

◆boiling water「熱湯」

◆boiled egg「ゆで卵」

80
fry
[frái]

～を油であげる，いためる

★fly (▶ p. 216) とまちがえないように。

★「フライドポテト」は和製英語で，《米》では French fries，《英》では chips が普通。「ポテトチップス」は potato chips《米》，crisps《英》。

Nouns　名詞

MINIMAL PHRASES

Tr. 1-32

□stay *in* this place	この場所にとどまる
□get a new job	新しい仕事につく
□the fact *that* the earth is round	地球が丸いという事実
□stop at a red light	赤信号で止まる

1 名

81
place [pléis]　(多義)

①場所，土地　②(one's〜)立場，境遇

動 〜を置く，設置する　★put と同様に副詞句を伴う。

(例) place importance on safety「安全を重視する」

◆take the place of A　「Aに取って代わる」

◆in place of A　「Aの代わりに，交換に」
= in A's place

82
job [dʒάb]　(語法)

仕事，勤め口；作業

★job は可算名詞，work は不可算名詞。

◆do a good job　「うまくやる」

★仕事以外のことにも使う。

83
fact [fǽkt]

事実，こと　★in fact が約1/3，the fact that 節が約1/4をしめる。

◆in fact
「①(具体例の前で)実際②それどころか③実は(= actually)」

◆as a matter of fact　「実は，実をいうと」

◆The fact is (that) 〜　「実は〜」

84
light [láit]　(多義)

光，明かり，信号

形 ①軽い(⇔heavy)　②明るい(⇔dark)

動 〈タバコなど〉に火をつける，〈部屋など〉に明かりをつける

◆traffic light　「交通信号」★青信号は green light。

◆in (the) light of A　「Aを考慮して，Aの観点から」
★the が付くのは《英》。

□people from different cultures	異文化の人々
□*in* the 21st century	21世紀に
□people of all ages	あらゆる年齢の人々
□get information about a product	製品に関する情報を得る
□the cost of living	生活費

85
culture
[kʌ́ltʃər]

①文化；(ある文化を共有する)社会　②教養(まれ)　③栽培(まれ)

◆culture shock　「カルチャーショック」
◇cúltural　形文化の，文化的な

86
century
[séntʃəri]

世紀，100年　源 cent(百)

◇millénnium　名1000年　★複数形はmillennia。

87
age
[éidʒ]

①年齢；(物の)古さ，年代　②時代　動高齢化する

◆middle age　「中年」
◆old age　「老年」
◆aging society　「高齢化社会」
◆the Ice Age　「氷河時代」
◆the Middle Ages　「(ヨーロッパの)中世」
◇aged　形…歳の

(例) a man aged thirty「30歳の男」

88
information
[infərméiʃən]

情報，詳細

(例) For further information, visit our website.「詳しくはウェブで」

Q He has many informations. の誤りは？

A informationは不可算名詞なので，複数形はなく，manyもつけられない。a lot of [much] informationなら正しい。

89
living 
[líviŋ]

①生きること，生活　②生計，生活費

形①生きている　②現在使われている

◆make a living　「生活費を稼ぐ，生計を立てる」
◆the standard of living　「生活水準」

□buy new land	新しい土地を買う
□the history of science	科学の歴史
□people *in the* past	過去の人々
□make plans for *the* future	将来の計画をたてる
□He is in good health.	彼は健康状態がいい

90
land
[lǽnd]

①土地，（海に対する）陸　②農地，国
動〈飛行機が〉着陸する（⇔take off「離陸する」）
★①は普通不可算だが時に ～s，②は可算。
◆by land　「陸路で」　cf. by sea「海路で」

91
history
[hístəri]

歴史，経歴
◇histórícal　形歴史的な
◇histórie　形〈人物・場所などが〉歴史上重要な
◇prehistóric　形有史以前の，古代の
◇histórian　名歴史家

Q historical と historic はどう違う？
A a historical novel「歴史小説」，a historic place「歴史上重要な場所」。

92
past
[pǽst]

（the～）過去　形過去の　前～を過ぎて，～を越えて
（例）for the past five years「この５年間」
◆get past A　「Ａを通り抜ける」

93
future
[fjúːtʃər]

（the～）未来，将来
◆in the future　「将来に；今後に」
◆the present　「現在」

94
health
[hélθ]

健康，健康状態
◆be in good health　「健康状態がいい」
◆be good for the〔one's〕health　「健康によい」
◆health care　「健康管理」
◇héalthy　形健康な；健康によい

□an open space	空いている場所
□on the other side of the road	道の反対側
□It is against the law to drive drunk.	飲酒運転は法律違反だ
□her dream of being a singer	彼女の歌手になりたいという夢
□a graduation ceremony	卒業式

95
space [spéis] 多義

①空間，場所；空いた土地　②宇宙

◇spácecraft　名宇宙船(＝spaceship)

96
side [sáid]

側，面，片側；脇腹

◆side effect　「(薬などの)副作用，思わぬ結果」

◆side by side　「横に並んで，一緒に，共存共栄して」

◇sídewalk　名歩道(＝pavement)

97
law [lɔ́:] 多義

①法律　②法則　(例) the laws of science「科学の法則」

◇láwyer　名弁護士

98
dream [drí:m]

夢；願望，理想　動夢見る

◆dream of A [Ving]　「A[Vすること]を夢に見る，空想する」

◆have a dream　「①夢がある　②夢を見る」

Q「夢を見た」は I saw a dream. でいい？

A I had a dream. が普通。see は不自然。

◆the American dream「アメリカン・ドリーム」

★誰でも努力すれば出世できるという考え方。

99
ceremony [sérəmouni]

儀式，式；礼儀，作法

◆tea ceremony　「茶会，茶道」

◆wedding ceremony　「結婚式」

□at that moment	その瞬間に
□pay a high price	高い値段を支払う
□the Amazon rain forest	アマゾンの雨林
□How is the weather?	天気はどうですか
□have conversations with Americans	アメリカ人と会話する

100
moment
[móumənt]

瞬間，時；(副詞的に)一瞬の間，ちょっと
(例) wait (for) a moment「ちょっと待つ」
◆at any moment 「今にも，いつでも，いつなんどきでも」
◆at the moment 「今のところ，現在」
★現在形の文で使い，現状は長く続かないだろうという含みがある。
◆the moment + SV 「～する瞬間に」= as soon as～
★接続詞のように使う。
(例) The moment I closed my eyes, I fell asleep.
「目を閉じた瞬間に私は眠りにおちた」
◆for the moment「さしあたり，当座は」

101
price
[práis]

値段，価格；(～s)物価；代償
★priceの高低はhigh; lowで表す。expensive; cheapは普通用いない。

102
forest
[fɔ́(:)rəst]

森林
◆forest fire 「森林火災，山火事」

103
weather
[wéðər] 語法

天気，(一時的な)天候
★weatherは不可算名詞なので不定冠詞 (a; an) は付かない。また，特定の時・場所の天気にはtheが付く。
(例) I like hot weather. 「私は暑い天気が好きだ」
(例) The hot weather will continue.「この暑い天気は続くだろう」

104
conversation
[kɑnvərséiʃən]

会話 ★「英会話がうまい」はbe good at speaking English。「英会話」の意味でEnglish conversationはあまり使われない。

□the fear *of* making mistakes	まちがうのではないかという不安
□the ability *to* think	考える能力
□*have* a car accident	自動車事故にあう
□*the* international community	国際社会
□higher than average	平均より高い

105
fear
[fíər]

恐れ，不安(＋of, for)　動～を恐れる(＝be afraid of)
◆for fear of Ving　「Vするのがこわくて，Vするといけないから」
◆for fear that SV　「SがVするのがこわくて，SがVするといけないから」
◇féarful　形①〈人にとって〉こわい　②〈人が〉恐れる(＋of, that節)

106
ability
[əbíləti]

能力；…できること
★「Vする能力」はthe〔one's〕ability to V。the ability of Vingはまれ。
◇áble　形(be able to V) Vする能力がある
◇disábled　形心身障害のある(＝handicapped)

107
accident
[ǽksədənt]

Q「事故にあう」を meet an accident と言える？

事故；偶然のできごと
◆by accident　「偶然に」＝accidentally

A 不自然(meet withなら可)。普通はhave an accidentかbe in an accidentを用いる。

108
community
[kəmjúːnəti]

①(地域)社会，(民族，職業などが同じ人々の)共同体　②(学)界
◆the scientific community　「科学界」

109
average
[ǽvəridʒ]

平均　形平均的な
(例) the average American family「平均的なアメリカの家族」
◆on (the/an) average　「平均して」

□his success *in* business	彼のビジネスでの成功
□animals and human beings	動物と人間
□*in* my opinion	私の意見では
□have a good memory	記憶力がよい

110
success
[səksés]

①成功　②成功した人，うまくいったこと

★①は不可算名詞，②は具体的な人・ものを指すので可算名詞だ。

Q1 誤りを正せ。
1) He achieved a success in life.
2) The project was great success.

A1
1) aをとる。「彼は人生で成功を果たした」①の意味なら不可算名詞。
2) a great success。「計画は大成功だった」②の意味で可算名詞。

◇succéssful　形成功した，うまくいく

◇succéed　動①成功する(＋in)　②(人の)あとを継ぐ；(succeed to A) A(仕事など)を受け継ぐ ▶ p. 339

Q2「Vするのに成功する」は？

A2 succeed in Ving。succeed to Vは不可。

111
human being
[hjúːmən bíːiŋ]

人間，人類　★人間一般を指すときは複数形にする。

◇húman　形人間の，人間に関する　名人間

112
opinion
[əpínjən]

①意見　②評価

◆in A's opinion　「Aの意見では」

◆public opinion　「世論」

Q「意見を言う」は say an opinion か？

A sayはopinionを目的語にできない。state [give; express] an opinionが正しい。

113
memory
[méməri]

①記憶，記憶力　②思い出　★②は memories が普通。

(例) have happy memories「いい思い出がある」

◆long-term memory　「長期記憶」

◇mémorize　動～を記憶する

◇memórial　名記念館，記念物，記念日　形記念の

□put in *a* bit *of* sugar	少し砂糖を入れる
□come into contact *with* Europeans	ヨーロッパ人と接触する
□high blood pressure	高血圧
□the belief *that* people can change	人は変わりうるという信念

114
bit
[bít]

少量，(a (little) bit of A) 少しのA ★主に話し言葉。
◆a (little) bit 「少し」(副詞句として)
(例) It's a bit cold.「少し寒い」

Q not a little と not a bit の違いは？
A not a little は「少なからず，かなり」，not a bit は「少しも～ない」。
(例) not a little money「かなりのお金」
I'm not a bit tired.「私は少しも疲れていない」

115
contact
[kántækt]

接触，交流 動〈人〉と連絡をとる，～と接触する
◆come into [in] contact with A
「Aと接触する，〈人・文化など〉と触れ合う，交流する」
◆eye contact 「アイコンタクト」
★話すときなど人と目をあわせて意思の疎通をはかること。

Q「彼と連絡を取った」は I contacted with him. でいい？
A contact は他動詞だから with は不要。I contacted him. が正しい。

116
blood 発音？

血，血液，家系
[blʌ́d]
★oo というつづりで[ʌ]と発音するものは blood と flood「洪水」だけだ。
◇bleed 動出血する
◆blood pressure 「血圧」
◆blood type 「血液型」

117
belief
[bilíːf] 動？

信念(+in)，考え
◇belíeve 動～を信じる，考える
◆believe in A 「①Aの存在を信じる
②Aの価値を信じる」

□There is no doubt *that* he is alive.	彼が生きていることに疑いはない
□the date of the meeting	その会議の日程
□modern technology	現代の科学技術

118
doubt
[dáut]

疑い，（事実であることに対する）不信
動～かどうか疑問に思う，～に疑問を持つ

◆there is no doubt that ～ 「～に疑いがない，～にちがいない」
◆no doubt + SV 「疑いなく［たぶん］ＳＶだ」
◆without (a) doubt 「疑いなく，確かに」 = beyond doubt
◆doubt if [whether, that] ～ 「～かどうか疑問に思う，信じない」

形？
◇dóubtful 形①〈人が〉疑問を持っている ②疑わしい
◇undóubtedly 副疑いなく

119
date
[déit]

①日付，日程 ②デート，人と会う約束 動①（人と）デートする ②～の日付をつける ★(be) dated + 日付の形が多い。（例）a letter dated May 1「5月1日付の手紙」

◆be out of date 「時代遅れだ」
◆be up to date 「最新だ」
★名詞につく時は out-of-date, up-to-date。
◆date back to A 「A（時代）に作られた，始まった」 = date from A
（例）The custom dates back to the Roman period. 「その習慣はローマ時代に始まった」
◆to date 「今までに，今までの」= so far

120
technology
アク？

科学技術；工学
[teknáləd͡ʒi] ★-ólogy（学）にはアクセントがおかれる。

□have three meals a day	1日に3回食事をとる
□the sale of books	本の販売
□Cycling is a lot of fun.	サイクリングはとても楽しい
□an American tourist	アメリカ人の観光客
□the main goal of this study	この研究の主たる目的

121
meal
[míːl]

食事，**食事の時**
(例) eat between meals「間食をとる」

122
sale
[séil]

販売；(sales)売り上げ(高)
◇sálesclerk　名販売店員
★sales clerkとスペースを入れることもある。
◆for sale　「売り物の，売りに出ている」
◆on sale　「安売りの，特価で」

123
fun
[fʌ́n]

楽しみ　★不可算名詞だが，be fun「楽しい」の形で形容詞的に使うことが多い。
◆A be fun to V　「AをVするのは楽しい」
＝it is fun to V＋A
(例) Movies are fun to watch. = It's fun to watch movies.
◆have fun (Ving)「(Vして)楽しむ」
◇fúnny　形①奇妙な(＝strange)
②ゆかいな(＝amusing)

124
tourist
[túərist]

観光客，**旅行者**　形観光客用の
◇tour　名旅行
◇tóurism　名観光事業，観光産業 p. 277

125
goal
[góul]　同?(2つ)

目的，**ゴール**
＝púrpose, aim

□None of us know him.	私たちは誰も彼を知らない
□make a big noise	大きな音を立てる
□a direct flight to New York	ニューヨークへの直行便
□send a letter *by* air mail	航空郵便で手紙を送る
□run out of gas	ガソリンがなくなる

126
none
[nʌ́n]

どれも…ない，**誰一人…ない**
(none of the［one's, theseなど］+名)

語法
★不可算名詞も受けられる。
★本来は単数扱いであったが，後ろの名詞にあわせて複数扱いされることも多い。
★2者の場合は**neither**を用いる。

◆(It is) None of your business.「君の知ったことか」

127
noise
[nɔ́iz]

音，**騒音**
◇nóisy　形うるさい，騒がしい

128
flight
[fláit]

飛行，(飛行機の)便(びん)　★**fly**の名詞形だ。
◆flight attendant「(飛行機の)客室乗務員」

129
mail
[méil]

郵便　動～を郵送する，投函する
★普通不可算名詞として使うので，**a**を付けないし複数形にもしない。
◇é-mail　名Eメール　★**email**も可。
★可算名詞にもなる。(例) **send e-mails**「Eメールを送る」

130
gas
[gǽs]
多義

①ガス，**気体**　②ガソリン
◆gas station「ガソリンスタンド」
★**gasoline stand**とは言わない。
◆natural gas「天然ガス」
◆greenhouse gas「温室効果ガス」
★温暖化の原因とされるCO_2，メタンなど。

□do great damage to the human body	人体に大きな害を与える
□the answer sheet	解答用紙
□work on a farm	農場で働く
□test a new drug on animals	動物で新薬をテストする
□a post on the website	ウェブサイトの投稿

131
damage
[dǽmidʒ]

①害，損害　②賠償金　★②はつねにdamagesの形で用いる。
◆cause damage　「害を与える」
◆do [cause] damage to A「Aに害[損害]を与える」
= do A damage

Q The typhoon gave many damages.の誤り(2つ)は？
A ①gave→did [caused] (give damageとは言わない)，②many damages → a lot of damage (「損害」の意味では不可算名詞だ)

132
sheet
[ʃíːt]

①1枚の紙，用紙　②シーツ　★paperは不可算名詞なので，紙を数える時にはtwo sheets of paper「2枚の紙」のように言う。

133
farm
[fɑ́ːrm]

農場；飼育場　動〈土地〉を耕作する
◇fárming　名農耕
◇fármer　名農民

134
drug
[drʌ́g]

①薬　②(麻薬・覚せい剤などの)ドラッグ
★①の意味にはmedicineの方が一般的。

135
post　多義
[póust]

①郵便《英》　②地位，職　③(ウェブの)投稿
動〈郵便物〉をポストに入れる，〈ビラなど〉をはる
〈業績など〉を発表する，～を投稿する
◇post-A　「Aの後(の)」
⇔pre-A　「Aの前(の)」
(例) the post-Cold War world「冷戦後の世界」

□the smell of popcorn	ポップコーンのにおい
□a nurse in a nursing home	介護施設の看護師
□We have a special guest today.	今日は特別なお客がある
□work as a tour guide in Paris	パリで観光ガイドとして働く
□the flow of water	水の流れ

136
smell
[smél]

におい，香り
動～のにおいをかぐ；(＋形)のにおいがする

Q The food (　　) good.
① is smelling　② smells

A ②「その食べ物はいいにおいがする」SVCの文型のsmellは状態動詞なので進行形にはしない。

137
nurse
[nə́ːrs]

看護師　動〈人〉を看護する，看病する，〈子供〉のおもりをする
◆nursing home　「介護施設」　★頻出!

138
guest
[gést]

(招待された)客，ゲスト；ホテルの客

Q「ホテルの客」はどれ？
① visitor　② guest　③ tourist

A ②（①訪問者，③観光客）

反？
⇔host　名主催者，接待する人 p. 67

139
guide
[gáid]

案内(係)，ガイド(ブック)　動～を案内する，指導する
◆guide dog　「盲導犬」
◇gúidance　名案内，指導，ガイダンス

140
flow
[flóu]

流れ　動流れる
◆blood flow　「血流」

□be *in* *a* hurry to catch a train	電車に乗ろうと急いでいる
□a large-scale market	大規模な市場
□have a job interview	就職の面接を受ける
□tell a joke	冗談を言う
□*a* series *of* events	一連の出来事

141
hurry
[hə́ːri]

急ぎ，あわてること　動急ぐ，あわてる
◆be in a hurry　「急いでいる」
◆hurry up　「急ぐ」 ★命令文が多い。

142
scale
[skéil]

①規模，スケール，程度　②物差し，目盛り
③はかり，天秤
◆on a A scale　「Aの規模で」(Aは形容詞)
★約30%がこの形。(例) on a large scale「大規模に」

143
interview
[íntərvjuː]

①(就職などのための)面接；面談　②(有名人などとの)会見，インタビュー(+ with)　動～と面接する，～に会見・インタビューする　★他動詞だから前置詞は不要。

144
joke
[dʒóuk]

冗談，しゃれ，悪ふざけ　動冗談を言う
(例) You must be joking.「まさか，冗談言うなよ」

145
series
[síəri(ː)z]

(a series of A) 一連のA；
(テレビ・出版物などの) シリーズもの　★この単語は単複同形。
★a series of ＋名詞の複数形は，全体で単数扱いになることも複数扱いになることもある。

□make an error *in* grammar	文法の誤りを犯す
□answer *on* the spot	その場で答える
□Fill in the blanks.	空欄を埋めなさい
□become a movie actor	映画俳優になる
□study mathematics	数学を学ぶ

146
error
[érər]

〈不注意などによる〉誤り（＝mistake）

Q「スペルミス」を英語で言うと？

A spelling errorが正しい。「スペルミス」は和製英語。

147
spot
[spát]

①地点，場所，名所　②しみ，斑点
動①〜を見つける，発見する　②〜を汚す，しみをつける（〜ted; 〜ting）
◆on the spot　「すぐに，即座に，その場で」＝at once

Q spot him in the crowdの意味は？

A「群衆の中で彼を見つける」

148
blank
[blǽŋk]

空欄，空白　形空白の，白紙の
◆blank space　「空欄，余白」

149
actor
[ǽktər]　

俳優，役者　★男女問わず用いることがある。
⇔áctress　名女優

150
mathematics
[mæθəmǽtiks]

数学
★-sがついているが不可算名詞，単数扱い。

Q 省略形は？

A math
◇mathemátical　形数学の，数学用の
◇mathematícian　名数学者

□Help me with my homework.	宿題を手伝って
□take a bath every day	毎日風呂に入る
□walk two blocks	2ブロック歩く
□US soldiers in Iraq	イラクのアメリカ兵士
□make a long journey	長い旅行をする

151
homework
[hóumwəːrk]

宿題

★高校・大学ではassignmentのほうが普通。▶ p. 230

Q「宿題がたくさんある」を英語で言うと？

A I have a lot of homework. が正解。数えられない名詞だからmanyをつけたりhomeworksとしてはだめ。

152
bath

入浴；風呂(場)

発音？ [bǽθ]

◆take a bath 「入浴する」

◇báthroom 名浴室；(家庭の) トイレ

動？ ◇bathe 発音 動 [béið] 水浴する，入浴する

◇báthing 名(海) 水浴，水泳

153
block
[blάk]

①(石などの) ブロック，かたまり ②街の区画，ブロック

動～をふさぐ，阻止する

◆building block 「構成要素」

154
soldier
[sóuldʒər]

(陸軍の) 兵士，軍人

155
journey
[dʒə́ːrni]

旅行

◇trável 動旅行する，進む 名旅行，移動

◇trip 名旅行，外出 動旅行する

◇tour 名旅行，巡業 動〈地域〉を旅行する

★travel は幅広く移動を表す言葉。journey はやや堅い響きがあり，陸路の長い旅行が多い。trip はくだけた言葉で，tour は組織的な視察[観光] 旅行。

□the host country	主催国
□the shortest route *to* Korea	韓国への最短経路
□eat from plates of gold	金の皿から食べる
□have *a sense of* humor	ユーモアのセンスがある
□sit on the green grass	緑の草の上に座る
□pay $1,000 *in* cash	1,000 ドルを現金で払う

156
host
[hóust]

(行事などの)主催者，接待する人　動～を主催する
◆host family　「ホームステイを受け入れる家庭」
◆a host of A　「たくさんのA」 ★Aは複数形。
★このhostは見出し語とは別の語。
◇hóstess　名女性の主催者，接待する人

157
route
[rú:t]

道，ルート，経路；方法

158
plate
[pléit]

①皿，平皿　②(金属などの)板；表札；ナンバープレート
★料理が盛られている dish (大皿) から取ってそれぞれが食べる皿のこと。

159
humor
[hjú:mər]

ユーモア
◇húmorous　形ユーモアのある，おどけた

160
grass
[grǽs]

草，草地
◆grass-roots movement　「草の根運動」➡ p. 81
★一般大衆からはじめる政治運動のこと。
◇lawn　名芝生

161
cash
[kǽʃ]

現金　動〈小切手など〉を現金に換える
◆in cash　「現金で」

□the west coast of Australia	オーストラリアの西海岸
□get a *high* salary	高い給料をもらう
□become a national hero	国民的英雄になる
□the gap *between* rich and poor	貧富の格差
□be caught by a guard	守衛につかまる

162
coast
[kóust]

海岸地域，沿岸
◇beach　名浜辺，波打ちぎわ
◇séaside　名(観光地の)海辺

163
salary
[sǽləri]　語法

給料
★普通週給，月給などの固定給をいう。時間給でもらう場合はwage。
★salaryの高い安いはhigh, lowが普通(large, smallも可)。cheap, expensiveは不可。

164
hero
発音？

英雄；(物語の)主人公　★女性にも用いられる。
[híːrou]
◇heroine　アク　名[hérouən]　英雄的女性；女主人公，ヒロイン
◇heróic　形英雄の，英雄的な

165
gap
[gǽp]

格差，へだたり
◆generation gap「世代間の(意識・行動の)ずれ・断絶」

166
guard
[gáːrd]

守衛，ガードマン(＝security guard)
動～を保護する；(＋against A) Aに用心する
★guard manとは言わない。

□pass the test *with* ease	楽に試験に受かる
□join the British army	イギリス陸軍に入る
□the Battle of Sekigahara	関ヶ原の戦い
□teach pupils	生徒に教える
□in the second paragraph	第2段落に

167
ease
[í:z]

楽，安心；容易さ　動〈苦痛・緊張など〉をやわらげる
◆with ease　「楽に，簡単に」＝easily
◆at ease　「安心して，くつろいで」
◇easy　形簡単な，楽な

168
army
[á:rmi]

①軍隊；陸軍　②(an ～ of ...) …の大群，大勢の…
(例) an army of workers「大勢の労働者」
◇návy　名海軍

169
battle
[bǽtl]

(ある地域での)戦い，戦闘；闘争　動戦う (少数)

170
pupil
[pjú:pl]

生徒，児童；弟子
★pupilは《米》では小学生を，《英》では小・中学・高校生をいう。studentは小学生から大学生まで幅広く使われうる。
◆primary [elementary] school pupil　「小学生」

171
paragraph
[pǽrəgræf]

段落，パラグラフ；短い文章

□the mystery of life	生命の謎
□coal, oil, and gas	石炭，石油，ガス
□ride a bike	自転車に乗る
□*make a* fool *of* him	彼をばかにする
□*for the* sake *of* children	子供たちのために

172
mystery
[místəri] 形?

謎，秘密
◇mystérious 形謎の，不可解な

173
coal
[kóul]

石炭，炭
★oaは[ou]と発音することが多い。

174
bike
[báik]

自転車(＝bicycle)；オートバイ
★普通は自転車，広い意味では二輪車一般を指す。

175
fool
[fú:l]

ばか 動～をだます；ばかなことをする
◆make a fool of A 「Aをばかにする，だます，笑いものにする」
◆make a fool of oneself 「ばかなことをしてもの笑いになる」
◇fóolish 形ばかな

176
sake
[séik]

ため，目的，理由
★たいていfor the sake of Aあるいはfor A's sakeの形で使う。
◆for its own sake 「それ自身が目的で，それに興味があるので」

□He's a nice guy.	彼はいい男だ
□*get* a driver's license	運転免許を取る
□*in* a hopeless situation	希望のない状況で
□put a label on a bottle	ビンにラベルを貼る
□give aid *to* poor countries	貧しい国に援助を与える

177
guy
[gái]

男，やつ ★口語的表現。
◆you guys 「君たち，お前ら」
★くだけた表現。男女どちらに対しても使われる。
◆bad guy 「(映画などの) 悪役」⇔good guy

178
license
[láisəns]

免許，許可；免許証，許可証
★「免許を取る」の時はtakeではなくgetを使う。

179
situation
[sitʃuéiʃən]

状況，事態，立場
◇sítuated 形位置している，ある(＝located)
(例) The hotel is situated in the center of the city.
「そのホテルは市の中心に位置している」

180
label
発音?

ラベル，レッテル，札 動～にラベルを貼る
[léibl] ★「ラベル」とは発音しない。

181
aid
[éid]

援助，支援(＝help, support)
動～を援助する，助ける
★主に国・団体などに対し，国・団体などが行う援助。

□Change your **clothes**.	**服**を着替えなさい
□the long **shadow** of a man	男の長い**影**
□put the meat in the **refrigerator**	肉を**冷蔵庫**に入れる
□*at* the **bottom** of the sea	海の**底**で
□a $100,000 bank **loan**	10万ドルの銀行**ローン**
□put my hands on my **knees**	**ひざ**に手を置く

182
clothes
[klóuz]

衣服，**着るもの**
★複数扱いで数詞とは用いない。many, few, a lot ofは可。
◇cloth　名布(地)；ふきん
◇clothing　名衣類，衣服
★不可算名詞。an item of clothing「1つの服」

183
shadow
[ʃǽdou]

影；(不信などの)**暗い影**
★shadowは輪郭のはっきりした影のこと。形や境がはっきりしない光の当たらない部分はshade。▶ p. 249

184
refrigerator
[rifrídʒəreitər]

冷蔵庫　★fridge（略）とも言う。

185
bottom
[bátəm]

底；**一番下**(の)，**最下部**(の)
⇔top　名頂上；一番上(の)

186
loan
[lóun]

ローン，**借金**，**貸付金**　(例) a bad loan「不良債権」
動(利子を取って)〈金〉を貸す，〈物〉を貸す

187
knee
[níː]

ひざ
◇kneel　動ひざまずく，ひざをつく
◇élbow　名ひじ
◇leg　名脚　★太もも(またはひざ)から足首まで。
◇foot　名足　★くるぶしより下。複数形feet。

□20 square miles	20 平方マイル
□go down the stairs	階段を下りる
□*have* a bad headache	ひどい頭痛がする
□*in* their cultural setting	彼らの文化的環境で
□go into a cave	洞くつに入る

188
square 多義
[skwéər]

①正方形　②(面積の単位)平方，2乗　③(四角い)広場
◇tríangle　名三角形
◇cube　名立方体，立方

189
stairs
[stéərz]

階段
◇úpstairs　副上の階[2階]へ　形階上の　名階上
◇dównstairs　副下の階へ　形階下の　名階下
(例) go upstairs [downstairs]「上 [下] の階へ行く」

190
headache
[hédeik]

頭痛
◇stómachache　名腹痛
◇tóothache　名歯痛
◇ache　動痛む　名痛み

191
setting
[sétiŋ]

背景，環境，(舞台などの)設定

192
cave
[kéiv]

洞くつ，洞穴

□the root of many misunderstandings	多くの誤解の根源
□cry out with joy	喜びで叫び声をあげる
□walk on the shore	海岸を歩く
□go to bed *at* midnight	夜の12時に寝る
□a poet and a novelist	詩人と小説家

193
root 多義
[rú:t]

①根　②根源，元　動(be rooted) 根付いている
(例) be deeply rooted in the culture「その文化に深く根ざしている」
◆grass(-)roots　「草の根，庶民；民衆の」
◆grass-roots movement　「草の根運動」
◆take root　「〈思想・習慣などが〉根付く」
◇leaf　名葉

194
joy
[dʒɔ́i]

喜び，うれしさ
◇jóyful　形〈事・人が〉楽しい，喜びに満ちた

195
shore
[ʃɔ́:*r*]

(海・湖・河の) 岸
★beach は砂浜，coast は陸から見た海岸線や広い範囲の沿岸。
◇coast　名沿岸(地帯)，海岸

196
midnight
[mídnait]

夜の12時(頃) (⇔noon「昼の12時」)
★in the middle of the night「深夜に」はもっと幅広い時間帯をいう。

197
poet
[póuət]

詩人
◇póem　名詩
◇póetry　名詩，詩歌　★不可算名詞。
★集合的に文学のジャンルとして。
◇nóvelist　名小説家

□a report in a scientific journal	科学雑誌の報告
□receive the Nobel Prize	ノーベル賞を受ける
□a tool for learning	学習の道具
□talk about the topic	その話題について話す
□a sound wave	音波

198
journal
[dʒə́ːrnl]

雑誌，専門誌，新聞；日誌　源 journ(日々の)
◇jóurnalism　名ジャーナリズム，報道(界)

199
prize
[práiz]

賞，賞品，景品
源 praise (賞賛)，price (価格) と同語源。
◆prize winner　「受賞者」

200
tool
[túːl]

道具，工具；手段
◆stone tool　「石器」

201
topic
[tápik]

話題，論題；見出し
◆major topic　「主題」

202
wave
[wéiv]

波，波動
動①揺れる　②〈人〉に手を振って挨拶する；~を振る
◆wave goodbye　「手を振って別れを告げる」
◆heat wave　「熱波，猛暑」
◆radio wave　「電波」
◆brain wave　「脳波」
◇mícrowave　名電子レンジ；マイクロ波
★microwave oven と言うことも多い。

□in many areas of the world	世界の多くの地域で
□have control *over* the market	市場を支配する
□live *in* harmony *with* nature	自然と調和して暮らす
□a balance *between* work and play	仕事と遊びのバランス
□heat energy from the sun	太陽からの熱エネルギー

203
area
[éəriə]

①地域　②(活動・学問などの)分野，領域

204
control
[kəntróul]

支配(力)，制圧，制御，規制
動～を支配する，制圧する　(▶ p. 344)
◆have control over A「Aを支配［制圧，制御］する」
◆A be under control「Aが支配［制圧，制御］されている」
◆gun control「銃規制」
◆birth control「避妊，産児制限」
◇sélf-contról　名自制(心)

205
harmony
[há:rməni]

調和(＋with)，ハーモニー　★約30%がinを伴う。
◆in harmony with A「Aと調和して」
◇harmónious　形調和がとれた

206
balance
[bǽləns]

バランス，つり合い
動～のつり合いをとる，～を両立させる
(例) balance work and family life「仕事と家庭を両立させる」
◇bálanced　形バランスがとれた

207
heat
[hí:t]

熱，暑さ　動～を熱する；熱くなる

□*have* a wonderful experience	すばらしい経験をする
□a *police* officer	警察官
□a traffic accident	交通事故
□Love your neighbor as yourself.	自分を愛するように隣人を愛せ
□I am in the seventh grade.	私は7年生（=中1）です

208
experience [ikspíəriəns]

経験，体験　動～を経験する(＝go through)
◇expérienced　形経験豊かな

209
officer [ɑ́fəsər]

役人，公務員；将校
（例）an army officer「陸軍将校」
★officerだけで，警官や税関の係官を言うことがある。

210
traffic [trǽfik]

交通(量)，(路上の)車・人
◆traffic jam　「交通渋滞」
◆heavy traffic　「交通渋滞」

211
neighbor [néibər]

近所の人
◇néighborhood　名近所，近隣
◇néighboring　形近所の，隣の

212
grade [gréid] 

①(小中高通じての)学年　②成績　③等級，段階
★大学の学年はyearを使う。

□Anybody can do that.	誰でもそれはできる
□I can't see anything.	何も見えない
□a *flight* attendant	客室乗務員
□the tiger in the cage	おりの中のトラ
□talk on the cell phone	携帯電話でしゃべる

213
anybody
[énibɑdi]

誰でも，**誰も**(＝anyone)

★肯定文では「誰でも」，疑問文やif節では「誰か」，否定文では「誰も」の意味。anyoneも同じ意味だが，anybodyの方がやや略式。

◇sómebody　代(肯定文で)誰か(＝someone)

◇nóbody　代誰も…ない(＝no one)

214
anything
[éniθiŋ]

何でも，**何も**

★肯定文では「何でも」，疑問文やif節では「何か」，否定文では「何も」の意味。

★疑問文・否定文ではsomethingの代わりにanythingを使うのが普通。ただし，人に何かをすすめたり，相手がyesと答えると予測される場合は，疑問文でもsomethingを使う。

(例) Would you like something to drink?「何か飲み物はいりませんか」

215
attendant
[əténdənt]

接客係，**案内係，世話人**

★「キャビンアテンダント」は和製英語で，客室乗務員はa flight attendantだ。

★attendはp. 316。

216
cage
[kéidʒ]

(動物の)おり，**鳥かご**

217
cell phone
[sél fóun]

携帯電話(＝cellphone, mobile phone)

★主に《米》。《英》では普通mobile phone。

□eat the fish with chopsticks	はしで魚を食べる
□customers of the restaurant	そのレストランの客
□look up the word in the dictionary	辞書で単語を引く
□a computer engineer	コンピュータ技術者
□get lost in the fog	霧の中で迷う

218
chopstick
[tʃápstik]

はし ★普通 ~s で使う。
◆a pair of chopsticks 「箸1膳」

219
customer
[kʌ́stəmər]

(店などを利用する)客，**顧客** ★商店・レストランなどの客を指す。
◇clerk 名①店員 ②事務員，職員
◇vísitor 名訪問客
◇guest 名(招待された)客 p. 63

220
dictionary
[díkʃəneri]

辞書 源 diction（単語）+ ary（の場所）
(例) consult [use] a dictionary「辞書を引く」
a walking dictionary「生き字引」

221
engineer
アク?

技術者 動〈遺伝子〉を操作する
[endʒəníər] ★普通 -eer の語尾はアクセントがある。
◇enginéering 名工学

222
fog
[fɔ́(:)g]

霧 ★「濃い」には thick，heavy，dense を使う。
◇mist 名かすみ
◇frost 名霜

□fight for freedom	自由を求めて戦う
□send a package to France	フランスに小包を送る
□husband and wife	夫と妻
□a kindergarten teacher	幼稚園の先生
□Good luck!	幸運を祈ります！

223
freedom
[fríːdəm]

自由
◆freedom of speech 「言論の自由」

224
package
[pǽkidʒ]

①包装，パッケージ ②小包 ③セット，パック
動～を梱包する
◆package tour 「パック旅行」
◇párcel 名小包 ★主に《英》。

225
husband
[hʌ́zbənd]

夫
◇wife 名妻
★husband and wife「夫婦」は無冠詞で使われることが多い。

226
kindergarten
[kíndərgɑːrtn]

幼稚園
◇préschool 形就学前の，幼稚園児の
名幼稚園，保育園

227
luck
[lʌ́k]

(幸)運，つき，めぐり合わせ
◇lúcky 形幸運な，成功の
◇lúckily 副幸いにも，運よく

□a Greek temple	ギリシャの神殿
□the movement of her eyes	彼女の目の動き
□a piece of paper	紙１枚
□go sightseeing in Venice	ヴェニスに観光に行く
□have trouble finding a job	仕事を見つけるのに苦労する

228
temple
[témpl]

①寺院，聖堂，神殿　②こめかみ
★キリスト教以外に用いる。
◇shrine　名神社，神殿；聖堂

229
movement
[múːvmənt]

運動，動き，動作，移動；社会的[政治的]運動
(例) a political movement「政治的運動」
◇move　動～を動かす，移動させる；動く，移動する，引っ越す
(例) move to a new house「新しい家に引っ越す」

230
piece
[píːs]

ひとつ；部分；作品
★〈a piece of ＋不可算名詞 (advice, information, furnitureなど)〉の形で使うことが多い。

231
sightseeing
[sáitsiːiŋ]

観光，見物
★go sightseeing ×to Veniceはダメ。
◇sight　名①見ること　②光景　③視力 p. 149

232
trouble
[trʌ́bl]

悩み，苦労；もめごと
◆have trouble Ving　「Vするのに苦労する」
◆The trouble is that～「困ったことに～」
◇tróublesome　形やっかいな，骨の折れる

Adjectives　形容詞

MINIMAL PHRASES

Tr. 1-64

□He is different *from* other people.	彼は他の人と違う
□I'm sure that he'll pass.	彼は合格すると私は確信している
□This book is difficult to understand.	この本を理解するのは難しい

233
different
[dífərənt]

異なる，**違う**

◆be different from A　「Aと違う」

◆be different in A　「Aの点で違う」

名?　◇dífference　名違い，差

動?　◇díffer アク　動[dífər]　異なる

234
sure
[ʃúər]

①Aを確信している
(be sure of [about] A ／ be sure that～[wh 節])

②(be sure to V)**きっとVする，Vするのは確実である**

同?　＝cértain

語法　★**certain**は**It is certain that**～と形式主語構文をとれるが，**sure**は形式主語構文では使えない。

Q 1) **He is sure of success.**
2) **He is sure to succeed.**
上の**2**つはどう違う？

A 1)「彼は成功を確信している」
2)「彼はきっと成功するだろう」
2) で確信しているのは彼ではなく，この文を言っている人（私）である。 **2**) = **I'm sure that he'll succeed.**

235
difficult
[dífikʌlt]

難しい；**気難しい**（まれ）

◆A is difficult to V　「AをVするのは難しい」

★**V**は他動詞（または自動詞＋前置詞）で，**A**は**V**の意味上の目的語でなければならない。(例) **He is difficult to talk to.**「彼は話しかけにくい」

名?　◇dífficulty　名難しさ，困難

◆have difficulty (in) Ving「Vするのに苦労する」

★**to V**は不可。

Q「彼が勝つのは難しい」は **He is difficult to win.** でいい？

A だめ。**to V**の意味上の主語は**be difficult to V**の主語にはなれない。**It is difficult for him to win.** と形式主語構文にするのが正解。（**easy**も同様）

□have *at* least three children	少なくとも3人の子供を持つ
□global warming	地球の温暖化
□several years ago	数年前に
□learn a foreign language	外国語を学ぶ
□my whole life	私の全人生

236
least
[líːst]

最も小さい，**最も少ない**
★littleの最上級だ。(例) the least amount「最小の量」
◆at least 「少なくとも」
★超頻出！ leastの8割がこの熟語だ。
◆(not) ... in the least
「まったく…（ない）」＝(not)... at all

237
global
[glóubəl]

世界的な，**地球規模の**
★国家間の相互関係を表すinternationalと異なり，globalは文化・経済などの世界的つながりを示す語。
◇globalizátion 名国際化
◇globe 名地球，球体

238
several
[sévərəl]

いくつかの，**かなりの** 代いくつかのもの
★普通，3から10ぐらいの数を表す。

239
foreign
[fɔ́ːrən]

外国の
◆foreign country 「外国」
◇fóreigner 名外国人

240
whole
[hóul] 語法

すべての，**全…，…全体**
★普通the wholeは可算名詞の単数形につく。
○the whole story
×the whole books→○all the books;
×the whole tea→○all the tea
◆as a whole 「全体として」 ★名詞の後が多い。
◆on the whole 「概して，全体として」
◇whólly 副まったく，全面的に

Q the ( ) society
① all ② whole

A ②「社会全体」the whole＋名はよいが，the all＋名とは言わない。

□Leave me alone.	私をひとりにしておいて
□It is necessary to stop him.	彼を止めることが必要だ
□the main reason	主な理由
□Germany is famous *for* its beer.	ドイツはビールで有名だ

241
alone
[əlóun]

ひとりで，単独で ★名詞の前には置かない。
副①ひとりで ②～だけ(＝only) ★必ず修飾される語の後に置く。
(例) Man does not live on bread alone.
「人はパンだけで生きるのではない」[マタイ福音書]
◆leave A alone 「Aをひとりにしておく，Aにかまわない」
◆let alone A (否定文の後で)「Aは言うまでもなく」
(例) I can't walk, let alone run.「走るのはもちろん，歩くこともできない」

242
necessary
[nésəseri]

必要な，なくてはならない
★it is necessary that～のthat節中ではshould＋Vか動詞の原形が用いられることが多い。
◇necéssity 名必要(性)，必需品，不可欠なこと

Q It is necessary that he( ) do it.
①ought ②should ③would

A ②「彼がそれをする必要がある」↑

243
main
[méin] 同?

主な，主要な
＝chief
◇máinly 副主に，大部分は

244
famous
[féiməs]

有名な，名高い
◆A be famous for B 「AはBで有名だ」
★BはAの所有物・性質など。
◆A be famous as B 「AはBとして有名だ」
★A＝Bの関係。盲点!
◇fame 名名声

Q She is famous ( ) a dancer.

A as She＝a dancerの関係に注意。

□be afraid *of* making mistakes	誤りを犯すことを恐れる
□All people are created equal.	全ての人は平等につくられている
□fall into a deep sleep	深い眠りに落ちる
□be busy *with* part-time work	バイトでいそがしい

245
afraid
[əfréid]

(人が)恐れる，**心配する**　★補語として用いる。

◆be afraid of A　「Aを恐れる」= fear A
◆be afraid of Ving　「Vすることがこわい」
◆be afraid to V　「こわくてVできない」
◆be afraid (that)～　「～するのではないかと恐れる；残念ながら～だと思う」
◆I'm afraid so.　「残念だがそうだろう」
◆I'm afraid not.　「残念ながらそうではないだろう」

246
equal
アク?
名?

平等な，**等しい，匹敵する**　動～に等しい
[í:kwəl]
◆be equal to A　「①Aと等しい ②Aに耐えられる」
◇equálity　名平等

247
deep
[dí:p]
名?
反?

深い
◇depth　名深さ
◇déepen　動深まる；～を深める
⇔shállow　形浅い

248
busy
[bízi]

いそがしい，〈電話が〉**話し中である**，〈通りが〉**交通量が多い**
(例) a busy street「にぎやかな通り」
◆be busy with A　「A(仕事など)でいそがしい」
◆be busy Ving　「Vするのにいそがしい」
◆The line is busy.　「話し中です」

Q He is busy (　　).
① to work　② working

A ② busy to Vとは言わない。

□The same *is* true *of* the Japanese.	同じ事が日本人にも当てはまる
□carry a heavy bag	重いかばんを運ぶ
□It is dangerous to swim in the river.	その川で泳ぐのは危険だ

249
true
[trú:]

真実の，本物の，正確な

◆be true of A 「Aに当てはまる」
◆be true to A 「Aに忠実だ」
◆come true 「〈夢などが〉実現する」
◆hold true 「〈法則などが〉当てはまる，有効である」
◆That's true. 「本当にそうですね」
★相手の意見に同意する表現。

名？ ◇truth 名真実
◇trúly 副実に，まったく
反？ ⇔false 形事実に反する，うその

250
heavy
[hévi]

①重い
②〈量や程度が〉大きい，ひどい；〈雨や雪，交通が〉はげしい

◆heavy rain 「大雨」
◆heavy traffic 「はげしい交通」

Q「重い病気」を英語で言うと？
A serious disease [illness]。heavyは普通用いない。

251
dangerous
[déindʒərəs]

(人などにとって)危険な，危害を加えそうな(＋to)

◆A be dangerous to V 「AをVするのは危険だ」
★Vは他動詞（または自動詞＋前置詞）で，AはVの意味上の目的語。

◇dánger 名危険；危険なもの

Q1 The river is dangerous to swim. の誤りは？
A1 The river is dangerous to swim in. (＝ It is dangerous to swim in the river.)

Q2「彼の命が危ない」を英語で言うとHis life is dangerous. でいい？
A2 ×。dangerousは「人などにとって危険」の意味。「危険にさらされている」はin dangerだ。正解はHis life is in danger.

□a wide street	幅の広い道路
□a very exciting game	すごくおもしろいゲーム
□It's impossible to understand him.	彼を理解するのは不可能だ
□our daily lives	私たちの日常生活

252
wide
[wáid]

〈幅が〉広い，**広範囲にわたる**

反? ⇔nárrow 形狭い

名? ◇wi̲dth 発音 名[wídθ] 広さ

動? ◇wíden 動～を広げる；広くなる

◇wídely 副広範囲に，広く

Q「広い部屋」は **a wide room** でよいか？

A ×。**a wide room**は「幅の広い部屋」になってしまう。面積が広い部屋なら**a large room**と言い，狭い部屋なら**a small room**と言う。**a narrow room**は「細長い部屋」。

253
exciting
[iksáitiŋ]

〈人を〉わくわくさせる，**おもしろい** p. 25

◇excíted 形〈人が〉わくわくしている，興奮している(＋about, at)

◇excíte 動〈人を〉興奮させる

◇excítement 名興奮

Q **He is ( ) about the movie.** ① **excited** ② **exciting**

A ①「彼はその映画を見て興奮している」

254
impossible
[impásəbl]

不可能な

◇póssible 形可能な p. 172

Q1 **He is impossible to do the job.** はなぜだめ？

A1 **be impossible to V**の不定詞の意味上の主語（**he**）は文の主語にはなれない。「彼にはその仕事ができない」は**It is impossible for him to do the job.**が正しい。

Q2 **He is impossible to understand.** の意味は？

A2「彼を理解するのは不可能だ」＝**It is impossible to understand him.** これは**dengerous** (p. 86) のQ1と同じ構文。

255
daily
[déili]

日常の 副毎日，日ごとに

同? 形＝éveryday，副＝every day

□He was surprised *to* hear it.	彼はそれを聞いて驚いた
□No Smoking in Public Places	公共の場では禁煙
□a tired body	疲れた体
□get angry *with* him	彼に腹を立てる

256
surprised
[sərpráizd]　語法

〈人が〉驚いている，〈顔つきが〉驚いた　p. 25

★surprise「〈人〉を驚かす」の派生語なので，〈人〉is surprised.で「〈人〉が驚いている」という意味になる。

◆be surprised at [by] A 「Aに驚く」

★be surprised that～も可。

◇surpríse　動〈人〉を驚かす　名驚き

◇surprísing　形〈人を〉驚かすような，驚くべき

◇surprísingly　副意外に(も)，驚くほど

Q a (　　) report
① surprising　② surprised

A ①「驚くべき報告」

257
public
[pʌ́blik]

公の，公衆の　名(the public)一般の人々，大衆

◆public opinion　「世論」

◆in public　「公然と，人前で」
⇔in private

258
tired
[táiərd]　多義

①疲れた　②飽きた，うんざりした　p. 25

★tire「〈人〉を疲れさせる」から派生した形容詞。

◆be tired from A「Aで疲れている」

◆be tired of A　「Aに飽きている」　★頻出!

◇tíring　形〈仕事などが〉疲れさせる，骨の折れる；退屈な

Q I got tired (　) waiting.

A of「私は待つのに飽きた」

259
angry
[ǽŋgri]　名?

腹を立てた(+with [at] 人，about [at] 物事)

◇ánger　名怒り

Q He is angry (　) me.

A with (またはat)

□wild animals	野生動物
□a dark-haired girl	黒い髪の少女
□find a dead body	死体を発見する
□Be careful not to make this mistake.	この誤りをしないよう気をつけなさい
□ordinary people	普通の人々

260
wild
[wáild]

野生の；荒涼とした
◇wíldlife 名野生生物
★集合的に用いる不可算名詞。

261
dark
[dá:rk]

〈はだ・髪・目が〉黒い，濃い茶色の；暗い 名暗やみ
◆in the dark 「暗やみで」
◇dárkness 名暗やみ，暗さ

262
dead
[déd]

死んだ，〈植物が〉枯れた，〈火などが〉消えた
反？(3つ) ⇔alíve, live, líving 形生きている
動？ ◇die 動死ぬ，枯れる，消える
◆die out 「絶滅する」
名？ ◇death 名死

Q He has been (　　) for two years.
① dying ② dead ③ died

A ②「彼が死んで2年たつ」 直訳すると「2年間死んでいる」。dying だと「死にかけている」の意味になる。

263
careful
[kéərfl]

気をつける，注意深い
◆be careful not to V 「Vしないように気をつける」
◆be careful about [of] A 「Aに気をつける」
★ Be careful. は漠然と注意を促したり，別れ際などに用いる。目前の危険に「気をつけろ」と言うときには Watch [Look] out. を用いる。
◇cárefully 副注意深く(＝with care)
反？ ⇔cáreless 形不注意な

264
ordinary
[ɔ́:rdəneri] 反？

普通の，並の
⇔extraórdinary 形並はずれた p. 300

□stay at a cheap hotel	安いホテルに泊まる
□Central America	中央アメリカ
□She is friendly to others.	彼女は人に親切だ
□Language is unique *to* humans.	言語は人間特有のものだ
□I'm glad *to* hear that.	それを聞いてうれしい

265
cheap
[tʃíːp] 

Q My salary is ( ).
① low ② cheap

〈商品・サービスなどが〉安い，金がかからない；安っぽい
⇔expénsive 形高価な，金のかかる

A ① cheapは「金がかからない」という意味だからsalary, incomeなど収入には用いない。これらにはlowやsmallを使う。(なおpriceには時にcheapを用いることがあるが，lowを用いるのがよいとされるp. 55)

266
central
[séntrəl]

中央の，(〜にとって)中心的な(＋to)
◇cénter 名中心 ★《英》はcentre。

267
friendly
[fréndli]

親切な(＋to)，仲がよい(＋with)，人なつっこい
◆environmentally friendly 「環境にやさしい」
◇friéndship 名友情，友好

268
unique
[juːníːk]

独特の，唯一の，特有の
★uni-は「1つ」の意味。
◇uníquely 副比類なく，独特に

269
glad
[glǽd]

〈人が〉うれしい(＝happy, pleased) ★補語として用いる。
◆be glad to V 「①Vしてうれしい②喜んでVする」
(例) A: Will you join us?「一緒にやらない？」
B: I'd be glad to. 「喜んで」

□find another way	もう１つの道を見つける
□in the bright light	明るい光の中で
□regular working hours	通常の勤務時間
□poor countries	貧しい国々
□keep a constant speed	一定の速度を保つ
□for commercial use	商業用に

270
another
[ənʌ́ðər]

もう１つ[１人]の　代もう１つのもの[人]
源 an（１つの）+ other（他の）
◆A is one thing; B is another.「AとBは別のものだ」

271
bright
[bráit]

①〈光・色などが〉明るい，輝く　②頭がいい
（例）a bright child「利口な子供」

272
regular
[régjələr]

①いつもの，通常の（＝usual）
②規則正しい；定期的な

273
poor
[púər]

①貧しい　②〈品質が〉粗末な　③下手な，不得意な（＋at）
◆be poor at A　「Aが下手だ，不得意だ」
（例）He is poor at singing.「彼は歌が下手だ」

274
constant
[kánstənt]

不変の，一定の；休みない
◇cónstantly　副絶えず，いつも，一定して

275
commercial
[kəmə́ːrʃl]

商業の，商業的な；（商業）広告用の
名（テレビ・ラジオの）広告，コマーシャル
◆commercial television [TV]
「（スポンサーつきの）商業テレビ放送，民放」

□a local television station	地方のテレビ局
□It is fair to say so.	そう言うのは正当だ
□Be honest with yourself.	自分に正直になりなさい
□He *is* proud *of* himself.	彼は自分に誇りを持っている
□*fall* asleep in class	授業中に眠りこむ

276
local
[lóukəl]

その土地の，**地元の，現地の**

◆local government 「地方自治体」

★localには，都会に対する「田舎の」という意味はない。cf. provincial「(けなして) 田舎くさい」, rural「(良い意味で) 田舎の，田園の」

277
fair
[féər]

①正当な，**公正な** ②**かなりの**

(例) fair share「公平な分配」

278
honest

発音?

正直な，**誠実な**

[ɑ́nəst] ★hは発音しない。

◆to be honest 「正直に言うと」
=to tell the truth

名?
◇hónesty 名正直，誠実さ

反?
⇔dishónest 形不正直な

279
proud
[práud]

誇りを持っている，**自尊心のある**

◆be proud of A 「Aを誇りに思う」

★be proud that～も可。

◇pride 名誇り，自尊心，満足感

◆take pride in A 「Aを誇りに思う」

◆pride oneself on A 「Aを誇りにする」

280
asleep
[əslíːp]

眠って

◆fall asleep 「寝入る，眠りこむ」

◆be fast［sound］asleep 「ぐっすり寝ている」

Q an asleep babyはなぜだめ？

A asleepは補語として用いる。名詞の前には用いない。a sleeping babyが正しい。

□make a loud noise	騒々しい音を立てる
□the chief reason for his success	彼が成功した主な理由
□overseas travel	海外旅行
□a very clever monkey	とても利口なサル
□upper-class people	上流階級の人々

281
loud
[láud]

〈音・声が〉大きい(⇔low), 騒々しい, うるさい
副大きな声[音]で
★「大声で話す(笑う, etc.)」はloudでもloudlyでもよいが, loudlyの方が頻度は高い。ただし, talk out loudのようにoutがあるとloudが普通。比較級・最上級ならtalk louder [loudest] が多い。
◇lóudly 副大声で, 騒々しく
◇alóud 副声に出して

282
chief
[tʃíːf]

主な；最高位の 名(組織の)長, チーフ
◇chíefly 副主に, 主として(=mainly)

283
overseas
[óuvərsíːz]

海外の, 外国の
副海外へ(=abroad) (例) go overseas「海外へ行く」
名海外, 外国, 国外

284
clever
[klévər]

①利口な, 器用な；ずるがしこい
②〈機械などが〉巧妙な

285
upper
[ʌ́pər]

反?

①(2つのうちの)上の方の, 上部の
②〈地位などが〉上位の, 上級の, 上流の
⇔lówer 形下部の, 下位の

□wash dirty dishes	汚れた皿を洗う
□a smart shopper	賢い買い物客
□the royal family	王室
□*be* crazy *about* fishing	釣りに夢中だ
□*be* absent *from* school	学校を欠席している

286
dirty
[dɔ́ːrti] 反?

汚れた，**不潔な**，〈言葉が〉**きたない**　動～を汚す(まれ)
⇔clean　形清潔な

287
smart 多義
[smɑ́ːrt]

①利口な，賢い　②(身なりの)きちんとした，
〈衣服などが〉**ぱりっとした**
(例) her smart dress「彼女のすてきな服」

Q「彼女はスマートだ」は？

A She is slim.　日本語の「スマート」のように「細身の」の意味では slim や slender を使う。smart には「細身の」という意味はない。

288
royal
[rɔ́iəl]

国王［女王］の，**王室の**
★英国の官庁・公共機関・団体名などの前に置く。
(例) the Royal National Theatre「英国国立劇場」

289
crazy
[kréizi]

①〈人・物事が〉狂っている
②(be crazy about A) Aに夢中だ

Q He must be crazy to do such a thing. の意味は？

A「そんなことをするとは彼は狂っているに違いない」

290
absent
[ǽbsənt] 名?

(その場に) いない，**欠席している**
◆be absent from A　「Aに欠席している」
◇ábsence　名不在，欠席

□speak in a gentle voice	やさしい声で話す
□delicious Indian food	おいしいインド料理
□walk on thin ice	薄い氷の上を歩く
□elegant design	優雅なデザイン
□smooth plastic	すべすべしたプラスチック
□feel lonely without you	あなたがいなくてさびしい

291
gentle
[dʒéntl]

〈性格が〉やさしい，おだやかな
◇géntly　副やさしく，おだやかに

292
delicious
アク？

おいしい(＝good, tasty)
[dilíʃəs]

293
thin
[θín]　反？

①薄い；細い　②やせた
⇔thick　形厚い；太い；濃い

294
elegant
[éligənt]

優雅な，上品な；(理路整然として)簡潔な
◇élegance　名優雅，上品

295
smooth
発音？

なめらかな，すべすべした；〈運動などが〉円滑な，順調な
[smúːð]
◇smóothly　副なめらかに，すらすらと，円滑に

296
lonely
[lóunli]

孤独な，さびしい，ひとりぼっちの
◇lone　形ひとりの，連れのいない

□It is clear that he knows the answer.	彼が答えを知っているのは明らかだ
□have a personal interest	個人的な興味を持つ
□my lovely daughter	私のかわいい娘
□books for the blind	目の不自由な人のための本
□play an active part	積極的な役割を演じる

297
clear
[klíər]

①明らかな；はっきりした　②透明な　③晴れた
動〈場所〉をきれいにする；〈ごみ・障害物など〉をどける
◇cléarly　副明らかに；はっきりと

298
personal
[pə́ːrsənl]

個人の，個人的な
◆personal computer　「パソコン」
◆personal information　「個人情報」
◇personálity　名①個性，性格，人格
②名士，有名人
★日本語の「テレビタレント」は a TV personality だ。

299
lovely
[lʌ́vli]

美しい，かわいい；すてきな，〈天気が〉よい
★普通女性に用いる。男性には handsome などを使う。
★ly が付いていても形容詞になるのは friendly「やさしい」などと同じだ。

300
blind
[bláind]

目の不自由な，盲目の，目が見えない；
(+to A) A に気づかない
◇cólor(-)blind　形色盲の

301
active
[ǽktiv]

反?
名?

活動的な，積極的な
⇔pássive　形受動的な；消極的な
◇actívity　名活動
◇áctivist　名活動家，運動家

□search for intelligent life in space	宇宙の知的生命体を捜す
□a round table	丸いテーブル
□a broad street	幅の広い通り
□from the outside world	外の世界から

302
intelligent
[intélidʒənt]

知的な，知能が高い
◇intélligence 名知性，知能

303
round
[ráund]

丸い，円形の；一周の 名円；一周，巡回
副 前(～の)周りに，(～を)まわって
★副 前は《米》ではaroundを使うことが多い。
◇róund(-)trip 形 名往復旅行(の)
★形容詞的に使う場合は - (ハイフン) を付けることが多い。
(例) a round-trip ticket「往復切符」

304
broad
発音？

幅の広い，広範囲の，意味の広い(⇔narrow)
[brɔ́ːd]
◇breadth 名幅
◇bróaden 動～を広くする，広げる

305
outside
[autsáid]

外の 副外に[へ] 前～の外に[へ] 名外側，外部
★副詞，前置詞，名詞も多い。
(例) play outside「外で遊ぶ」，boys outside the classroom「教室の外の少年たち」，the outside of the building「建物の外」
反？
⇔insíde 形内の 副内に[へ]
前～の内に[へ] 名内側，内部

1 形

Adverbs etc.　副詞・その他

MINIMAL PHRASES

Tr. 1-81

□He looks happy, but actually he is sad.	彼はうれしそうだが実は悲しいのだ
□watch TV rather *than* study	勉強するよりテレビを見る
□drink coffee almost every day	ほとんど毎日コーヒーを飲む
□be quite different	まったく異なっている

306
actually
[ǽktʃuəli]

①実は，(ところが)実際は　②実際に
◇áctual　　形 現実の

307
rather
[rǽðər]

①(A rather than B) BよりもむしろA
②(形容詞・副詞を修飾して)かなり　③いやむしろ
(例) a rather high position「かなり高い地位」
◆would rather V「Vしたい」 ★want to Vよりも丁寧。
★would rather S V(仮定法過去形)という形もある。

308
almost
[ɔ́:lmoust]

同?

①ほとんど　★every, all, always, no, impossibleなどにつく。
②(動詞について)もう少しで，あやうく(…しかける)
= néarly

Q1 "Oh, I almost forgot". を訳せ。
A1「あ，あやうく忘れるところだった」

Q2 Almost Japanese know that. の誤りは？
A2 almostは副詞だから名詞に直接つけない。Almost all Japanese know that.あるいはMost Japanese know that.が正しい。ただし，everyone, nothingなどにはつけられる。

309
quite
[kwáit]

①まったく，完全に　②非常に，とても　★主に《米》。
③かなり，まあまあ
◆not quite　「完全に…ではない，まったく…ではない」
★部分否定。(例) I'm not quite sure.「はっきりとはわからない」
◆quite a few「たくさんの」= many

□She hasn't arrived yet.	彼女はまだ到着していない
□Perhaps it's true.	ひょっとするとそれは本当かもしれない
□The river is beautiful, especially in summer.	その川は特に夏美しい
□I like it simply because it's useful.	それが好きなのは単に役立つからだ
□use robots instead *of* people	人の代わりにロボットを使う

310
yet 多義
[jét]

①(否定語の後で)まだ ②(疑問文で)もう，すでに
接けれども，しかし ★文頭で使うか，または文と文をつなぐ。
◆and yet 「しかし，けれども」= but
◆have yet to V 「これからVしなければならない，まだVしていない」
◆yet another [more] A 「さらにもう1つの[多くの] A」
◆as yet 「(否定文で)まだ，今までのところ」
★将来はわからないという含みがある。

311
perhaps
[pərhǽps]

ことによると，ひょっとしたら
★perhapsの確信度は50%未満である。話し手の確信度は次の順に弱くなる。
no doubt > probably > maybe; perhaps > possibly

312
especially
[ispéʃəli]

特に，とりわけ(= particularly)
★文頭に置くのはまれ。

313
simply 多義
[símpli]

①単に，ただ(= only) ②とても，まったく；(否定語の前で)どうしても，絶対 ③簡単に，単純に
◇simple 形単純な，簡単な

Q I simply cannot believe it. を訳せ。
A「私にはどうしてもそれが信じられない」

314
instead
[instéd]

代わりに
◆instead of A 「Aの代わりに，Aでなく」

1 副他

□Either you or he is lying.	君か彼のどちらかがうそをついている
□He finally found a job.	彼はやっと仕事を見つけた
□It is strange indeed.	それは実に奇妙だ
□Ask someone else.	だれか他の人に聞いて
□Neither Tom nor his wife is happy.	トムも奥さんも幸せではない

315
either
[íːðər]

①(+A or B) AかBのどちらか
②(否定文の後で)〜もまた…ない
形どちらかの；どちらの〜も　代どちらか，どちらでも
(例) He can't swim, and I can't either.「彼は泳げないし，僕も泳げない」
★either A or Bが主語のときは，動詞はBに合わせる。

316
finally
[fáinəli]

①やっと，ついに　②最後に　★話をしめくくる時用いる。
源 fin(終わり)+al(形容詞語尾)+ly(副詞語尾)　cf. finish
◇fínal　形最後の，最終的な

317
indeed
[indíːd]

実に(=really)，確かに(=certainly)，まったく
★very nice indeedのようにveryをさらに強めて用いることがある。

318
else
[éls]

他に，他の　★something, someone, anything, anyone, whatなどのうしろにおいて「他の」を表す。

319
neither
[níːðər]

①(+A nor B) AもBも(…し)ない，AでもBでもない
②…もまた(…し)ない　★Neither+助動詞[be動詞]+主語の語順。
(例) "I don't smoke." "Neither do I."
「私はタバコは吸わない」「僕もです」

□move forward	前へ進む
□a highly developed society	高度に発達した社会
□go abroad	外国に行く
□go straight to the room	まっすぐ部屋に行く
□look straight ahead	まっすぐ前を見る

320
forward
[fɔ́ːrwərd]

前へ，未来へ　★《英》はforwards。50％以上が下の形。
◆look forward to Ving [A]
「Vすることを[Aを]楽しみに待つ」

Q I'm looking forward to (　) you.
① seeing　② see

A ① このtoは普通の前置詞なので後にはVingが来る。超頻出!

321
highly
[háili]

高度に，非常に　★valued「評価される」，intelligent「知的な」など，抽象的な語と用いる。

Q The bird flies highly. の誤りは?

A 具体的な動作には副詞としてhighを用い，highlyは用いない。The bird flies high.「その鳥は高く飛ぶ」が正しい。

322
abroad
発音?

外国へ[に，で]
[əbrɔ́ːd]
★oaを[ɔː]と発音するのはbroadとabroadだけ。他は[ou]。
◆study abroad　「留学する」

Q 誤りはどちら?
① He traveled to abroad.
② They come from abroad.

A ① が×。正しくはHe traveled abroad.。abroadは「～へ，に，で」の意味を含むので，to, for, in, at, onなどの前置詞は不要。ただし「海外から(の)」はfrom abroadでいい。

323
straight
[stréit]

まっすぐ，一直線に；正直に，率直に
形まっすぐな，一直線の

324
ahead
[əhéd]

前へ，進んで
◆Go ahead.　「どうぞ，遠慮なくやってください」
★人を促す時に用いる表現。
◆ahead of A　「Aの前に」

□ live apart *from* my parents	親から離れて暮らす
□ "Did you win?" "Naturally."	「勝ったのか？」「当然さ」
□ Unfortunately, he didn't come.	残念ながら彼は来なかった
□ speak Japanese fairly well	日本語をかなり上手に話す
□ His image was badly damaged.	彼のイメージはひどく傷ついた

325
apart
[əpɑ́ːrt]

離れて，別に
◆apart from A　「①Aと離れて②Aは別として」
◆set A apart (from B)「Aを(Bから)分ける，区別する」

326
naturally　多義
[nǽtʃərəli]

①当然，もちろん　②生まれつき
③自然に，普段どおり
(例) Are we naturally good or bad?「私たちは生まれつき善か悪か」

327
unfortunately
[ʌnfɔ́ːrtʃənətli]

あいにく，残念ながら，不運にも　★文修飾で使う。
◇fórtunate　形 幸運な，運のよい
◇unfórtunate　形 不幸な，不運な
⇔fórtunately　副 幸運にも，運よく

328
fairly
[féərli]

かなり(＝rather)
★fairlyは肯定的な評価に使うことが多い。否定文ではあまり用いない。

329
badly
[bǽdli]

①〈損傷などの程度が〉ひどく　②へたに，まずく
③とても，すごく
★③はneed, wantなどを強調する。
(例) I need money badly.「とてもお金が必要だ」

□move back and forth	前後に動く
□go downtown	中心街へ行く
□He came back three years later.	彼は3年後に戻ってきた
□go upstairs to the bedroom	2階の寝室に行く

330
forth
[fɔ́ːrθ]

前へ
◆back and forth 「前後に，往復して」
◆and so forth 「その他いろいろ」＝and so on

331
downtown
[dáuntáun]

町の中心へ，繁華街へ ★go ×to downtownとしないこと。
名中心街，繁華街 (例) downtown Tokyo「東京の中心街」
★「下町」ではない！

332
later
[léitər]

後で，後ほど 形もっと遅い
★普通three years laterは過去のある時を基準に「その3年後に」の意味。「(今から)3年後に」はlaterを使わずin three yearsという。また，未来のある時よりも後のことなら，three years after (A)という。ただし，later単独なら「(今から)後で」という意味でも使う。
(例) I'll go there later.「後でそこに行こう」
◆See you later. 「また後で；さようなら」
◆later on 「(もっと)後で」
◆no later than A 「遅くてもAまでに」
◆in later life 「晩年」
◆sooner or later 「遅かれ早かれ」

333
upstairs
[ʌpstéərz] 反?

階上へ，2階へ 形階上の，2階の
⇔dównstáirs 副階下へ，1階へ
形階下の，1階の

1 副・他

□I've already seen the movie.	その映画はすでに見た
□live far *from* home	家から遠く離れて暮らす
□Thank you anyway.	とにかくありがとう
□You can call me anytime.	いつでも私に電話していいよ

334
already
[ɔːlrédi]

すでに，もう
★完了形と用いることが多い。位置は助動詞・beの後が普通。

335
far
[fáːr]

①遠くに　②はるかに，ずっと　★比較級などにつく。
形遠い
◇fúrther　副さらに遠くへ；さらに
　形さらに遠い；それ以上の
★farの比較級。距離の意味ではfartherを使うこともある。
◆(be) far from A　「①Aから遠い　②Aにはほど遠い」
◆as far as A be concerned　「Aに関する範囲では」
◆as far as I know　「私が知る範囲では」
◆by far　「とびぬけて，断然」
★最上級[たまに比較級]を強める。

336
anyway
[éniwei]

(前で述べたことにかかわらず) とにかく，いずれにしても，
(それた話題をもとにもどす時) それはさておき
★Thank you anyway.は，①Aが頼みごとをしたが，Bがそれをできなかったときや，②AがBの誘いを辞退したときに，Aが言うせりふ。

337
anytime
[énitaim]

①いつでも　②いつでもどうぞ
(例) "Thank you for your help." "Anytime."
「助けてくれてありがとう」「いつでもどうぞ」
◆anytime S V　「SがVするときはいつでも」
★このanytimeは接続詞と考えてよい。
(例) Come and see me anytime you want to.
「来たいときにいつでも会いに来て」

□You can go anywhere.	どこでも行っていいよ
□Bill also met Tracy.	ビルもトレーシーに会った
□*turn* left at the corner	かどを左に曲がる
□both the husband *and* wife	夫も妻も両方
□Have you ever been to Italy?	今までにイタリアに行ったことがありますか
□everywhere in the world	世界のいたるところで

338
anywhere
[énihweər]

どこでも，どこにも
★肯定文では「どこ(に)でも」，疑問文やif節では「どこか(に)」，否定文では「どこにも」の意味。
◆anywhere S V 「SがVするところならどこでも」
◇sómewhere 副どこかで[へ；に]

339
also
[ɔ́:lsou]

〜もまた
★強く発音された語にかかる。Tracyを強く読むと「ビルはトレーシーにも会った」の意味になる。

340
left
[léft]
反？

左へ，左の方に 形左の 名左
★動詞leave「去る」の過去形・過去分詞形もleft。
⇔right 副①右へ ②正しく，公正に
形①右の ②正しい，ふさわしい
名①右 ②公正；権利 ▶ p. 314

341
both
[bóuθ]

両方とも 形両方の 代両方
◆both A and B 「AもBも両方」

342
ever
[évər]

(完了形の疑問文で)今までに，かつて；
(否定文で)一度も，これまでに

343
everywhere
[évrihweər]

いたるところで，どこでも，そこらじゅうに
◆everywhere SV「どこにSVしても」

□halfway *through* the movie	その映画の中ほどで
□It's moving toward him.	それは彼の方に向かって動いている
□live without a car	車なしで暮らす
□during the war	戦争の間

344
halfway
[hǽfwéi]

中ほどで，中間で，途中で

345
toward　多義
[tɔ́ːrd]

前①～の方に，～に向かって　②～ごろ，～近く　③～に対する

(例) toward noon「お昼ごろ」

★《英》では towards。

Q 次の 2 つの違いは？
① I walked to the hotel.
② I walked toward the hotel.

A ①は普通ホテルに着いたと考えられるが，②は「ホテルの方に歩いた」が，着いたとはかぎらない。

346
without
[wiðáut]

前～なしで，～を持たずに；～がなければ

◆without Ving　「Vしないで，Vせずに」

347
during
[djúəriŋ]

前①〈特定の期間〉の間ずっと　②〈特定期間〉の間のある時に

Q1 during I stayed in London はなぜだめ？

A1 during は前置詞だから後に節（主語＋動詞）は置けない。during my stay in London か while I stayed in London とする。

Q2 I met him (　　) staying in Paris.
① while　② during

A2 ① during の後に Ving は使えない。while Ving は OK。

□Would you stay here while I'm away?	私が留守の間ここにいてくれますか
□Though it was late, I called him.	遅かったけれども彼に電話をした
□Although it was raining, I went out.	雨だったが私は外出した

348
while
[*h*wáil]

接①～している間に，～しながら　②～なのに(＝Although) ★主節の前。 ③だが一方で ★主節の後ろ。

★①の場合はwhile節中でしばしば進行形や状態動詞を使う。また，主節と節中が同じ主語なら，〈主語＋be動詞〉をしばしば省略する。

(例) While (I was) reading, I fell asleep.
「読書している間に私は寝入った」

◆after a while　「しばらくして」

★このwhileは名詞で「時間」の意味。

◆for a while　「しばらくの間」

◆once in a while　「ときどき」

349
though
[ðóu]

接～(である)けれども，にもかかわらず　副けれども

★副は文中や文末で用い，普通前にカンマを打つ。

(例) I know him.　I haven't seen him for years, though.
「彼のことは知っている。けれども何年も会っていない」

◆even though ～　「たとえ～でも」

(例) Even though he was successful, he never had satisfaction.
「彼は成功したが，決して満足しなかった」

★上の例では，実際に「彼が成功していた」ということ。Even if he was successful ... なら実際に「彼が成功していた」とは限らない。

◆as though ～　「あたかも～のように，まるで～のように」＝as if ～

(例) We feel as though we are [were] on holiday.
「私たちは休暇であるかのように感じている」

350
although
[ɔːlðóu]

接～(である)けれども，～だが(＝though)

★接のthoughはalthoughとほぼ同じ意味だが，thoughの方が口語的。また，even thoughは正しいが，普通even althoughとは言わない。

● 職業　ジャンル別 1

□**accountant** [əkáuntənt]	会計士；会計係
□**attendant** [əténdənt]	接客係，案内係，世話人
□**barber** [báːbə]	理髪師
□**butcher** [bútʃə]	肉屋(の主人)
□**carpenter** [káːpntə]	大工
□**cashier** [kæʃíə]	レジ係
□**chairman** [tʃéərmən]	議長(最近はchairpersonを用いる)
□**dentist** [déntəst]	歯科医 ◇déntal 形 歯の
□**director** [diréktə]	管理者；重役；映画監督，演出家
□**expert** アク？	専門家 [ékspəːrt]
□**fisherman** [fíʃəmən]	漁師；漁船
□**grocer** [gróusər]	食料雑貨商
□**housewife** [háuswaif]	主婦
□**president** [prézidənt]	大統領，社長，会長，その他一般に組織の長
□**professor** [prəfésər]	教授
□**soldier** [sóuldʒər]	兵士

● 人間関係　ジャンル別 2

□**boss** [bɔ́(ː)s]	上司
□**coworker** [kóuwəːrkər]	同僚
□**dad** [dǽd]	とうさん ★fatherの口語的表現。
□**grandchild** [grǽntʃaild]	孫
□**grand-parents** [grǽnpeərənts]	祖父母
□**kinship** [kínʃip]	親類関係
□**Majesty** [mǽdʒəsti]	陛下(国王とその配偶者)
□**marital** [mǽərətl]	夫婦の，結婚の
□**mom** [mɑ́m]	かあさん ★motherの口語的表現。
□**sir** [sə́ːr]	お客様 (男性への呼びかけで)
□**spouse** [spáus]	配偶者

Stage 2

Speaking/Listening でも使用頻度の高い，必須の英単語。語法が問われるもの，熟語が大切なもの，発音が重要なものと，多彩だ。ひとつひとつ，しっかり覚えていこう。

"In the beginning was the Word"— John

* * *

はじめに言葉ありき。— ヨハネによる福音書

(1) Verbs　動詞

MINIMAL PHRASES

Tr. 2-02

□follow her advice	彼女の助言に従う
□consider the problem seriously	真剣にその問題を考える
□increase *by* 20%	20%増加する
□expect you *to* arrive soon	君がすぐ着くことを予期する

351
follow （多義）
[fálou]

①～(の後)に続く　②〈指示・方針など〉に従う
◆as follows　「次のように」
◇fóllowing　形次の，以下のような
◆A (be) followed by B　「Aの次にBが続く」

352
consider
[kənsídər] （語法）

～を考慮する；(+A+(as)B) AをBとみなす；
(+Ving) Vしようかと思う
★consider to Vは×。
◇considerátion　名考慮，思いやり

◇consíderate　形思いやりのある
◇consídering　前接～を考慮すると

Q I considered about his proposal. はなぜだめ？
A considerは他動詞なのでaboutは不要。
cf. I thought about his proposal.

353
increase
[inkríːs]

増える；～を増やす　名[ínkriːs]　増加
⇔decréase　動減る；～を減らす　名[´ー]　減少
◇incréasingly　副ますます(= more and more)

354
expect
[ikspékt]

～を予期する，予想する，期待する
◆expect to V　「Vするつもり[予定]だ」
◆expect A to V　「AがVするのを予期する」
◆expect A from [of] B　「AをBに期待する」
◇expectátion　名予期，期待

Q life expectancy の意味は？
A 「平均寿命」

MINIMAL PHRASES

Tr. 2-03

□decide *to* tell the truth	真実を語る決意をする
□develop a unique ability	特異な能力を発達させる
□provide him *with* information	彼に情報を与える
□continue *to* grow fast	急速に成長し続ける
□The list includes his name.	リストは彼の名前を含んでいる

355
decide
[disáid]

～することを決意する；～を決定する，～と判断する

◆decide to V 「Vする決意をする」

★＋to Vが40%程度。＋Vingはダメ。

名?

◇decísion 名決意，決定

◇decísive 形決定的な，断固とした

2 (1) 動

356
develop
[divéləp]

①発達する；～を発達させる ②～を開発する

◆developing country 「発展途上国」

◆developed country 「先進国」

名?

◇devélopment 名発達，成長，開発

357
provide
[prəváid]

語法

～を供給する，与える

◆provide A with B 「AにBを与える」

＝provide B for [to] A

◆provide for A 「Aに備える；Aを養う」

◇provísion 名供給；用意

接続詞にすると?

◇províded 接もし～ならば(＝if)

＝províding

358
continue
[kəntínju:]

続く；(～を)続ける(＝go on, carry on)

◇contínuous 形絶え間ない，休みない

◇contínual 形繰り返される

◇continúity 名連続性

359
include
[inklú:d]

反?

～を含む，含める

⇔exclúde 動～を除外する

◇inclúding 前～を含めて

□remain silent	黙ったままでいる
□reach the mountain top	山頂に達する
□allow him *to* go out	彼に外出を許可する
□*be* forced *to* work	働くよう強制される
□offer help *to* the poor	貧しい人に援助を申し出る

360
remain
[riméin]

①(ある状態の)ままでいる　②とどまる，残る
名遺物，遺跡，化石，残り物
◆remain to be Ved 「これからVされねばならない」

361
reach
[ríːtʃ]

~に着く(= arrive at)；~に達する　名届く範囲
◆reach for A 「Aをとろうと手をのばす」
◆within A's reach 「Aの手の届く範囲に」

Q We reached to the hotel. の誤りは？
A 「~に着く」の意味でのreachは他動詞だから，toは不要。

362
allow
発音?
同?　(2つ)
反?

①~を許可する，許す　②~を可能にする(= enable)
[əláu]　★発音問題で頻度1位。
①= permít, let
⇔forbíd　動~を禁ずる
◆allow A to V 「AがVするのを許す，可能にする」
◆allow for A 「Aを考慮に入れる」

Q forgiveとどう違う？
A forgiveは「〈過ち・人など〉を許す」 p. 143

363
force
[fɔ́ːrs]

~を強制する　名力，暴力(= violence)；軍隊
(例) the air force「空軍」
◆be forced to V 「Vするのを強制される，Vせざるをえない」 ★この形が15%以上。

364
offer
アク?

~を申し出る；~を与える　名申し出，提案
[ɔ́fər]
◆offer to V 「Vすると申し出る」
◇óffering　名申し出，提供，供え物

□**realize** the error	まちがいを悟る
□**suggest** a new way	新しいやり方を提案する
□**require** more attention	もっと注意を必要とする
□**worry** *about* money	お金のことを心配する
□**wonder** where he has gone	彼はどこに行ったのかと思う

365
realize 多義
[ríəlaiz]

①～を悟る，～に**気づく**(＋that～)　②～を**実現する**

(例) realize your dream「君の夢を実現する」

◇realizátion　名①認識，理解　②実現

366
suggest 多義 
[sʌdʒést]

①～と提案する　②～をほのめかす，**暗示[示唆] する**

◆suggest (to A) that S＋(should) 原形V
「(Aに)～と提案する」★toも重要!

◇suggéstion　名提案；暗示

Q I suggested that he (　) there.　① went　② go

A ②「彼がそこに行くよう提案した」「提案する」の意味のときは，that節中に，原形Vか，should＋Vを使う。ただし「ほのめかす」の意味の時は，that節中は普通の時制。

367
require
[rikwáiər]

～を必要とする(＝need)；～を**要求する**(＝demand)

★＋that節内は上のsuggestの①と同じく原形Vかshould V。

◇requírement　名要求される物，必要条件

368
worry
[wə́:ri]

心配する；～に**心配させる**　名心配(事)

◆be worried about A「Aのことを心配する」

Q He worried me. とHe worried about me. の違いは？

A He worried me.「彼は私に心配をかけた」
He worried about me.「彼は私のことで心配した」

369
wonder
[wʌ́ndər]

①(＋wh/if節)～かと疑問に思う

②(＋at A) Aに**驚く**，Aを**不思議に思う** 名驚き，不思議(な物)

◆(it is) no wonder (that)～
「～は不思議でない；当然だ」

◇wónderful　形すばらしい

2 (1) 動

□The car **cost** me $50,000.	その車には5万ドル**かかった**
□**tend** *to* get angry	腹を立て**がちである**
□Everything **depends** *on* him.	すべては彼**しだいだ**
□**share** a room *with* a friend	友人と部屋**を共有する**
□**demand** more freedom	もっと自由**を要求する**

370
cost

発音？

①〈費用〉を要する　②～を奪う　名費用，犠牲

[kɔ́(ː)st]（cost; cost; cost）

（例）The accident cost him a leg.「事故が彼の片足を奪った」

◆cost (A) B　「(Aに) B(費用)がかかる」

◇cóstly　形高価な；損失の大きい

371
tend

[ténd]　名？

(+ to V) Vする傾向がある，Vしがちである

◇téndency　名傾向，癖

372
depend

[dipénd]

形？

(+ on A) Aに依存する，Aしだいで決まる

◆depending on A「Aしだいで，Aにより」

◇depéndent　形依存する

◇depéndence　名依存

Q That depends. の意味は？

A「それは状況しだいだ」 It (all) depends. も同意。

373
share

[ʃéər]

～を分け合う，共有する，一緒に使う

名分け前，分担，役割　（例）market share「市場占有率」

◆share A with B「AをBと分かち合う」

374
demand

[dimǽnd]

①～を要求する，必要とする　②(～を)問う

名要求；需要(+ for)(⇔supply「供給」)

◆demand that S + (should) 原形V　「～と要求する」

◇demánding　形骨の折れる，要求の厳しい

Q I demanded her to tell me the truth. はなぜ誤りか？

A + O + to Vの形はない。I demanded that she (should) tell me the truth. ならOK。

□support the president	大統領を支持する
□hire many young people	多くの若者を雇う
□regard him *as* a friend	彼を友達とみなす
□This story *is* based *on* fact.	この話は事実に基づいている
□improve living conditions	生活状態を向上させる
□recognize the importance	重要性を認める

375
support 多義
[səpɔ́:rt]

①～を支持する，援助する　②〈家族など〉を養う
③～を立証する，裏付ける　名支持，援助
(例) support the theory「理論を立証する」

376
hire
[háiər]

～を雇う；〈有料で車など〉を借りる
★《米》では employ と同様に用いるが，《英》では短期の雇用に用いる。

377
regard
[rigá:rd]

(＋A as B) AをBだと思う，みなす
◆with［in］regard to A「Aに関しては」
◆regarding A「Aに関して」
◆regardless of A「Aに関係なく」

378
base
[béis]

(A be based on B) AがBに基づいている，
(＋A on B) Aの基礎をBに置く
名①基礎，根拠　②基地
形？
◇básic　形基礎的な
◇básement　名地下室，地階

379
improve
[imprú:v]

～を向上させる，改善する；向上する，進歩する
◇impróvement　名進歩，改善

380
recognize
アク？
名？

①～を認める　②～を識別する，～だとわかる　★《英》-nise。
[rékəgnaiz] (例) I recognized Tom at once.「すぐにトムだとわかった」
◇recognítion　名認識，承認

□ notice the color change	色彩の変化に気づく
□ You *are* supposed *to* wear a seat belt.	シートベルトを締めることになっている
□ raise both hands	両手を上げる
□ prefer tea *to* coffee	コーヒーよりお茶を好む
□ cheer *up* the patients	患者たちを元気づける

381
notice
[nóutis]

～に気づく，～だとわかる　名通知，掲示；注意

◆take notice of A　「Aに注意する」

形？ ◇nóticeable　形目立つ，著しい

382
suppose
[səpóuz]

～だと思う，想像する，仮定する

◆be supposed to V「Vすることになっている，Vすべきだ，Vするはずだ」= should

★この形が約45％で最も多い。

◆Suppose (that)～「もし～だとしたら(どうだろう)」
= Supposing (that)～

◇suppósedly　副たぶん，おそらく

383
raise　多義
[réiz]

①～を上げる　②～を育てる(= bring up)
③〈問題など〉を提起する　名賃上げ(= pay raise)

★自動詞は rise「上がる，起きる」だ。

384
prefer　アク？

～をより好む　[prifə́ːr]

◆prefer A to B「BよりもAを好む」(A，Bには名詞・動名詞)

◆prefer to V_1 rather than (to) V_2
「V_2よりもV_1する事を好む」

名？ ◇préference　名好み；好物

形？ ◇préferable アク　形より好ましい，ましな

385
cheer
[tʃíər]

①～を励ます　②声援する(＋for)　名声援，励まし

◆cheer A up　「Aを励ます，元気づける」

◆cheer up　「元気を出す」　★命令文が多い。

形？ ◇chéerful　形陽気な

□suffer heavy damage	ひどい損害を受ける
□describe the lost bag	なくしたバッグの特徴を言う
□prevent him *from* sleeping	彼が眠るのをさまたげる
□reduce energy costs	エネルギー費を減らす
□mistake salt *for* sugar	塩を砂糖とまちがえる

386
suffer
[sʌ́fər]

〈苦痛・損害など〉を経験する，受ける；
(病気などで)苦しむ，損害を受ける
◆suffer from A 「A(病気など)で苦しむ」
★suffer from Aは，苦痛がある期間続くときに用いられ，進行形が多い。
◇súffering 名苦しみ

387
describe
[diskráib] 名?

～を描写する，～の特徴を説明する
◇descríption 名描写，説明

388
prevent
[privént]

～をさまたげる，防ぐ，させない
◆prevent A from Ving「AがVするのをさまたげる」
◇prevéntion 名防止，予防

389
reduce 多義
[ridjú:s]

①～を減らす ②(＋A to B) AをBにする，変える
◆be reduced to A「Aになる，変えられる」
★より低い［小さい］状態への変化に用いる。
(例) be reduced to poverty「貧乏になる」
名?
◇redúction 名減少，削減，割引

390
mistake
[mistéik]

～を誤解する，まちがえる
名誤り，まちがい
◆mistake A for B 「AをBとまちがえる」
形?
◇mistáken 形誤った，まちがっている
★1) He is often mistaken for his brother.「彼はよく弟とまちがわれる」
2) You are mistaken about it.「あなたはまちがっている」
1) は動詞mistakeの受身だが，2) のmistakenは形容詞。

□prepare a room *for* a guest	客のために部屋を準備する
□encourage children *to* read	子供に読書をすすめる
□prove *to be* true	本当だとわかる
□treat him like a child	子供みたいに彼をあつかう
□establish a company	会社を設立する

391
prepare
[pripéər]
名?

(～の)準備をする(＋for)，(～を)用意する
◆be prepared for A　「Aに備えている」
◇preparátion　名準備，用意

392
encourage
[inkə́:ridʒ]
反?

〈人を〉はげます，～を促進する；
(＋A to V) AにVするようすすめる
⇔discóurage　動〈人〉のやる気をそぐ
◆discourage A from Ving「AにVする気をなくさせる」
◇encóuragement　名はげまし，促進

393
prove　多義
[prú:v]　名?

①～だとわかる(＝turn out)　②～を証明する
◇proof　名証拠，証明

394
treat
[trí:t]
Q This is my treat. の意味は？

～をあつかう；～を手当てする　名①楽しみ，喜び ②おごり
◇tréatment　名取り扱い，待遇；治療
A「これは僕のおごりだ」

395
establish
[estǽbliʃ]

～を設立する，創立する(＝found)；
〈事実など〉を確定する，立証する
◆establish oneself　「定着する」
◇estáblishment　名①施設，組織(学校，会社など)
②設立　③支配層，上層部
(例) a research establishment「研究施設」
(例) the medical establishment「医学界」

□stress-related illness	ストレスと関係のある病気
□compare Japan *with* China	日本と中国を比較する
□spread the tablecloth	テーブルクロスを広げる
□What does this word refer *to*?	この語は何を指示するか

396
relate
[riléit]

①関係がある；～を関係づける　②～を述べる，話す

★上のフレーズのように，過去分詞で名詞を修飾する例が多い。
（例）drug-related crime「麻薬関係の犯罪」

◆be related to A　「Aと関係がある」
◇relátion　名関係
◇relátionship　名関係
◇correlátion　名相関；相互関係

★relationとrelationshipはほぼ同意だが，感情がこもった親密な人間関係にはrelationshipが多く用いられる。

397
compare　多義
[kəmpéər]

①～を比較する　②～をたとえる　③匹敵する，比べられる

◆compare A with B　「AとBを比較する」
◆compare A to B　「①AをBにたとえる　②AとBを比較する」
名？　◇compárison　名比較；たとえ
◇compáratively　副比較的，かなり
◇cómparable　アク　形比較できる，同等の

Q Life is compared (　) a voyage.
A to「人生は航海にたとえられる」

398
spread
発音？

～を広げる；広がる　名広がり，広めること
[spréd]（spread; spread; spread）

399
refer
アク？

(＋to A) Aを指示する；Aに言及する；Aを参照する
[rifə́ːr]（～red; ～ring）

◆refer to A as B　「AをBと呼ぶ」＝call A B
名？　◇réference　名言及；参照

□supply the city *with* water	その都市に水を供給する
□gain useful knowledge	有益な知識を得る
□destroy forests	森林を破壊する
□apply the rule *to* every case	全ての場合に規則を当てはめる
□seek help from the police	警察に助けを求める

400
supply
[səplái]　語法

~を供給する，**支給する**　名供給
◆supply A with B　「AにBを供給する」
　= supply B to［for］A
◆supply and demand　「供給と需要」

401
gain
[géin]

①~を得る，**もうける**　②~を**増す**　名利益，増加
◆gain weight　「体重が増える」

402
destroy
[distrɔ́i]　名?

~を破壊する；〈害虫など〉を**殺す，滅ぼす**
◇destrúction　名破壊，破滅
◇destrúctive　形破壊的な

403
apply
[əplái]　多義

①当てはまる，~を**当てはめる，応用する**
②申し込む
◆A apply to B　「AがBに当てはまる」
◆apply A to B　「AをBに当てはめる，応用する」
◆apply（to A）for B　「(Aに) Bをほしいと申し込む」
(例) apply for the job「その仕事に応募する」

名?（2つ）
◇applicátion　名応用，適用；申し込み
◇ápplicant　名志願者，応募者

404
seek
[sí:k]

~を求める，**得ようとする**(seek; sought; sought)
◆seek to V　「Vしようと努める」
　= try to V

□search *for* the stolen car	盗難車を捜す
□He claims that he saw a UFO.	彼はUFOを見たと主張する
□draw a map	地図を描く
□refuse *to* give up hope	希望を捨てるのを拒む
□respond *to* questions	質問に答える

405
search
[sə́:rtʃ]

(+ for A) Aを捜す；(+ A) A(場所)を探る
◆in search of A　「Aを捜して，求めて」

Q search himとsearch for himの違いは？

A search A「Aという場所を探る」; search for A「Aを捜し求める」だから，search him「彼のボディチェックをする」，search for him「彼を捜す」となる。
(例) search his pockets for a key「鍵を求めて彼のポケットを探る」

406
claim 多義
[kléim]

①〜と主張する，言い張る(+ that〜；+ to V)
★真偽は定かでないという含みがある。
②〜を(当然の権利として)要求する　名主張；要求
★「クレーム」(苦情)の意味はない。苦情はcomplaintだ。

407
draw 多義
[drɔ́:]

①〜を引っぱる，引き出す，〈注意〉を引く
②〈図・絵〉を(線で)描く(draw; drew; drawn)
◇dráwer　名引き出し

408
refuse
[rifjú:z]
語法
名？

〈申し出など〉を断る，辞退する(⇔accept)
◆refuse to V　「Vするのを拒む」
★60%近くがto Vを伴う。refuse + Vingは×。
◇refúsal　名拒否，拒絶

409
respond
[rispɑ́nd] 

(+ to A) ①Aに返答する　②Aに反応する
◇respónse　名返答(= answer)，反応

□Never mention it again.	二度とそのことを口にするな
□judge a person *by* his looks	人を外見で判断する
□The plane is approaching Chicago.	飛行機はシカゴに接近している
□I admit *that* I was wrong.	自分がまちがっていたと認める
□reflect the mood of the times	時代の気分を反映する

410
mention
[ménʃən] 語法

～について述べる，言及する(＝refer to)
◆mention A to B 「AについてB(人)に言う」
◆Don't mention it. 「どういたしまして」
(礼やわびに対する返答)＝You are welcome.
◆not to mention A 「Aは言うまでもなく」
＝to say nothing of A

411
judge
[dʒʌ́dʒ]
名?

～を判断する，～を裁判する 名裁判官，審判員
◆judging from A 「Aから判断すると」(独立分詞構文)
◇júdgment 名判断

412
approach 多義
[əpróutʃ]

①(～に)接近する ②〈問題など〉に取り組む
名(研究などの)方法，取り組み方；接近(＋to)
(例) a new approach to teaching English「英語教育の新しい方法」

Q He approached to me. はなぜだめ？
A 前置詞不要。He approached me. が正しい。

413
admit 多義
[ədmít]
同?
名?

①〈自分に不利・不快なこと〉を認める(＋that～)
②〈人〉の入場[入学]を許可する(～ted; ～ting)
＝acknówledge 動～を認める
◇admíssion 名入学(許可)，入場(料)，入会(金)

Q 目的語となる動詞の形は？
A Ving（動名詞)。admit to Vは不可。

414
reflect 多義
[riflékt]

①～を反映する，反射する
②(＋on A) Aについてよく考える
◇refléction 名反射，反映；熟考

□perform the job	仕事を遂行する
□a very boring movie	すごく退屈な映画
□survive in the jungle	ジャングルで生き残る
□Words represent ideas.	言葉は考えを表す
□argue *that* he is right	彼は正しいと主張する

415
perform
[pərfɔ́ːrm]
名?

①～を行う，～を遂行する(＝carry out)
②～を演じる，～を演奏する
◇perfórmance 名①遂行，実行 ②演技，上演 ③性能；できばえ，成績

416
bore
[bɔ́ːr]

〈人〉をうんざりさせる 名退屈なもの[人]
◇bóring 形〈人を〉退屈させる
◇bored 形〈人が〉退屈している
◆A be bored with B「A(人)がBに退屈している」
◇bóredom 名退屈

Q He is bored. とHe is boring. はどう違う？
A He is bored. は「彼は退屈している」，He is boring. は「彼はつまらない人間だ」。

417
survive
[sərváiv]
名?

生き残る；〈人〉より長生きする；〈危機など〉を越えて生き延びる 源sur(越えて)＋vive(生きる)
◇survíval 名生存，生き残ること

418
represent
アク?

①～を表す，示す ②～を代表する
[reprizént]
◇representátion 名①代表 ②表現
◇represéntative 名代表者 形代表の，表している
同熟? ①＝stand for ★頻出!

419
argue
[ɑ́ːrgjuː]
名?

～と主張する(＋that～)；(～を)議論する；論争する
◇árgument 名議論，主張，論争，口論

2 (1) 動

□*take* freedom *for* granted	自由を当然と考える
□The data indicate *that* he is right.	データは彼が正しいことを示す
□The book belongs *to* Howard.	その本はハワードのものだ
□acquire a language	言語を習得する
□reply *to* his letter	彼の手紙に返事をする

420
grant (多義)
[grǽnt]

①～を認める(＝admit)　②～を与える
③〈願い〉をかなえてやる（③はややまれ）　名交付，補助金
(例) grant permission「許可を与える」
◆take A for granted　「Aを当然のことと思う」
◆take it for granted that～　「～ということを当然と思う」
★上の熟語が過半数をしめる。

421
indicate
[índikeit]

～を指し示す，表す(＝show)
◇indicátion　名指示，暗示，兆候

422
belong
[biló(:)ŋ]

所属している，(～の)所有物である
◆A belong to B　「AはBに所属する，Bのものだ」
◇belóngings　名所有物，持ち物

Q I'm belonging to the club. の誤りは？
A belongは進行形にならない。I belong to the club. が正しい。ただし，I'm a member of the club. / I'm in the club. の方が自然な英語。

423
acquire
[əkwáiər] (名？)

〈言語，技術など〉を習得する；～を獲得する
◇acquisítion　名習得
◇acquíred　形習得された，後天的な

424
reply
[riplái]

返事をする，(～と)答える(＋to)　名返事，答え
(replies; replied; replying)
★reply to A = answer A

□**feed** a large family	大勢の家族を養う
□**escape** *from* reality	現実から逃避する
□**replace** the old system	古い制度に取って代わる
□**reveal** a surprising fact	驚くべき事実を明らかにする
□Japan *is* **surrounded** by the sea.	日本は海に囲まれている
□The job **suit**s you.	その仕事は君に合っている

425
feed
[fíːd]

~にエサをやる，~を養う；エサを食う(feed; fed; fed)
◆feed on A 「〈動物が〉Aを常食とする」
◆be fed up with A 「Aにうんざりしている」

426
escape
[iskéip]

逃げる，まぬがれる(+from)；~を避ける
名逃亡；逃げ道 ★動詞を目的語にするときは＋Ving。

427
replace
[ripléis] 同熟？

①~に取って代わる，~を取り替える ②~を元の場所に戻す
①＝take the place of
◆replace A with B 「AをBに取り替える」
◇replácement 名取り替え，代用品

428
reveal
[rivíːl] 名？

~を明らかにする，知らせる，示す
◇revelátion 名暴露，発覚；新発見

429
surround
[səráund]

~を取り囲む ★受動態が約40％。
◇surróundings 名環境，周囲の状況

430
suit
[súːt] 形？

~に合う，適する；〈服装・色などが〉〈人〉に似合う
◇súitable 形適した，ふさわしい

Q The shoes (　) you well.
① match ② suit

A ②「その靴は君に似合う」
「物が人に似合う」でmatchは不可。

□the estimated population of Japan	日本の推定人口
□aim at the Asian market	アジア市場をねらう
□earn money for the family	家族のためにお金をかせぐ
□My memory began to decline.	記憶力が低下し始めた
□can't afford to buy a Ford	フォードの車を買う余裕がない
□be confused by her anger	彼女の怒りに当惑する

431
estimate
アク?
〈数量〉を推定する；～を評価する　名 [éstəmət]　見積り
[éstəmeit]　(例) an estimated 70 percent「およそ70パーセント」
◇underéstimate　動～を過小評価する

432
aim
[éim]
(＋at A) Aをねらう，目指す；
(＋A at B) AをBに向ける
名目的，意図(＝purpose, intention)
◆be aimed at A　「A向けだ，Aを目指している」

433
earn
[ə́ːrn]
①〈金〉をもうける，かせぐ　②〈評判・尊敬など〉を得る
◆earn one's living　「生計をたてる」

434
decline　多義
[dikláin]
①衰退する，低下する　②～を辞退する　名衰退，低下
★②は turn down, refuse よりていねい。

435
afford
[əfɔ́ːrd]
形?
①～をする[持つ]余裕がある　②～を与える (②は少ない)
◆can afford to V　「Vする余裕がある」
◇affórdable　形手ごろな値段の
(例) affordable housing「手ごろな価格の住宅」

436
confuse　多義
[kənfjúːz]
名?
①〈人〉を当惑させる，～を混乱させる　②～を混同する
◆confuse A with B　「AをBと混同する」
◇confúsed　形当惑した，混乱した
◇confúsing　形〈人を〉当惑させる
◇confúsion　名混乱，混同，当惑

□graduate *from* high school	高校を卒業する
□vary from country to country	国によって変わる
□remove the cover	カバーを取り除く
□insist *on* going to France	フランスに行くと言い張る
□examine every record	あらゆる記録を調べる

437
graduate
[grǽdʒueit]

(+from A) Aを卒業する ★fromを忘れないように!
名[grǽdʒuət] 卒業生；大学院生(＝graduate student)
◆graduate school「大学院」
◇graduátion 名卒業
◇undergráduate 名大学生

438
vary
[véəri] 形？(2つ)

変わる，さまざまである；～を変える
◇várious 形さまざまな p. 205
◇váried 形さまざまな，変化に富んだ
◇inváriably 副いつも，変わることなく
◇variátion 名変化，差異

439
remove
[rimú:v]

～を移す，取り去る；〈衣服〉を脱ぐ(＝take off)
◇remóval 名除去，移動
◆be (far) removed from A
「Aから(遠く)へだたっている」

440
insist
[insíst]

～と(強く)主張する，言い張る
◆insist on A 「Aを主張する」
◆insist that S＋(should) 原形V
「SがVすることを要求する」

441
examine
[igzǽmin] 同熟？(3つ)

～を調査する，検査する，試験する
＝look into, go into, go over
◇examinátion 名試験(＝exam)；調査

2 (1) 動

□remind him *of* the promise	彼に約束を思い出させる
□contribute *to* world peace	世界平和に貢献する
□warn him *of* the danger	彼に危険を警告する
□connect the computer *to* the Internet	コンピュータをインターネットにつなぐ
□match him in power	力で彼に匹敵する
□focus *on* the problem	その問題に焦点を合わせる

442
remind
[rimáind]

(+A of B) AにBのことを思い出させる
◆remind A that～「A(人)に～を思い出させる」
◆remind A to V 「AにVすることを思い出させる」

443
contribute (多義)
[kəntríbjuːt]

①(+to A) Aに貢献する；Aの一因となる
②(+A to B) AをBに寄付する，提供する
◇contribútion 名貢献，寄付

Q CO_2 contributes to global warming. の意味は？
A「CO_2は地球温暖化の一因だ」

444
warn
[wɔ́ːrn]

〈人〉に警告する
◆warn A of [about; against] B「AにBを警告する」
◇wárning 名警告，警報

445
connect
[kənékt]

～をつなぐ，関係づける；つながる(=link)
◆be connected to [with] A
「Aと関係がある，つながりがある」
◇connéction 名結びつき，関係

446
match (多義)
[mǽtʃ]

①～に匹敵する ②～に調和する(=go with) p. 125 suit
名①試合 ②競争相手，好敵手 ③よくつり合う人・物
(例) The shoes match your dress.「その靴は君の服に合っている」
(例) be no match for A「Aにかなわない」

447
focus
[fóukəs]

焦点を合わせる，集中する 名焦点
◆focus on A 「Aに焦点を合わせる」

□reject the proposal	提案を拒否する
□convince him *that* it is true	それは本当だと彼に確信させる
□Health is associated *with* happiness.	健康は幸福と関連している
□rush into the hospital	病院へ急いで行く
□stress the need for information	情報の必要性を強調する

448
reject
[ridʒékt]

〈提案など〉を断る，拒絶する
源 re(= back) + ject(投げる) = (投げ返す)
★refuseより強い拒否。招待を断るときにはrejectを用いず，refuseやdeclineを使う。

⇔accépt　動～を受け入れる
◇rejéction　名拒絶，拒否

Q reject the proposal
=(　)(　) the proposal

A reject = turn down「申し出を断る」

449
convince
[kənvíns]

〈人〉を納得させる，確信させる
◆convince A that～　「Aに～と確信させる」
◆A be convinced that～　「Aが～と確信している」
◆convince A of B　「AにBを確信させる」
◆A be convinced of B　「AがBを確信している」
名？
◇convíction　名確信
◇convíncing　形説得力のある

450
associate
[əsóuʃieit]

①(+A with B) AをBに関連づける，AからBを連想する
②(+with A) Aとつきあう (②は少ない)　名仲間，同僚
◆be associated with A　「Aと関連している」
◇associátion　名協会；連想；交際

451
rush
[rʌ́ʃ]

急いで行く，急いでする　名急ぎ，突進
◆rush hour　「ラッシュアワー」

452
stress
[strés]

～を強調する　名緊張，ストレス；強調
◇stréssful　形ストレスの多い

□attract his attention	彼の注意を引きつける
□rely *on* their power	彼らの力に頼る
□regret leaving home	家を出たのを後悔する
□adopt a new system	新しいシステムを採用する
□shake the bottle well	ビンをよく振る

453
attract
[ətrǽkt] 形？

〈人・注意〉を引きつける；魅惑する
◇attráctive 形魅力的な
◇attráction 名魅力；引きつけるもの

454
rely
[rilái] 形？

(+ on [upon] A) Aに頼る，Aを信頼する
◆rely on A for B 「Aに頼ってBを求める」
◇relíable 形信頼できる，当てになる
◇relíance 名依存，信頼

455
regret
[rigrét] 語法

～を後悔する；残念に思う (～ ted; ～ ting)
名後悔，遺憾
◆regret Ving 「Vしたことを後悔する」
◇regrétful 形〈人が〉後悔している
◇regréttable 形〈物事が〉残念な，悲しむべき

Q I regret to say that ～は？
A「残念ながら～です」。「言ったことを後悔する」ではない。

456
adopt
[ədápt]

①〈理論・技術など〉を採用する ②～を養子にする
◇adóption 名採用，養子縁組

457
shake
[ʃéik]

～を振る；震える；～を動揺させる
(shake; shook; shaken)
◆shake hands (with A) 「(Aと)握手する」
◆shake one's head 「首を横に振る」(否定の身振り)

□hurt her feelings	彼女の気持ちを傷つける
□operate a computer with a mouse	マウスでコンピュータを操作する
□Exercise extends life.	運動は寿命を延ばす
□blame others *for* the failure	失敗を他人のせいにする
□The book consists *of* six lessons.	その本は6課で構成されている

458
hurt
発音?

～を傷つける；痛む(hurt; hurt; hurt) 名傷
[hə́ːrt] ★heart [hɑ́ːrt] と区別しよう。

459
operate
多義
[ɑ́pəreit]

①〈機械などが〉作動する ②〈機械など〉を操作する
③手術する(＋on)

名?
◇operátion 名①手術 ②活動，軍事行動 ③操作
(例) U.N. peacekeeping operations「国連平和維持活動」

460
extend
[iksténd]

～を広げる，延長する；広がる，のびる
◆extended family「拡大家族，親戚」

名?
◇extént 名程度，範囲
◆to some extent「ある程度まで」

形?
◇exténsive 形広範囲な
◇exténsion 名延長，増大

461
blame
[bléim]

～を非難する，～のせいにする 名非難；責任
◆blame A for B 「AにBの責任を負わせる」
＝blame B on A
◆be to blame 「責任がある，悪い」

Q Who is to blame for the accident? を訳せ。

A「事故の責任はだれにあるのか」

462
consist
[kənsíst]

①(＋of A) Aで構成されている
②(＋in A) Aに存在する (まれ)
★②のAは抽象名詞・動名詞。

同熟?(2つ)
＝be composed of, be made up of

□persuade them *to* go back	彼らを説得して帰らせる
□admire her work	彼女の仕事に感嘆する
□be disappointed *with* the test results	試験の結果に失望する
□expand business overseas	海外へ事業を拡大する
□preserve forests	森林を保護する
□struggle *to* get free	自由になろうともがく

463
persuade
[pərswéid]

①～を説得する　②～を信じさせる
◆persuade A to V「Aを説得してVさせる」
★説得が成功したことを含意する。try to ～なら失敗した可能性あり。
名? ◇persuásion 名説得
形? ◇persuásive 形説得力のある

464
admire
[ədmáiər]

～に感心[感嘆]する，～を賞賛する，尊敬する
◇admirátion 名感嘆，賞賛
形? ◇ádmirable アク 形賞賛すべき，立派な

465
disappoint
[disəpɔ́int]

～を失望させる
◇disappóinted 形〈人が〉がっかりした(＋with, at)
◇disappóinting 形〈人を〉がっかりさせる
◇disappóintment 名失望

466
expand
[ikspǽnd]

(～を)拡大する，増大する；膨張する
◇expánsion 名拡大，進展

467
preserve
[prizə́ːrv]

～を保護する，保存する；～を保つ，～を維持する
◇preservátion 名保護，保存，維持

468
struggle
[strʌ́gl]

苦闘する，努力する；もがく；(～に)取り組む(＋with)
名努力，苦闘(＋for)

□arrange the meeting	会議の手はずを整える
□disturb his sleep	彼の睡眠をさまたげる
□employ foreign workers	外国人労働者を雇う
□engage *in* volunteer activities	ボランティア活動に従事する
□an abandoned pet	捨てられたペット

469
arrange 多義
①〈会合など〉の手はずを整える；～を手配する
②～を配列する，整理する
発音？ [əréindʒ]
(例) arrange words in the right order「単語を正しい順に並べる」
◇arrángement 名準備；整理，配列

470
disturb [distə́ːrb]
①〈人・仕事など〉をさまたげる(＝interrupt)
②〈人〉を不安にする(＝worry)；〈平和・秩序など〉をかき乱す
名？
◇distúrbance 名混乱，妨害
◇distúrbing 形人を不安にする

471
employ [emplɔ́i] 多義
①～を雇う ②〈方法・言葉など〉を用いる(＝use)
◇employée 名従業員(⇔emplóyer 名雇い主)
◇emplóyment 名雇用，職，使用
◆lifetime employment 「終身雇用」
◇unemplóyment 名失業

Q employeeとemployerの違いは？
A ↑ -eeは「～される人」の意。
(例) addressee「受取人」

472
engage [engéidʒ]
(＋in A) A(活動・仕事など)に従事する，参加する，Aを行う；(＋A in B) AをBに従事させる
◆be engaged in A
「Aに従事している(＝engage in A)；Aに没頭している」
◇engágement 名(会合などの)約束；婚約

473
abandon [əbǽndən]
～を捨てる，放棄する(＝give up, desert)

2 (1) 動

□display prices	価格を示す
□encounter many difficulties	数々の困難に出会う
□amuse students with jokes	冗談で学生を笑わせる
□Sorry to bother you, but ...	おじゃましてすみませんが…
□concentrate *on* what he is saying	彼の話に集中する

474
display
アク? 同? (2つ)

~を展示する；~を表す；~を誇示する　名展示，表現
[displéi]
= exhíbit, show

475
encounter
[inkáuntər] 同熟? (2つ)

~に偶然出会う，〈問題など〉にぶつかる　名出会い，遭遇
= come across, run into

476
amuse
[əmjú:z]　形? (2つ)

~を楽しませる，笑わせる(= entertain)
◇amúsing　形〈人にとって〉ゆかいな，楽しい(= funny)
◇amúsed　形〈人が〉おもしろがっている
◇amúsement　名楽しみ，娯楽
★同じ「おもしろい」でも，amusing「人を楽しませる，ゆかいな」，interesting「知的興味をそそる」，funny「笑わせるような」。

477
bother　多義
[báðər]

①〈人〉に面倒をかける，困らせる　②(~を)気にする
名面倒，やっかいなもの
◆bother to V　「わざわざVする」★否定・疑問文で。
(例) Don't bother to answer this letter.「わざわざ返事を書かなくていい」

478
concentrate
アク?

集中する，〈注意など〉を集中させる
[kánsəntreit]　★約50%がonを伴う。
源con(いっしょに)+ centr(中心)
◆A concentrate on B「AがBに集中する，専念する」
◆concentrate A on B「AをBに集中させる」
◇concentrátion　名集中，専念

□adapt *to* a new culture	新しい文化に適応する
□be puzzled by the problem	その問題に頭を悩ませる
□appeal *to* his feelings	彼の感情に訴えかける
□combine song and dance	歌と踊りを組み合わせる
□delay his arrival	彼の到着を遅らせる
□repair the car	車を修理する

479
adapt
[ədǽpt]

①~を適応させる，慣れさせる；適応する　②~を改変する
◆adapt A to B 「AをBに適応させる」
◆A adapt (oneself) to B 「AがBに適応する」
◇adaptátion 名適応，順応
◇adáptable 形適応力がある

480
puzzle
[pʌ́zl]

~を当惑させる(= confuse)，困らせる
名難問，パズル
◇púzzled 形とまどって，当惑して

481
appeal 多義
[əpíːl]

(+ to A) ①A〈理性・感情など〉に訴える；〈人〉に求める
②〈人〉を引きつける　名①魅力　②訴え
◇appéaling 形魅力的な

482
combine
[kəmbáin]

~を結合させる，組み合わせる；結合する(+ with)
◇combinátion 名結合，組み合わせ

483
delay
[diléi]

~を遅らせる，延期する　名遅れ，延期

Q The bus delayed because of an accident. はおかしい？
A The bus was delayed by an accident.
(The accident delayed the bus. も可)

484
repair
[ripéər]

~を修理する；~を修復する　名修理
★fix (▶ p. 334) よりやや堅い言葉。
◇mend 動〈衣服など〉を繕う，修理する

□a fascinating story	夢中にさせる物語
□Pardon me.	ごめんなさい
□import food from abroad	海外から食料を輸入する
□remark that he is kind	彼は親切だと述べる
□reserve a room at a hotel	ホテルの部屋を予約する

485
fascinate
[fǽsəneit]

〈人〉を夢中にさせる，～の興味をかきたてる
◇fáscinating 形魅力的な，非常におもしろい
◇fáscinated 形夢中になった
◇fascinátion 名魅惑，魅力

486
pardon
[pɑ́:rdn]

～を許す 名許し，容赦

Q Pardon (me). の3つの使い方は？

A ①過失・無礼をわびる時に「ごめんなさい」，②[？をつけて]相手の言葉を聞き漏らして「もう一度言ってください」，③見知らぬ人に話しかける時に，「失礼ですが」。なお，I beg your pardon. も同様である。

487
import
アク？
反？

～を輸入する 名輸入，輸入品
動[impɔ́:rt] 名[ímpɔ:rt] 源im(中に)＋port(運ぶ)
⇔export 動[― ˊ] ～を輸出する 名[ˊ ―] 輸出

488
remark
[rimɑ́:rk] 形？

(～と)述べる，言う(＝say)(＋that～) 名意見，言葉
◇remárkable 形注目すべき，珍しい ▶ p. 167

489
reserve
[rizə́:rv]

～を予約する，～を取っておく(＝set aside)
名①蓄え，埋蔵量 ②保護区 ③遠慮(③は少数)
(例) oil reserves「石油の埋蔵量」
◆be reserved for A「Aに用意されている」
◆nature reserve 「自然保護区」
◇reservátion 名予約，指定
★ホテル，レストラン，座席など場所の予約がreservationで，人と会う予約はappointment(▶ p. 150)。
◇resérved 形控えめな；予約している

□at an amazing speed	驚異的な速さで
□frightening experiences	ぞっとするような経験
□release him *from* work	仕事から彼を解放する
□rent an apartment	アパートを借りる
□recover *from* illness	病気から回復する

490
amaze
[əméiz]

～を驚嘆させる
◇amázing　形驚嘆すべき，見事な，信じ難い（＝incredible, wonderful）
◇amázed　形〈人が〉驚いている

491
frighten
[fráitn]

〈人〉をおびえさせる，ぞっとさせる
◇fríghtening　形ぞっとするような
◇fríghtened　形おびえている（＋of, by）

492
release　多義
[rilíːs]

①～を解放する，自由にする　②～を発表する
③〈ガスなど〉を放出する　名解放，放免；公表，発表
（例）release CO_2「CO_2を出す」
◆release A from B「AをBから解放する」

493
rent
[rént]

①〈家・車など〉を賃借りする　②～を賃貸しする
名家賃，使用料，賃貸料
◇réntal　形賃貸しの　名使用料
◇lease　名賃貸契約　動〈土地・建物など〉を賃貸する，賃借する

語法
★rentは「借りる」と「貸す」両方の意味があるので注意。
rent the house from A「Aから家を賃借りする」
rent the house to A「Aに家を賃貸しする」
また，無料で借りるときは，borrowを使う。

494
recover
[rikʌ́vər]
名？

①（＋from A）A（病気など）から回復する
②～を取り戻す
◇recóvery　名回復，取り戻すこと

□I suspect that he is a spy.	私は彼がスパイではないかと思う
□deliver a message *to* a friend	友人に伝言を渡す
□identify people by their eyes	目で人の本人確認をする
□The office *is* located *in* the area.	オフィスはその地域にある

495
suspect
[səspékt]

①〜ではないかと思う(= suppose)　②〈人・もの〉を疑う
名 [sʌ́spekt]　容疑者，疑わしいもの
◆suspect A of B 「AをBのことで疑う」★受け身が多い。
名? ◇suspícion　名 容疑，疑い
形? ◇suspícious　形 疑い深い；疑わしい

Q doubtとsuspectはどう違う？（+ that節のとき）
A doubtはdon't believeに近く，suspectはsupposeに近い。
（例）I doubt that he did it.　「彼がそうしたとは思わない」
I suspect that he did it.「彼がそうしたと思う」

496
deliver 多義
[dilívər]

①〜を配達する，渡す　②〈講義など〉をする
（例）deliver a speech「演説をする」
名? ◇delívery　名 配達

497
identify 多義
[aidéntəfai]

①〜の正体をつきとめる，〜が何[誰]なのか確認する
②(+ with A) Aと共感する
◆identify A with [as] B「AをBとみなす，同一視する」
◇identificátion　名 身元確認，身分証明，同一視，一体化
◇idéntity　名 身元，正体；独自性
◇idéntical　形 同一の

498
locate
[lóukeit]

①(be located in [on, at] A) (Aに)位置する，ある
②〜の場所を見つける
★①の形で用いられることが多い。
◇locátion　名 位置，場所；ロケ，野外撮影
◇relócate　動 〜を移転[転居]させる；移転[転居]する

□a car manufacturing company	車を製造する会社
□occupy a high position	高い地位を占める
□own a house	家を所有している
□be exposed *to* danger	危険にさらされる
□translate a novel *into* English	小説を英語に翻訳する
□cure him *of* his illness	彼の病気を治す

499
manufacture
アク?

～を製造する，（大量に）生産する　名 製造，生産；製品
[mænjəfǽktʃər]　源 manu（手で）＋fact（＝make）
★上のフレーズはcar manufacturingで1つの形容詞になっている。こういう例に注意。
◇manufácturer　名 製造業者，メーカー

500
occupy
[ákjəpai]

〈場所・地位など〉を占める
◆be occupied with A「Aで忙しい，Aに従事している」

501
own
[óun]

～を所有している，～を持っている　★進行形にならない。
形（所有格の後で）自分自身の
◆A of one's own　「自分自身のA」
◆of one's own Ving　「自分でVした」
◆on one's own　「ひとりで」

502
expose
[ikspóuz]
名?

（＋A to B）AをBにさらす　★50％以上が受身形。
〈秘密など〉をあばく　源 ex（外に）＋pose（置く）
◇expósure　名 露出，暴露

503
translate
[trǽnsleit]

①～を翻訳する　②～を変える
◇translátion　名 翻訳

504
cure
[kjúər]

～を治療する，〈悪い習慣など〉を直す　名 治療法
◆cure A of B　「A（人）のB（病気など）を治す」

2 (1) 動

□perceive danger	危険に気づく
□adjust *to* a new school	新しい学校に慣れる
□be alarmed by the noise	その音にぎょっとする
□assist him in his work	彼の仕事を手伝う
□a frozen stream	凍った小川

505
perceive
[pərsí:v]

①～を知覚する，～に気づく　②～と思う，理解する

源 per（完全に）＋ceive（take）

◆perceive A as B　「AがBであると思う」★頻出！

名？ ◇percéption　名知覚；認識

506
adjust
[ədʒʌ́st]

〈環境に〉慣れる（＝adapt）（＋to）；～を適合させる，調節して合わせる　★約50％の例でtoを伴う。

◆adjust A to B　「AをBに適合させる」

◇adjústment　名調整；適応

507
alarm
[əlá:rm]

～をぎょっとさせる，おびえさせる（＝scare）

名①警報　②驚き，不安

◇alárming　形驚くべき，不安にさせる

◇alármed　形ぎょっとした

◆alarm clock　「目覚まし時計」

508
assist
[əsíst]

（～を）助ける，手伝う

★helpより堅い語で補助的な助けを言う。

◇assístant　名助手

◇assístance　名援助

509
freeze
[frí:z]

①凍りつく　②動かなくなる　（freeze; froze; frozen）

（例）Freeze!「動くな」

◇frózen　形凍った，冷凍の

□spoil the party	パーティを台無しにする
□shift gears	ギアを変える
□be embarrassed by the mistake	そのまちがいが恥ずかしい
□approve *of* their marriage	2人の結婚を承認する
□weigh 65 kilograms	65キロの重さがある

510
spoil
[spɔ́il]

～を台無しにする；〈子供〉を甘やかしてだめにする
諺 Too many cooks spoil the broth.
「料理人が多すぎると料理がだめになる」(船頭多くして船山に上る)

511
shift
[ʃift]

～を変える，移す
名 変化，移動，交替

512
embarrass
[imbǽrəs]

～を困惑させる，～に恥ずかしい思いをさせる
◇embárrassed　形〈人が〉当惑している，恥ずかしい気持ちの
◇embárrassing　形〈人を〉当惑させる，きまり悪くさせる
◇embárrassment　名 困惑，困難

513
approve
[əprúːv]

賛成[同意]する(+ of)；
～を承認[認可]する，～に賛成する
★公的機関などが正式に「承認[認可]する」ときは，他動詞が多い。
反? ⇔disappróve　動 ～に反対する
名? ◇appróval　名 賛成，承認

514
weigh 多義
[wéi]

①～の重さがある　②～を比較検討する，よく考える
③(+ on A) Aを苦しめる
(例) weigh one plan against another「ある計画と別の計画を比較検討する」
(例) The problem weighed on his mind.「その問題が彼の心を苦しめた」
◇wéight　名 重さ ▶ p. 194
◇overwéight　形 太りすぎの
名 [ˊ ー] 肥満，太りすぎ，過重

2 (1) 動

□stretch my legs	足を広げる
□participate *in* the meeting	会議に参加する
□exhibit Picasso's works	ピカソの作品を展示する
□I owe my success *to* you.	私の成功はあなたのおかげだ
□celebrate his birthday	彼の誕生日を祝う

515
stretch
[strétʃ]

～を広げる，伸ばす(＋out)；広がる，伸びる
名広がり，期間

516
participate
[paːrtísipeit] 名？

(＋in A) Aに参加する
◇participátion　名参加
◇partícipant　名参加者

Q participate in A
＝(　)(　)(　) A

A take part in A 「Aに参加する」

517
exhibit
発音？
名？

～を展示する，示す(＝display)　名展示物，展覧会
[igzíbit]　源 ex(out)＋hibit(hold)
◇exhibition　発音　名[eksəbíʃən]　展覧会，展示

518
owe
[óu]

(＋A to B) ①AのことはBのおかげだ
②AをBに借りている　★②は owe B A の文型もある。

519
celebrate
[séləbreit]

①〈特定の日・できごと〉を祝う，〈儀式〉を行う
②～を賞賛する(少数)
◇celebrátion　名祝い
◇célebrated　形名高い(＝famous)
◇celébrity　名有名人

□trees decorated *with* lights	電球で飾られた木々
□forgive him *for* being late	彼の遅刻を許す
□*be* seated on the bench	ベンチで座っている
□*be* injured in the accident	その事故で負傷する
□sew a wedding dress	ウエディングドレスを縫う

520
decorate
[dékəreit]

～を装飾する，～に飾りをつける
◇decorátion 名装飾(品)
◇órnament 名飾り，装飾(品)

Q「彼女はテーブルに花を飾った」はShe decorated flowers on the table. でよいか？

A だめ。decorate flowersだと花に飾りをつけることになる。She decorated the table with flowers. が正しい。

521
forgive
[fərgív]

〈過ち・人〉を許す (forgive; forgave; forgiven)
諺 To err is human, to forgive divine.「過ちは人の常，許すは神のわざ」
◆forgive A for B 「BのことでAを許す」

522
seat
[síːt]

①(be seated) 座っている ②〈人数〉を収容する
名座席
★seatは「〈人〉を座らせる」という意味だが，たいていbe [remain, stay, etc.] seated「座っている」という形で使う。
★sitが座る動作を表すのに対して，be seatedは状態を表せる。
◆Please be seated.「座ってください」
= Please have a seat. ★Sit down. よりていねい。

523
injure
アク？
名？

～を傷つける，けがをさせる
[índʒər] ★be injured「けがをする(している)」の形がほとんど。
◇ínjury 名負傷，害

524
sew
発音？

～を縫う
[sóu] ★saw [sɔ́ː] と区別しよう。
◆sewing machine「ミシン」

(2) Nouns　名詞

MINIMAL PHRASES

Tr. 2-37

□the result of the test	テストの結果
□features of human language	人類の言語の特徴
□the problems of modern society	現代社会の問題
□a water wheel	水車

525
result
[rizʌ́lt]

結果　動 結果として生じる；結果になる

◆A result in B　「AがBという結果に終わる」
　＝B result from A　「BがAから結果として起こる」
★Aは〈原因〉，Bは〈結果〉。

◆as a result　「その結果として」

Q Her illness resulted (　) hard work.

A from「彼女は働き過ぎで病気になった」
cf. Hard work resulted in her illness.

526
feature
[fíːtʃər]

①特徴　②呼び物；特集記事　③顔立ち
動 ～を(雑誌などで)取り上げる，特集する

527
society　多義
[səsáiəti]

①社会　②協会，団体，学会
③交際，つきあい(③は少数)
(例) Japan Society for Science Education「日本科学教育学会」

形？ (2つ)
◇sócial　形 社会の，社交の
◇sóciable　形 交際上手な，社交的な
(例) a sociable person「社交的な人」
◇sociólogy　名 社会学

528
wheel　多義
[hwíːl]

①車輪　②(自動車の)ハンドル
動 (車輪の付いたもの)を動かす；向きを変える
◆steering wheel　「ハンドル」
◆behind the wheel　「運転して」
◇whéelchair　名 車いす

□put a high value on education	教育に高い価値をおく
□the greenhouse effect of CO_2	二酸化炭素の温室効果
□individuals in society	社会の中の個人
□*have* a bad influence *on* children	子供に悪い影響を与える
□charge a fee for the service	サービス料を請求する

529
value
[vǽljuː]
（形？）

価値；価値観(values)　動～を評価する
◆of value　「価値のある，貴重な」＝valuable
◇váluable　形貴重な
◇inváluable　形きわめて貴重な(＝priceless)

Q valuelessとinvaluableの違いは？
A valuelessは「無価値な」だが，invaluableは「評価できぬほど貴重な」の意。

530
effect　（多義）
[ifékt]

①効果，影響(＝influence)　②結果(＝result)
◆have an effect on A　「Aに影響[効果]を与える」
◆side effects　「副作用」
◆in effect　「事実上は」
◇efféctive　形効果的な

531
individual
[indəvídʒuəl]

個人　形個人主義的な，個々の
源 in（否定）＋dividu（分けられる）＋al（性質）
◇indivídualism　名個人主義
◇individuálity　名個性

532
influence
（アク？）

影響(力)；〈人に対する〉支配力　動～に影響を与える
[ínfluəns]　源 in（中へ）＋flu（流れる）＋ence（もの）
◆have an influence on A　「Aに影響を与える」
★give influenceとは普通言わない。
（形？）
◇influéntial　形影響力のある，有力な

533
fee
[fíː]

謝礼；料金　(例) school fees「授業料」
★医師・弁護士・教師など専門職への謝礼，会費，授業料，入場料などの料金。

2 (2) 名

□at the rate of 40% a year	年40%の割合で
□a sign of spring	春のきざし
□water and gas service	水道とガスの事業
□advances in technology	科学技術の進歩
□Laughter is the best medicine.	笑いは最高の良薬だ

534
rate 多義
[réit]

①割合，率 ②速度 ③料金 動～を評価する
(例) birth rate「出生率」, postal rates「郵便料金」
◆at the rate of A「Aの割合で，Aの速度で」
◆at any rate「とにかく，少なくとも」
◇ráting 名格付け；評価

535
sign
[sáin]

印，記号，兆候 動～に署名する
◆sign language「手話」
◇sígnal 名信号(機)，合図
◇sígnature 名署名
★芸能人などのサインはautographという。

536
service 多義
[sə́ːrvəs]

①(公益)事業，設備 ②業務，勤務 ③サービス
★serve 動の名詞形だ。日本語のように「無料」の意味はない。
◆health service「公共医療制度」
◆social service「社会事業」

537
advance
[ədvǽns] 形？

前進，進歩 動前進する；～を前進させる
◇advánced 形進歩した，上級の
◇adváncement 名昇進，進歩；促進

Q in advanceの意味は？
A「前もって」(= beforehand)

538
laughter
[lǽftər]

笑い，笑い声
★「笑う人」という意味はないので注意。
◆burst into laughter「わっと笑い出す」

□produce new materials	新しい物質を作る
□a center of heavy industry	重工業の中心地
□an attempt *to* break the record	記録を破ろうとする試み
□US trade with France	アメリカとフランスの貿易
□You've *made* progress *in* English.	君の英語は進歩した

539
material
アク?

①物質；材料　②資料；教材
形物質の，物質的な(⇔spiritual「精神的な」)
[mətíəriəl]
◆raw material　「原料」
◇matérialism　名唯物論
(⇔idealism 観念論，理想主義)

540
industry
[índəstri]

①工業；産業　②勤勉(②の頻度は①の300分の1ほど)
◇indústrial　形工業の；産業の
◇indústrialized　形工業化した
◇indústrious　形勤勉な(ややまれ)

541
attempt
[ətémpt]

試み，くわだて(＋to V)　★約70%がto Vを伴う。
動～を試みる，くわだてる(＋to V)

542
trade
[tréid]

貿易；商売　動貿易する；取り引きする
◆trade A for B　「AをBと交換する」

543
progress
アク?

進歩，前進　★不可算名詞。　動進歩する，前進する
名[prágres]　動[prəgrés]　アクセントは名詞が前，動詞が後。
◆make progress (in A)　「(Aにおいて)進歩する」
◇progréssive　形進歩的な

□ *make* an excuse to leave early	早く帰るための言い訳をする
□ the custom of tipping	チップを払う習慣
□ Read the following passage.	次の一節を読みなさい
□ the market economy	市場経済
□ the tracks of a lion	ライオンの足跡

544
excuse
(発音?)

言い訳，口実
動①〜の言い訳をする　②〈人・行為〉を許す(＝forgive)
名[ikskjúːs]　動[ikskjúːz]
◆excuse A for B 「BのことでAを許す」
(例) Please excuse me for being late.
「遅くなったことを許してください」

545
custom (多義)
[kʌ́stəm]

①(社会的な)習慣　②(〜s)税関
◇cústomary　形習慣的な，慣例の
◇cústomer　名(店などの)客，得意客

546
passage (多義)
[pǽsidʒ]

①一節，引用された部分　②(時の)経過　③通行，通路
(例) the passage of time「時間の経過」

547
economy
(アク?)

経済，財政；節約　形安価な　★名詞の前で。
[ikɑ́nəmi]
◇económic　形経済の，財政の
◇económical　形節約できる，安上がりの

Q economicalとeconomicの違いは？
A ↑ economical travel「安上がりの旅行」と覚えておこう。

548
track
[trǽk]

小道，足跡，(鉄道の)軌道　動〜の足跡を追う
◆keep track of A 「Aの跡をたどる，Aを見失わない」
◆lose track of A 「Aを見失う」

Q 物を運ぶ「トラック」は？
A truck [trʌ́k]　発音の違いに注意。

□use public transportation	公共交通機関を使う
□a government official	政府の役人
□love at first sight	一目ぼれ
□a taste of lemon	レモンの味
□a wide range of information	広範囲の情報

549
transportation
[trænspərtéiʃən]

交通機関, 輸送, **運送** ★主に《米》。《英》は transport。
◇tránsport 名交通機関, 輸送, 運送
動[— ́] ～を運ぶ, 輸送する
★動詞は《米》でも使う。
源 trans (越えて) + port (運ぶ) (例) portable「持ち運びのできる」

550
official
アク?

役人, **公務員**, **職員** 形公の, 公式の
[əfíʃəl]

551
sight 多義
[sáit]

①見ること ②光景 ③視力
◆catch sight of A「Aを見つける」
⇔lose sight of A「Aを見失う」
◆at the sight of A「Aを見て」
◆in sight「見えるところに」
⇔out of sight「見えないところに」
◇ síghtseeing 名観光, 見物
(例) go sightseeing in Venice「ヴェネツィアに観光に行く」

552
taste 多義
[téist]

①味, **味覚** ②好み, **趣味** 動①～を味見する ②～の味がする
諺 There is no accounting for taste.
「人の好みは説明できない」(=たで食う虫も好き好き)

Q「服のセンスがいい」は?

A have good taste in clothes (sense は用いない)
◇bite 動～を噛む;噛みつく 名噛むこと
◇swállow 動～を飲み込む
◇chew 動〈食べ物〉を噛んで食べる;噛む

553
range
[réindʒ]

範囲, **領域** 動〈範囲などが〉及ぶ, またがる
◆mountain range「山脈」
◆range from A to B「AからBに及ぶ」

□make an appointment *with* the doctor	医者に予約する
□a doctor and a patient	医者と患者
□a business project	事業計画
□Would you *do* me a favor?	頼みをきいてもらえませんか
□differ in appearance	外見が違う

554
appointment
[əpɔ́intmənt]

(人と会う)約束，(医院などの)予約
◇appóint 動〈会う日時・場所〉を指定する；~を任命する p. 229
(例) the appointed time「指定の時刻」

Q promiseとどう違う？
A promiseはある行為を実行する約束。appointmentは用事で人に会う時と場所を決めること。

555
patient 多義
[péiʃənt] 反？(形容詞)

患者 形忍耐強い，しんぼう強い
⇔impátient 形我慢できない，いらいらする
◇pátience 名忍耐(力)，我慢

556
project
[prádʒekt]

計画，企画 動[prədʒékt] ~を見積もる，予測する
(例) the projected cost「見積もった費用」

557
favor
[féivər]

好意，親切 動~を支持する，好む ★《英》はfavour。
◆do A a favor 「Aの頼みをきく」
◆ask A a favor 「Aに頼みごとをする」
=ask a favor of A
◆in favor of A 「Aを支持して，Aの有利に」
形？(2つ)
◇fávorite 形大好きな 名お気に入り
◇fávorable 形(人に)好意的な，有利な

558
appearance 多義
[əpíərəns]

①外見，様子 ②出現
◇appéar 動①~に見える ②現れる
◇disappéar 動消える

□run the risk of losing money	お金を失う危険を冒す
□costs and benefits of the business	仕事のコストと利益
□residents of New York	ニューヨークの住民
□their relatives and friends	彼らの親戚と友達
□a mountain region	山岳地方

559
risk
[rísk]

危険，**危険性**　動〈命など〉を賭ける；～を覚悟でやる
◆at the risk of A　「Aの危険を冒して」
◆run the risk of A　「Aの危険を冒す」
◇rísky　形危険な

560
benefit
[bénəfit]
形？

利益，**恩恵**
動～の利益になる；(＋from A) Aから利益を得る
★得になること全般。**profit**は主に金銭的な「もうけ」。
◇benefícial　形有益な

561
resident
[rézidənt]

住民，**滞在者**　形住んでいる
◇résidence　名住宅，家
◇residéntial　形居住用の，住宅の
◇resíde　動住む，存在している
★**inhabitant**「住人」とは異なり，**resident**はホテルなどに一時的に滞在する人にも使える。

562
relative　多義
[rélətiv]

親族，**親戚**　★**relative**には家族も含まれる。
形相対的な，**比較上の**
◆relative to A　「Aに比べて」
◇relatívity　名相対性

563
region
[ríːdʒən]

①地域，**地方**　②**領域，分野**
◇régional　形地域の，地方の

2 (2) 名

□unique characteristics	ユニークな特徴
□feel a sharp pain	鋭い痛みを感じる
□a pair of *identical* twins	一組の一卵性双生児
□*on* special occasions	特別な場合に
□the principle of free trade	自由貿易の原則
□the history department	歴史学科

564
characteristic
[kærəktərístik]

特徴，特色　形特有の
★個々の特徴を指す。character (p. 319) は全体的な特徴。
◆be characteristic of A　「Aに特有である」

565
pain
[péin]

①苦痛　②(～s) 苦労，骨折り(= trouble)
◆take pains to V　「Vしようと骨を折る」
◇páinful　形①痛い　②骨の折れる

566
twin
[twín]

双子の一方，双生児　形双子の
◆fraternal twins　「二卵性双生児」
◆twin room　「ツインルーム」
★ホテルのツインベッドのある部屋。

567
occasion
[əkéiʒən]

①場合，機会　②行事(= event)
◆on occasion　「時々」= occasionally

568
principle
[prínsəpl]

①原理，原則　②主義，信念
◆in principle　「原則的には」

569
department 多義
[dipá:rtmənt]

①(組織の)部門，課　②省　③(大学などの)学科
◆department store　「デパート」
★ひとつひとつの売場がdepartmentだ。

□It is my duty to help you.	君を助けるのが私の義務だ
□the scene of the accident	事故の現場
□avoid *traffic* jams	交通渋滞を避ける
□the spirit of fair play	フェアプレーの精神
□the medium of communication	コミュニケーションの手段
□mass production	大量生産

570
duty (多義)
[djúːti]

①義務，任務　②関税
◇dúty-frée　形免税の
◆be on duty　「任務についている」

571
scene
[síːn]

①場面，現場　②眺め，光景　★可算名詞。
◇scénery　名風景，景観　★不可算名詞。
◇scénic　形風景の，景色のよい

572
jam
[dʒǽm]

①渋滞，込み合い　②ジャム　動～を詰め込む
◆be jammed　「〈場所が〉ぎゅうぎゅう詰めである，いっぱいだ」
◇congéstion　名渋滞；うっ血，充血

573
spirit
[spírət]

①精神；霊　②気分
◇spíritual　形精神的な，霊的な

574
medium
[míːdiəm]

手段，媒体　形中間の　(例) medium size「並の大きさ」
源中間にあるもの→手段（＝人と目的の間にあるもの）

Q mediumの複数形は？
A media

575
mass (多義)
[mǽs]

①(the masses) 一般大衆　②(a mass of A) 多くのA
③かたまり
◆the mass media　「マスメディア(新聞・テレビなど)」
◆mass communication　「マスコミ(による伝達)」
(形？) ◇mássive　形大きくて重い，大規模の

□gather a large audience	大勢の観客を集める
□the most important element	最も重要な要素
□global climate change	地球規模の気候変動
□the French Revolution	フランス革命
□the first quarter of this century	今世紀の最初の4分の1
□a room with little furniture	家具の少ない部屋

576
audience
[ɔ́:diəns] 語法

(集合的に)聴衆，観客　×many / few audiences
★「多い / 少ない観客」は，a large / small audienceという。

577
element 多義
[éləmənt]

①要素(＝factor)　②元素
③(the elements) 自然の力，悪天候
◇eleméntary　形初歩の
◆elementary school 「小学校」

578
climate
[kláimit]

①気候　②(政治・文化などの) 状況(＝situation)，雰囲気(＝atmosphere)　(例) the political climate「政治情勢」

579
revolution
[revəljú:ʃən]

①革命　②回転　★②は少数。
◆the industrial revolution 「産業革命」
◇revolútionary　形革命の，革命的な
◇revólve　動回転する，循環する

580
quarter
[kwɔ́:rtər]

4分の1 (15分，25セント，四半期など)
◇quárterly　形年4回の　名季刊誌

581
furniture
[fɔ́:rnitʃər]

家具
◇fúrnish　動〈家具など〉を備えつける
◇cupboard 発音　名[kʌ́bərd] 食器棚　★pは黙字。
◇clóset　名押し入れ，戸棚

Q The room has few furnitures. はどこがいけない?

A furnitureは不可算名詞で，複数形がなくmany，fewもつかない。little furnitureが○。数えるにはa piece/pieces ofをつける。

□the human brain	人間の脳
□CO_2 in the earth's atmosphere	地球の大気中の二酸化炭素
□private property	私有財産
□a reward *for* hard work	努力の報酬
□national security	国家の安全保障
□give a cry of delight	喜びの声をあげる

582
brain [bréin]
脳，頭脳；ブレーン，(集団で)知的指導者
◇bráinstorm 動自発的議論で案を出し合う，ブレインストーミングする

583
atmosphere 多義 アク？
①大気，空気 ②雰囲気
[ǽtməsfiər]
◇atmosphéric 形大気の

584
property [prápərti]
①財産，資産 ②〈物質の持つ科学的な〉特性(②は少ない)

585
reward [riwɔ́ːrd] 形？
報酬，ほうび，懸賞金(＋for) 動～に報いる(動詞も多い)
◆reward A with B 「AにBで報いる」
◇rewárding 形やりがいのある

586
security [sikjúərəti] 形？
安全，防衛，警備
◇secúre 形安全な，しっかりした 動～を確保する；～を守る
◆social security 「社会保障」

587
delight [diláit]
大喜び，喜ばしいもの 動～を喜ばせる；喜ぶ(＋in)
◇delíghted 形〈人が〉喜んでいる
◇delíghtful 形〈人を〉楽しませる

Q delightfulとdelightedの違いは？
A ↑ (例) a delightful holiday「楽しい休日」
delighted eyes「うれしそうな目」

2 (2) 名

□a deserted road in the desert	砂漠の人影のない道
□people from different backgrounds	経歴の違う人々
□a trend *toward* fewer children	少子化の傾向
□get 20% of the vote	20%の票を得る
□a negative impact *on* the environment	環境に対する悪い影響
□educational institutions	教育機関

588
desert　(アク?)

砂漠　動～を放棄する，見捨てる
名[dézərt]　動[dizə́ːrt]
◇desérted　形ひっそりした，人影がない

Q dessertの発音と意味は？
A [dizə́ːrt]　デザート

589
background　多義
[bǽkgraund]

①背景　②生い立ち，経歴
(例) background to events「できごとの背景」

590
trend
[trénd]

傾向，風潮，流行
◇tréndy　形最新流行の

591
vote
[vóut]

投票，選挙権　動投票する
◆vote for A　「Aに賛成の投票をする」

592
impact　
[ímpækt]

①影響，効果(= effect)　②衝撃，衝突
◆have an impact on A　「Aに影響を与える」

593
institution　多義
[instət*j*úːʃən]

①機関，組織，施設(大学・病院など)　②制度，慣習
◆social institutions　「社会的制度」
◇ínstitute　名研究所
動〈制度〉を設ける(動はまれ)

□social interaction *with* others	他人との社会的交流
□an alternative *to* oil	石油の代わりになるもの
□*do* no harm *to* children	子供に害を与えない
□a travel agency	旅行代理店
□people's great capacity *to* learn	人間のすばらしい学習能力

594
interaction
[intərǽkʃən]

①〈人と人の〉交流，やりとり(＝communication)
②相互作用　源 inter（互いに）＋act（作用する）
◇interáct　動〈人と〉交流する，つきあう；影響し合う
◇interáctive　形〈メディアが〉双方向の，対話式の

595
alternative
発音？　アク？

代わりのもの，選択肢(＋to)
形代わりになる，選択可能な，2つに1つの
[ɔːltə́ːrnətiv]
◇álternate　動〈2つのこと〉を交互にする
形交互の

596
harm
[hɑ́ːrm]

害，危害　動～に害を与える，危害を加える
◆do harm to A　「Aに害を与える」
＝do A harm
◇hármful　形有害な
◇hármless　形無害な
◇dámage　動～に損害を与える　名損害
★damageは人への危害には用いない。

597
agency　多義
[éidʒənsi]

①(政治的)機関，局　②代理店　③作用（③はまれ）
(例) the Central Intelligence Agency「アメリカ中央情報局」＝CIA
◇ágent　名①業者，代理店(員) ②要因(②はまれ)

598
capacity
[kəpǽsəti]　同？

①能力(＋to V, for)　②(部屋などの)収容力，容積
＝abílity　★主に潜存的な受容力。

□the Italian minister	イタリアの大臣
□a hospital volunteer	病院で働くボランティア
□*have* access *to* the Internet	インターネットを利用できる
□large quantities *of* data	ぼう大な量のデータ
□a branch *of* science	科学の一分野

599
minister
[mínəstər]

①大臣　②牧師
◇mínistry　名(政府の)省
(例) the Defence Ministry 「国防省」

600
volunteer
アク?
形?

ボランティア；志願者　動～を進んで申し出る
[vɑləntíər]
◇vóluntary　形自発的な，志願の

601
access
アク?

利用する権利；接近，入手(する方法)
★約60%がtoを伴い，約20%がhaveを伴う。
動〈情報など〉を利用する
[ǽkses]　★ただし[æksés]という発音も存在する。
◆have access to A 「Aを利用できる」
◇accéssible　形行ける，利用できる

602
quantity
[kwántəti]
反?

量
◆large quantities of A 「多量のA」
⇔quálity　名質

603
branch　多義
[bræntʃ]

①枝　②支店，支局　③(学問の)部門，分野
◇bough　発音　名[báu]　(大)枝
◇trunk　名(木の)幹

(3) Adjectives 形容詞

MINIMAL PHRASES

Tr. 2-53

□a common language	共通の言語
□a rough sketch	大ざっぱなスケッチ
□He *is* likely *to* win.	彼が勝つ可能性が高い
□serious social problems	深刻な社会問題
□a particular character	特有の性質

604
common [kámən] 多義

①共通の，公共の ②普通の，ありふれた

◆have A in common (with B) 「(Bと) Aを共有する」

◆common sense 「常識(的判断力)」

◆the common people 「一般大衆」

◇cómmonplace 形ありふれた

605
rough 多義 発音? 反?

①荒い；手荒い ②大ざっぱな ③つらい，厳しい

[rʌ́f]

⇔smóoth 形なめらかな

606
likely [láikli] 語法

ありそうな，～する可能性が高い 副たぶん，おそらく

◆be likely to V 「Vする可能性が高い」

◆It is likely that～ 「～する可能性が高い」

◇líkelihood 名可能性，見込み

607
serious [síəriəs]

①深刻な，重大な ②真剣な，まじめな

★「重病」は，serious illnessだ。heavy illnessとは言わない。

608
particular アク?

①ある特定の；特有の ②好みのやかましい (+ about)

[pərtíkjulər]

◆in particular 「特に」= particularly

2 (3) 形

□information available *to* everyone	みんなが利用できる情報
□bilingual children	二言語使用の子どもたち
□I *am* ready *to* start.	出発の用意ができている
□the correct answer	正しい答え
□be familiar *with* Japanese culture	日本の文化にくわしい

609
available
[əvéiləbl]

①手に入る，利用できる
②〈人が〉手が空いている（＝free）
★①の意味では，上のフレーズのように名詞を後から修飾することも多い。
◆be available to A　「Aに利用できる」

610
bilingual
[bailíŋgwl]

二言語使用の　名二言語使用者　源 bi (2)＋lingual（言語の）
◇monolíngual　形一言語使用の
　名一言語使用者　源 mono (1)
◇multilíngual　形多言語使用の
　名多言語使用者　源 multi（多数の）

611
ready　多義
[rédi]

①用意ができた
②(be ready to V) 進んでVする
◆get ready for A　「Aの用意をする」
◇réadily　副快く，進んで；容易に
◇réady-máde　形できあいの，既製の

612
correct
[kərékt]
反?

正しい，適切な（＝right）
動～を訂正する
⇔incorréct　形まちがった（＝wrong）

613
familiar　多義
[fəmíljər]

①〈人が〉熟知している，くわしい
②よく知られた，見覚えのある，親しい
◆A be familiar with B　「A(人)がBをよく知っている」
◆B be familiar to A　「BがA(人)によく知られている」
◇familiárity　名親しい関係，熟知

□physical beauty	肉体美
□The book is worth read*ing*.	その本は読む価値がある
□be involved *in* the accident	事故に巻き込まれている
□I had a fantastic time.	私はすばらしい時をすごした
□her private life	彼女の私生活

614
physical 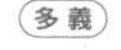
[fízikəl]

①身体の，肉体の(⇔spiritual)　②物理的な；物質の
◇phýsics　名物理学
◇phýsicist　名物理学者

615
worth
[wə́ːrθ]

(be worth A) Aの価値がある
(be worth Ving) Vする価値がある　名価値
◆be worth (A's) while
「(Aが)時間[労力]をかける価値がある」
◆be worthy of A「Aの価値がある」

Q His speech is worth ( ).
①listening to　②listening

A ①「彼の話は聞く価値がある」worth + Vingの後に，主語の名詞を置ける形にする必要がある。listening to his speechから考える。

616
involved
[inválvd]

(be involved in A) Aに関係している，参加している
★次のように名詞を後から修飾することが多い。
(例) the people involved「関係する人々」
◇invólve　動～を伴う，含む；
～を巻き込む，関係させる
◇invólvement　名かかわり合い，関与

617
fantastic
[fæntǽstik]

すばらしい，空想の(＝unreal)
◇fántasy　名幻想

618
private
[práivit] 

個人の，私有の；私的な，秘密の
⇔públic　形公の，公的な
◆private school「私立学校」
◆in private「内密に，非公式に」

◇prívacy　名プライバシー，秘密

2 (3) 形

□an obvious mistake	明白なまちがい
□a native language	母語
□a complex system	複雑なシステム
□I'm willing to pay for good food.	おいしいものにお金を払ってもかまわない
□the current international situation	今日の国際状況

619
obvious
アク?

明白な ★It is obvious that ～も多い。
[ábviəs]
◇óbviously 副明らかに

620
native
[néitiv]

母国の，原住民の；生まれ故郷の
名(ある土地の)生まれの人
◆Native American 「アメリカ先住民」

621
complex
[kampléks]

複雑な
名[kámpleks] ①建物の集合体 ②強迫観念（名は少数）
◇compléxity 名複雑さ

622
willing
[wíliŋ]

①(be willing to V) Vする気がある，Vしてもかまわない
②積極的な，自発的な ★②は名詞を修飾して。
★①のwillingは必要や要望があればするという意味。be ready to Vは準備ができているという意味。
◇wíllingly 副進んで，快く
◇wíllingness 名進んですること[気持ち]

623
current
[kə́:rənt]

最新の，現時点の；広く世に行われる
名流れ，風潮 （例）electric current「電流」
◆current events 「時事問題」
◇cúrrency 名通貨

□male workers	男性の労働者
□the proper use of words	言葉の適切な使い方
□He is capable *of* doing the job.	彼はその仕事をする能力がある
□He is independent *of* his parents.	彼は親から独立している
□positive thinking	積極的な考え方

624
male
[méil] 反?

男の，雄の 名男，雄
⇔fémale 形女の，雌の 名女，雌

625
proper
[prápər] 反?

適切な，ふさわしい；礼儀正しい
⇔impróper 形ふさわしくない，無作法な

626
capable
[kéipəbl] 反?

①～する能力がある，～する可能性がある ②有能な
◆be capable of Ving 「Vする能力[可能性]がある」
⇔incápable 形能力[可能性]がない
◇capabílity 名能力

Q He is capable ( ) this case.
① of handling ② to handle

A ①「彼はこの件を処理できる」

627
independent
[indipéndənt]

独立した(⇔dependent)
◆be independent of A 「Aから独立している」
◇indepéndence 名独立(＋from)
(例) the independence of America from Britain
「アメリカのイギリスからの独立」

628
positive
[pázitiv] 反?

①積極的な，前向きの；肯定的な
②明確な；〈人が〉確信している(＝sure)
⇔négative 「否定の；消極的な」 p. 167
◇pósitively 副確かに，きっぱりと

2 (3) 形

□a pleasant experience	楽しい経験
□a significant difference	重要な違い
□the former president	前大統領
□a chemical reaction	化学反応
□be upset by the accident	事故で動揺している

629
pleasant
発音？

〈人にとって〉楽しい，愉快な(＝pleasing)；心地よい
[plézənt]
◇pleased　形〈人が〉喜んでいる，満足している
◇please　動～を喜ばす，～を満足させる
名？
◇pleasure　発音　名[pléʒər]　喜び，楽しみ

Q I'm(　)with my new house.
① pleasant　② pleased

A ②「私は新しい家が気に入っている」cf. My new house is pleasant to live in.「私の新しい家は住み心地がよい」

630
significant
[signífikənt]

①重要な，意味のある　②かなり多くの
(例) a small but significant number「少数だがかなりの[無視できない]数」
◇signíficance　名重要性，意味
動？
◇sígnify　動～を示す，意味する

631
former
[fɔ́ːrmər]

前の，昔の
名(the former) 前者 (⇔the latter「後者」)
◇fórmerly　副以前は，昔は

632
chemical
[kémikəl]　名？

化学的な　名化学物質
◇chémistry　名化学；(化学的な) 性質
◇chémist　名化学者

633
upset
[ʌpsét]

〈人が〉動揺している，取り乱している
動①〈人〉の心を乱す　②〈計画など〉を駄目にする

□from the previous year	前の年から
□keep calm	冷静でいる
□a specific individual	特定の個人
□health-conscious Americans	健康を意識するアメリカ人
□be superior *to* others	他の人よりすぐれている

634
previous
(時間・順序で)前の，以前の
発音? [príːviəs]
反? ⇔fóllowing 形次の，下記の
◇préviously 副以前に，前もって
★the previous nightは，「(ある日の) 前日の夜」のことで，last night「昨夜」とは違う。

635
calm
冷静な，静かな 動静まる；~を静める 名静けさ，落ち着き
発音? [kάːm]

636
specific [spəsífik]
①特定の；特有の ②明確な，具体的な
◇specífically 副特に，明確に；正確に言えば
反? ①⇔géneral 形一般的な

637
conscious [kάnʃəs]
意識している；意識的な ★A-consciousの形が多い。
(例) class-conscious 「階級意識がある」
fashion-conscious「流行を気にする」
同? ＝awáre
語法 ◆be conscious of A 「Aを意識している」
◇self-conscious 形恥ずかしがる，人の目を気にする

638
superior
よりすぐれている，まさっている 名上役，上司
アク? [supíəriər]
反? ⇔inférior 形より劣っている
◆be superior to A「Aよりすぐれている」
名? ◇superiórity 名優越，優勢

□an efficient use of energy	効率のよいエネルギーの使い方
□fundamental human rights	基本的人権
□a narrow street	狭い通り
□a reasonable explanation	理にかなった説明
□feel nervous about the future	将来のことで不安になる

639
efficient
アク?
名?

効率がいい，**能率的な**；〈人が〉**有能な**
[ifíʃənt]　★語尾 -ient, -ience はその直前の母音にアクセント。
◇efficiency　名能率

640
fundamental
[fʌndəméntəl]

基本的な，**初歩の**；**根本的な**
名(～s) 基本事項，原則

641
narrow
[nǽrou]
副?

狭い，**細い**(⇔broad; wide)　動～を狭くする
(例) a narrow escape「かろうじて逃れること」
◇nárrowly　副①かろうじて，危うく(＝barely)　②狭く

Q「狭い部屋」は？

A a small room「面積が狭い」は small を用いる。narrow は川，道など細長いものについて言う。

642
reasonable 多義
[ríːznəbl]

①理にかなった，**適切な**　②〈値段が〉手ごろな，**安い**
(例) at reasonable prices「手ごろな価格で」

643
nervous
[nə́ːrvəs] 名?

神経質な，不安な；**神経の**
◇nerve　名①神経　②勇気，ずうずうしさ
◆get on A's nerves「Aの神経にさわる」
◆(the) nervous system「神経系(統)」

□The brothers look alike.	その兄弟は似ている
□domestic violence	家庭内暴力
□a negative answer	否定的な答え
□make a moral judgment	道徳的な判断をする
□be eager *to* study in the US	アメリカ留学を熱望する
□the brain's remarkable ability	脳のすばらしい能力

644
alike
[əláik]

似ている，同様な　副同様に
★Alex looks like Jim. = Alex and Jim look alike.
◆A and B alike　「AもBも同様に」
◇líkewise　副同様に（= similarly）

645
domestic

[dəméstik]

①家庭の，家庭的な　（例）a domestic animal「家畜」
②国内の（⇔foreign）　（例）the domestic market「国内市場」
◇doméstìcated　形飼いならされた

646
negative
[négətiv]

①否定の，拒否の
②消極的な
⇔pósitive　「肯定的な；積極的な」 p. 163

647
moral
[mɔ́(ː)rəl]

道徳的な，道徳の
名（～s：複数扱い）道徳
◇morálity　名道徳（性）

648
eager
[íːgə*r*]

熱望している；熱心な
◆be eager to V　「強くVしたがる」★6割以上がこの形。
◇éagerly　副熱心に

649
remarkable
[rimáː*r*kəbl]

すばらしい，すぐれた，注目すべき
◇remárk　動～と述べる，言う p. 136
◇remárkably　副著しく，目立って；珍しく

□drive away evil spirits	悪い霊を追い払う
□stay awake all night	夜通し目が覚めている
□his aged parents	彼の年老いた父母
□I am anxious *about* your health.	君の健康が心配だ

650
evil
(道徳的に)悪い，**邪悪な** 名悪，悪事
発音？ [íːvəl]

651
awake
[əwéik]
目を覚まして(⇔asleep)
動目覚める；～を目覚めさせる(＝wake)
(awake; awoke; awoken)
語法 ★awake, asleepは名詞の前に置かない。補語として用いる。
動？ ◇awáken 動～を目覚めさせる；目覚める

652
aged
[éidʒid]
①年老いた，**老齢の**(＝very old) ②[éidʒd] **～歳の**
(例) people aged 65 and over「65歳以上の人」
◆the aged 「高齢者」
◇age 名年齢；時代 動年老いる
◆aging population 「高齢人口」
◆aging society 「高齢化社会」

653
anxious 多義
[ǽŋkʃəs]
①(未知のことを)心配して，**不安な** ②切望して
◆be anxious about A 「Aを心配している」
＝be worried about A
◆be anxious to V 「Vすることを切望する」
＝be eager to V
名？ ◇anxiety 発音 名[æŋzáiəti] 心配，不安

Q He is anxious to find a girlfriend. の意味は？
A「彼は恋人を見つけたいと切望している」

□a tough boxer	たくましいボクサー
□nuclear energy	原子力エネルギー
□the British legal system	イギリスの法律の制度
□be curious *about* everything	何にでも好奇心を持つ
□civil rights	市民権

654
tough　多義　発音?

①たくましい　②骨の折れる，難しい　③厳しい

[tʌ́f]

655
nuclear
[njú:kliər]

核の，原子力の

◆nuclear weapon　「核兵器」
◆nuclear family　「核家族」
◆nuclear power plant　「原子力発電所」
◆nuclear reactor　「原子炉」

656
legal
[lí:gəl]　反?

合法の，法律の，法的な

⇔illégal　形違法の

657
curious
[kjúəriəs] 

①好奇心が強い，知りたがる(+ about)　②奇妙な

◇curiósity　名好奇心；珍奇なもの

658
civil
[sívl]

一般市民の；国内の

◆the Civil War　「南北戦争」
◆civil war　「内戦」
◆the civil rights movement　「(黒人の)公民権運動」
◇civílian　名(軍に対して)民間人

2 (3) 形

□according to a recent study	最近の研究によると
□a senior member of the club	クラブの先輩の部員

659
recent
[rí:snt]

最近の，近ごろの
◇récently　副最近，先ごろ
◇nówadays　副近ごろ，今日では
★nowadaysは現在形と用いる。現在完了形とはめったに用いない。

Q I often see him recently. の誤りは？

A recentlyは，過去形か現在完了形の文に用い，現在形の文は不可。these days「最近」は，現在・現在完了形の文に用いる。

660
senior
[sí:njər]
反？

〈役職などが〉上級の；先輩の　名(高校・大学の)最上級生，上役
◆senior citizens　「高齢者，お年寄り」＝seniors
⇔júnior　形後輩の，〈地位が〉下級の
★be senior to A「Aよりも年上だ」は，実際にはめったに使われない。名詞のseniorで「年上の人」はあるが，まれ。

● 野菜・果物　ジャンル別 3

□**bean** [bí:n]	豆(科の植物)
□**cabbage** [kǽbidʒ]	キャベツ
□**cucumber** [kjú:kʌmbər]	キュウリ
□**egg plant** [ég plǽnt]	ナス
□**garlic** [gá:rlik]	ニンニク
□**ginger** [dʒíndʒər]	ショウガ
□**lettuce** [létəs]	レタス
□**pea** [pí:]	(さや)エンドウ
□**pear** [péər]	洋ナシ ★ pair「ペア」と同音。
□**spinach** [spínitʃ]	ホウレン草
□**squash** [skwáʃ]	カボチャ，ウリの類 ★ pumpkinはHalloweenの大きなカボチャ。

(4) Adverbs etc. 副詞・その他

MINIMAL PHRASES

Tr. 2-66

□Soon afterward, he left.	その後すぐ彼は去った
□nearly 30 years ago	30年近く前に
□The car is small and therefore cheap.	その車は小さい。それゆえ安い。
□at exactly *the same* time	ぴったり同時に

661
afterward
[ǽftərwərd]

その後，のちに

★《英》はafterwards。アメリカ英語でも～ sは多く，入試では60％程度が～ sだ。

662
nearly
[níərli]

①ほとんど，ほぼ(＝almost)　②危うく～しかける

◆not nearly　「まったく…ない」＝not at all

◇néarby　副 形 近くに；近くの

語法

★nearlyはalmostと同様，ある状態にまだ達していないことを意味する。たとえば，nearly 60もalmost 60も，60より少ないことを表す。

Q He nearly fell into the river. の意味は？

A 「彼は危うく川に落ちそうだった」＝He almost fell into the river.

663
therefore
[ðéərfɔːr]

それゆえに，従って(＝and so)

★thusの方が堅く，soの方がくだけた表現。

664
exactly
[igzǽktli]

正確に，完全に；(強い肯定の答)全くそのとおりです

★Not exactly. は「ちょっと違います」。

◇exáct　形 正確な

2 (4) 副

□He will possibly come.	ひょっとすると彼は来るかもしれない
□contrary *to* expectations	予想に反して
□I occasionally go to the theater.	私はたまに劇場に行く
□Somehow I feel lonely.	なぜか寂しい
□I seldom see him.	彼に会うことはめったにない

665
possibly 多義 
[pásəbli] 語法

①ひょっとすると
②(cannot possibly V) どうしてもVできない
◇póssible 形可能な
◇possibílity 名可能性

Q He can't possibly come. の意味は？
A 「彼はどうしても来られない」 cf. He possibly can't come. は「ひょっとすると彼は来られないかもしれない」

666
contrary
[kántrəri]

反対に，逆に 形反対の
◆on the contrary「それどころか；とんでもない」
(例) I didn't find the movie exciting. On the contrary, I nearly fell asleep.
「その映画はおもしろくなかった。それどころか，寝そうになった」
◆contrary to A 「Aに反して」
◆to the contrary「逆の[に]」

667
occasionally
[əkéiʒənəli]

時々，たまに(＝on occasion)
★sometimesより低い頻度を示す。
◇occásional 形時々の，時折の

668
somehow
[sʌ́mhau]

①どういうわけか，なぜか
②何とかして，何らかの方法で

669
seldom 語法
[séldəm]

めったに〜ない(＝hardly ever)
★助動詞またはbe動詞がある場合はその直後にseldomを置く。
(例) This is seldom used.「これはめったに使われない」

□This is smaller and thus cheaper.	この方が小さく，したがって安い
□people throughout the world	世界中の人々
□Unlike my wife, I get up early.	妻と違って私は早起きだ
□Besides being rich, he is kind.	彼は金持ちの上にやさしい
□It's beyond my understanding.	私の理解をこえている

670
thus 多義
[ðʌ́s]

①それゆえ，したがって(＝therefore)★後ろに結果が来る。
②そのように，このように(＝in this way)
③これほど，この程度
★thus ＝ so と考えればどの意味もわかる。

671
throughout
[θru(:)áut]

前〈場所〉のいたる所に，〈時間〉を通して，～の間中
副始めから終わりまで，ずっと；まったく

672
unlike
[ʌnláik]

前～と違って，～に似ず
★unlikeの後にinなどの前置詞が来ることもある。
（例）unlike in Japan「日本でとは異なり」

673
besides
[bisáidz]

前～に加えて，～の上に(＝in addition to)
副その上に　★beside「～の横に」と混同しないように！

674
beyond
[bijánd]

前～の向こうに，～をこえて；～できる範囲をこえて
◆(be) beyond A's control「Aにはどうすることもできない」
◆(be) beyond the reach of A「Aがとどかない」
◆beyond doubt「疑う余地なく」

2 (4) 副

□within a mile *of* the station	駅から1マイル以内で
□have *neither* time nor money	時間もお金もない
□I'll leave tomorrow unless it rains.	明日雨が降らない限り出発する
□work *every* day except Sunday	日曜以外毎日働く

675
within
[wiðín]

前〈時間・距離〉以内で；～の内部に；～の範囲内で
◆from within (A)「(Aの)内部から」
◆within A of B　「BからA以内で」
語法 ★普通ofの代わりにfromは用いない。

676
nor
[nɔ́ːr]

接①(neither, noなど否定語の後で)～もない
②～もまた(…し)ない(＝neither)
語法 ★否定語の後のorはnorと同じ意味。また対句的名詞は無冠詞になることがある。
(例) have no brother or sister
★②はnor＋(助)動詞＋主語の語順。
(例) I don't smoke, nor does she.
「私はタバコは吸わないし，彼女も吸わない」

677
unless
[ənlés]

接～しない限り，～する場合を除いて
★if ... notに近いが，unlessは唯一例外の条件を表すのでexcept ifにより近い。
(例) I'll be surprised if he doesn't come.
「彼が来ないとしたら驚くだろう」
上の例で～unless he comesとしてはいけない。もしそうすると，「彼が来る場合を除いて私は驚く」という意味になりおかしい。

678
except
[iksépt]

前 接～を除いて，～以外は
★普通all, every, noなどとともに使う。文頭には普通置かない。
◆except for A　「Aを除けば，Aがあることを除けば」
★except forは文全体に対する「ただし書き」的に用いる。
(例) The project went very well, except for a few problems.
「いくつか問題はあったが，その計画はうまくいった」
反? ⇔besídes　前～に加えて　副その上に

□You ought *to* see a doctor.	君は医者に診てもらうべきだ
□*in* spite *of* difficulties	困難にもかかわらず
□I don't know whether it is true *or not*.	本当かどうかわからない

679
ought
[ɔ́:t]

助(＋to V)〈人は〉Vすべきである
(ought to have Ved) Vすべきだったのにしなかった
★否定形は**ought not to V**だ。

680
in spite of
[spáit]

前～にもかかわらず
★ほとんどこの形で使い，**in spite of**で1つの前置詞と考えてよい。

681
whether
[*h*wéðə*r*]

接①(名詞節を導いて)～かどうか　★**whether＋to V**も可。
②(副詞節を導いて)～であろうと(なかろうと)

語法
★副詞節の時は**whether**節中で**or**～や**or not**が必ずつく。名詞節の時は**or**～があってもなくてもよい。
★**whether or not**～とすることもある。
(例) The sun rises whether we look at it or not.
＝The sun rises whether or not we look at it.
「私たちが見ようと見まいと陽は昇る」

2 (4) 副

● 天気　ジャンル別 4

□**fog** [fɔ́(:)g]	霧
□**frost** [frɔ́(:)st]	霜
□**hail** [héil]	あられ，ひょう
□**mist** [míst]	かすみ
□**shower** [ʃáuə*r*]	にわか雨
□**thunder** [θʌ́ndə*r*]	雷鳴
□**thunderstorm** [θʌ́ndəstɔəm]	激しい雷雨
□**tornado** [tɔənéidou]	竜巻，トルネード
□**twilight** [twáilait]	夕方，たそがれどき

● 動物　ジャンル別 5

□**animal** [ǽnəml]	動物
□**bat** [bǽt]	コウモリ
□**bull** [búl]	(去勢されていない)雄牛
□**camel** [kǽml]	ラクダ
□**cow** [káu]	乳牛，雌牛
□**deer** [díər]	シカ　★単複同形。
□**donkey** [dáŋki]	ロバ
□**elephant** [éləfənt]	ゾウ
□**fox** [fáks]	キツネ
□**giraffe** [dʒərǽf]	キリン
□**goat** [góut]	ヤギ
□**hare** [héər]	ノウサギ
□**hippopotamus** [hipəpátəməs]	カバ
□**kitten** [kítn]	子ネコ
□**leopard** [lépərd]	ヒョウ
□**lizard** [lízərd]	トカゲ
□**mole** [móul]	モグラ
□**mouse** [máus]	ハツカネズミ
□**ox** [áks]	(去勢した)雄牛 複 oxen
□**puppy** [pʌ́pi]	子犬
□**rabbit** [rǽbət]	ウサギ
□**rat** [rǽt]	ドブネズミ
□**reindeer** [réindiər]	トナカイ
□**rhinoceros** [rainásərəs]	サイ＝ rhino
□**sea lion** [sí: láiən]	アシカ＝ eared seal ★耳がある。
□**seal** [sí:l]	アザラシ ★アザラシとアシカの総称。
□**sheep** [ʃí:p]	ヒツジ　★単複同形。
□**snake** [snéik]	ヘビ
□**squirrel** [skwə́:rəl]	リス
□**turtle** [tə́:rtl]	カメ
□**wild boar** [wáild bɔ́:r]	イノシシ
□**wolf** [wúlf]	オオカミ 複 wolves
□**zebra** [zí:brə]	シマウマ

(5) Verbs　動詞

MINIMAL PHRASES

Tr. 2-72

682

□**explain** *why* **he was late** [ikspléin]
彼がなぜ遅れたかを説明する
★why, howなど疑問詞をよく伴う。

名？ ◇explanátion　名説明

Q Explain me the answer. はなぜ誤り？

A explainはSVOOの文型がない。Explain the answer to me. が正しい。

683

□**accept the truth as it is** [əksépt]
ありのまま真実を受け入れる

反？ ⇔rejéct, refúse　動〜を断る
◇accéptable　形容認できる
◇accéptance　名受け入れ，容認

Q receive an invitationとaccept an invitationはどう違う？

A receiveだと単に「招待状をもらう」の意味，acceptでは「招待を受け入れる」の意味になる。

684

□**produce enough food** [prədjúːs]
十分な食料を生産する
〜を作る　名農産物

◇próduct　名製品
◇prodúction　名生産(高)
◇prodúctive　形生産的な
◇productívity　名生産性
◇bý-product　名副産物

685

□**Does God really exist?** [igzíst]
神は本当に存在するのか

名？ ◇exístence　名存在；生存，生活(＝life)
◇exísting　形今ある，現存する
◇coexíst　動共存する

Q lead a happy existenceの意味は？

A 「幸福な生活を送る」

2 (5) 動

686
□**express** my feelings　私の気持ちを表現する
(アク?)　[iksprés]　名急行

◇expréssion　名表現；表情
◇expréssive　形表現力に富む

687
□**add** some milk *to* the soup　スープにミルクを加える
[ǽd]　〈言葉を〉つけ加える

◆add to A　「Aを増やす」＝increase
◆add up to A　「合計Aになる」
(名?)　◇addítion　名追加，増加；足し算
◆in addition (to A)　「(Aに)加えて，その上」

688
□**avoid** mak*ing* mistakes　まちがいを犯すのを避ける
[əvɔ́id]

◇unavóidable　形避けられない
Q 動詞を目的語にとるときはどんな形？　A avoid + Ving　★頻出!

689
□**marry** Mary　メアリと結婚する
[mǽri]

(名?)　◇márriage　名結婚
◇márried　形結婚している，既婚の
◆be married (to A)　「(Aと)結婚している」★状態を表す。
◆get married (to A)　「(Aと)結婚する」(＝＋A)
Q1 Will you (　) me ?
① marry　② marry with
Q2 He got married (　) Mary.
A1 ① marryは，「〈人〉と結婚する」という意味では，他動詞。
A2 to (↑)

690
□**protect** children *from* danger　危険から子供たちを守る
[prətékt]

◇protéctive　形保護の，保護用の
◇protéction　名保護

691
□Alcohol **affect**s the brain. [əfékt]
アルコールは脳**に影響する**
(＝influence)；～に作用する

692
□**determine** your future アク?
君の未来**を決定する**
[ditə́:rmin] 決心する (＝decide)

◆be determined to V 「Vすることを決意している」
◇determinátion 名決心，決定

693
□**solve** the problem [sálv]
問題**を解決する**

名? ◇solútion 名①解決(策)，解答 ②溶解，溶液

694
□Vegetables **contain** a lot of water. [kəntéin]
野菜はたくさんの水**を含んでいる**
★「〈SにO〉が入っている」と訳せる。

◇contáiner 名容器

695
□**discuss** the problem with him [diskʌ́s]
彼とその問題**を議論する**
(＝talk about)

★argueは自分の意見を主張することで，discussは違った意見を出し合って話し合うこと。

◇discússion 名討論，議論

Q Let's discuss about the matter. の間違いは？

A discussは他動詞。前置詞は不要。Let's discuss the matter. が正しい。

696
□**ignore** the doctor's advice [ignɔ́:r]
医者の忠告**を無視する**

697
□**guess** how old she is [gés]
彼女の年**を推測する**
～と考える(＝suppose) 名推測

2 (5) 動

698
□**exchange** yen *for* dollars　円をドルに交換する
[ikstʃéindʒ]

◆exchange A for B　「AをBに交換する」

699
□**satisfy** the needs of students　学生の要求を満たす
[sǽtisfai]　～を満足させる

◆be satisfied with A　「〈人が〉Aに満足している」
名? ◇satisfáction　名満足
◇satisfáctory　形(人にとって)満足な，十分な

Q I'm (　) with your work.
① satisfactory ② satisfied

A ②「私は君の仕事に満足している」
cf. Your work is satisfactory to me.
「君の仕事は，私には満足だ」

700
□**complain** *about* the noise　騒音のことで苦情を言う
[kəmpléin]

◆complain (to A) about [of] B　「(Aに) Bのことで不満を言う」
名? ◇compláint　名不満，苦情

701
□finally **achieve** the goal　ついに目標を達成する
[ətʃíːv]　～を完成する

◇achíevement　名達成；業績

702
□**enable** people *to* live longer　人々の長寿を可能にする
[inéibl]

◆enable A to V　「AがVすることを可能にする」
= make it possible for A to V
★「SのおかげでAはVできる」と訳すことも多い。

703
□**intend** *to* live in America　アメリカに住むつもりだ
[inténd]　～を意図する

名? ◇inténtion　名意図
◇inténtional　形意図的な

704
□**obtain** information about him　彼に関する情報を得る
[əbtéin]
★getより堅い語。

705
□**divide** the cake *into* six pieces　ケーキを6個に分割する
[diváid]
名格差，分離

名?　◇divísion　名分割，部門
◆digital divide　「情報格差」

706
□The noise **annoy**s me.　その音が私をいらだたせる
[ənɔ́i]

◇annóyed　形〈人が〉いらだっている（+ by, with, at）
◇annóying　形〈人を〉いらだたせる
◇annóyance　名いらだち（の原因）

707
□My opinion **differ**s *from* hers.　私の考えは彼女と異なる
アク?　[dífər]

◆differ from A　「Aと違う」
◇dífferent　形違った
◇dífference　名違い
◇differéntiate　動～を区別する（= distinguish）

Q We differ (　) opinion. に入る前置詞は？
A in　differ in Aは「Aの点で違う」。differ from Aと混同しないこと。

708
□how to **educate** children　子供を教育する方法
アク?　[édʒukeit]

◇educátion　名教育
◇educátional　形教育に関する
◇éducated　形教育を受けた，教養ある

709
□**borrow** a book *from* a friend [bárou] | 友達から本を借りる

反? ⇔lend | 動～を貸す

Q Can I borrow the bathroom? はなぜだめ？
A borrowは「～を無料で借りて持っていく」が普通。動かせない物を一時借りる時は，Can I use～? がよい(ただしお金には利子を払うときもborrowを使う)。

710
□**invent** a time machine [invént] | タイムマシンを発明する ～を作り出す（＝make up）

◇invéntion | 名発明
◇invéntor | 名考案者，発明家
◇invéntive | 形発明の才がある

711
□**promote** economic growth [prəmóut] | 経済成長を促進する
源 pro（前へ）＋mote（＝move）

◆be promoted | 「昇進する」
◇promótion | 名昇進；促進

712
□**advise** him *to* eat vegetables 発音? | 野菜を食べるよう彼に忠告する [ədváiz] ～に助言する

◇advíce アク | 名助言，忠告，アドバイス

Q He gave me many advices. はなぜだめ？
A 不可算名詞。a lot of adviceとする。

713
□**retire** *from* work at sixty [ritáiər] | 60で仕事を辞める 退職する，引退する

◇retírement | 名退職，引退
★定年で退職するときにretireを使う。単に「仕事をやめる」はquit one's job。

714
□**permit** him *to* go out [pərmít] | 彼に外出することを許す ～を許可する （～ted; ～ting）

◆permit A to V | 「AがVするのを許す」＝allow A to V
名? ◇permíssion | 名許可

715
□**recommend** this book *to* you [rekəménd] — あなたにこの本を勧める

◆recommend that S＋(should) 原形V 「Vするよう勧める」
◇recommendátion 名推薦(状)

716
□**apologize** *to* him *for* being late [əpálədʒaiz] — 遅れたことを彼に謝る
★《英》-se。

◆apologize (to A) for B 「(Aに) Bのことで謝る」
名? ◇apólogy 名謝罪

Q I apologized him. はどこがいけない？
A I apologized to him. が正しい。

717
□**inform** him *of* his son's success [infɔ́ːrm] — 息子の成功を彼に知らせる

◆inform A of [about] B 「AにBのことを知らせる」
◆inform A that～ 「Aに～ということを知らせる」
◇informátion 語法 名情報 ★不可算名詞だ。

718
□**oppose** their marriage [əpóuz] — 彼らの結婚に反対する

◆be opposed to A 「Aに反対している」
形? ◇ópposite 形正反対の，逆の
前～に向き合って，～の向こう側に
名? ◇opposítion 名反対，対立，抵抗

Q oppose A＝( )( ) A
A object to A 「Aに反対する」

719
□**trust** an old friend [trʌ́st] — 古い友達を信用する
名信用，信頼

◇distrúst 動～を疑う 名不信

720
□**select** the best answer [səlékt] — 最良の答えを選ぶ

◇seléction 名選択
◇seléctive 形選択の，注意深く選ぶ

721
□**praise** him *for* his work [préiz] — 仕事のことで彼をほめる
名ほめること，賞賛

722
□how to **handle** problems [hǽndl] — どう問題に対処するべきか
～にさわる　名取っ手

723
□**propose** a new way [prəpóuz] — 新しいやり方を提案する

★suggestより堅い語。たとえばChef's Suggestions「シェフのおすすめ」と言うが，「結婚の申し込み」はmarriage proposalだ。

◆propose (to A) that S＋(should) 原形V — 「(Aに)～と提案する」
◇propósal — 名申し込み，提案，プロポーズ
◇proposítion — 名提案，申し込み

Q He proposed her to go there.（誤りを正せ）
A He proposed to her that she go［should go］there.「彼女がそこに行くよう彼は提案した」 suggest ▶ p. 113

724
□**breathe** fresh air 発音? — 新鮮な空気を呼吸する
[bríːð]

◇breath 発音 — 名[bréθ] 息，呼吸

725
□**criticize** him *for* being late [krítəsaiz] — 遅刻したことで彼を非難する
～を批判する（＝find fault with）

名?
◇críticism — 名批判，非難；批評
◇crític — 名批評家，評論家

726
□**overcome** difficulties [ouvərkʌ́m] — 困難に打ち勝つ
～を克服する

727
□**possess** great power 発音? — 大きな力を持っている
[pəzés]（＝have, own）

語法 — ★進行形にならない。
名? ◇posséssion — 名所有，所有物

728
□**predict the future** [pridíkt] — 未来を予言する / ～を予測する

◇prediction — 名予言，予測

源 pre（先に）+ dict（言う）

729
□**publish a book** [pʌ́bliʃ] — 本を出版する / ～を発表する

◇publicátion — 名出版(物)，発表

730
□**leaves floating on the river** [flóut] — 川面(かわも)に浮かぶ木の葉 / ～を浮かべる

731
□**recall the good old days** [rikɔ́:l] — 古き良き時代を思い出す / (=remember)

732
□**explore the Amazon River** [iksplɔ́:r] — アマゾン川を探検する / ～を探究する

◇explorátion — 名探検，探究

733
□**pretend *to* be asleep** [priténd] — 眠っているふりをする / (=make believe)

★+ to Vが50%。+ Vingは不可。

734
□**absorb a lot of water** [əbzɔ́:rb] — 大量の水を吸収する

◆be absorbed in A — 「Aに没頭する」

◇absórption — 名吸収；没頭，熱中

735
□**He resembles his father.** [rizémbl] 語法 — 彼は父親に似ている

★進行形にならない。また前置詞は不要。

名? ◇resémblance — 名類似，似ていること

2 (5) 動

736
□ **tear the letter to pieces** 発音?
ずたずたに手紙を引き裂く
[téər] 裂ける (tear; tore; torn)

Q 同つづり語 tear「涙」の発音は？
A [tíər]

737
□ **consume a lot of energy**
[kənsjúːm]
多量のエネルギーを消費する

名? ◇consúmption 名消費
◇consúmer 名消費者
◇tíme-consuming 形時間がかかる

738
□ **compete *with* him *for* the gold medal** 発音?
金メダルを目指して彼と競争する
[kəmpíːt] 匹敵する

名? ◇competítion 名競争
形? ◇compétitive 形競争が激しい；競争力がある
◇compétitor 名競争相手

739
□ **quit smok*ing***
[kwít]
タバコをやめる
(＝give up, stop)

Q「酒をやめる」は，quit to drink か quit drinking か？
A quit drinking が正しい。stop と同じく，動名詞を目的語にとる。

740
□ **announce a new plan**
[ənáuns]
新しい計画を発表する
～を知らせる

◇annóuncement 名発表，通知

741
□ **react quickly *to* light**
[ri(ː)ǽkt]
光にすばやく反応する
反発する

◇reáction 名反応，反作用 源 re(＝back)＋act

742
□ **wander around the streets**
[wándər]
街を歩き回る
ぶらつく

743
□ **Don't text while driving.** [tékst] | 運転中にメールを送るな
名テキスト，文章
◆text message 「(携帯電話の)メール」

744
□ **generate electricity** [dʒénəreit] | 電力を生み出す
源 gen (生み出す)
◇generátion 名①世代　②発生 (②は少数)

745
□ **score 10 goals** [skɔ́:r] | 10点を取る
～を得点する　名得点
◆scores of A 「たくさんのA」★scoreには「20」の意味があり，そこから派生した表現。

● 植物　ジャンル別 6

□**bamboo** [bæmbú:]	竹	□**moss** [mɔ́:s]	コケ
□**cactus** [kǽktəs]	サボテン	□**oak** [óuk]	オーク (ナラ・カシ類)
□**cedar** [sí:də]	スギ	□**palm** [pá:m]	ヤシ
□**chestnut** [tʃésnʌt]	クリ(の木)	□**pine** [páin]	マツ
□**grass** [grǽs]	草，牧草	□**redwood** [rédwud]	セコイア
□**ivy** [áivi]	ツタ	□**seaweed** [sí:wi:d]	海藻
□**leaf** [lí:f]	葉	□**walnut** [wɔ́:lnʌt]	クルミ(の木)
□**lily** [líli]	ユリ	□**weed** [wí:d]	雑草
□**maple** [méipl]	カエデ	□**willow** [wílou]	柳

2 (5) 動

(6) Nouns　名詞

MINIMAL PHRASES

Tr. 2-84

746
□the Japanese **government** [gʌ́vərnmənt]　日本**政府**
政治
◇góvern　動～を支配する，統治する
◇góvernor　名州知事

747
□have little **knowledge** of English　英語の**知識**がほとんどない
発音？　[nɑ́lidʒ]　cf. know [nóu]
◆to (the best of) A's knowledge　「Aの知る限りでは」

748
□the Asian **nation**s [néiʃən]　アジアの諸**国**
国家；国民
形？　◇nátional　形国家の；国民の
◇nationálity　名国籍
◇nátionalism　名民族主義；国粋主義
◇nationwíde　形全国的な，全国規模の

749
□*make* an **effort** *to* help him [éfərt]　彼を助けようと**努力**する
★約20%がmakeを，30%がto Vを伴う。

750
□the Cold War **period** [píəriəd]　冷戦**時代**
期間

751
□**population** growth [pɑpjuléiʃən]　**人口**の増加
住民，(動物の)個体数
◇pópulate　動〈場所〉に住む
★受動態(過去分詞)が90%以上。

Q「人口が多い」= have a (　　) population
A large (many不可)「少ない」はsmall。

752
□*for* peaceful **purposes** [pə́ːrpəs] | 平和的な**目的**で (= object)

◆for the purpose of A 「Aの目的で」
◆on purpose 「わざと，故意に」

753
□study human **behavior** (発音？) | 人間の**行動**を研究する [bihéivjər] ★《英》はbehaviour。

(動？) ◇beháve 動ふるまう
◆behave oneself 「行儀よくする」

754
□**lack** of food [lǽk] | 食糧**不足** 動～を欠いている

◆for lack of A 「Aの不足のために」
◆be lacking in A 「Aを欠いている」= lack A

755
□learn basic **skills** [skíl] | 基本的な**技術**を学ぶ

◇skilled 形熟練した
◇skíllful 形上手な

756
□the sound **quality** of the CD [kwɑ́ləti] | CDの音**質** 性質 形良質の

757
□*the* natural **environment** [inváiərənmənt] | 自然**環境**

(形？) ◇environméntal 形環境の
◆environmental pollution 「環境汚染」
◇environméntalist 名環境保護主義者

758
□*play* an important **role** [róul] | 重要な**役割**を果たす (= part)

◆play a role in A 「Aで役割を果たす」

Q roleと同音の単語は？
A roll「転がる」

759
□a positive **attitude** *toward* life (アク？) | 人生に対する前向きな**態度** [ǽtitjuːd] 考え方，姿勢

760
□the **author** of this passage [ɔ́:θər] — この文章の**筆者** 著者（＝writer）

761
□scientific **research** [rísə:rtʃ] — 科学的な**研究** 調査　動（～を）研究［調査］する

762
□an **opportunity** *to* talk to her アク? — 彼女と話す**機会** [ɑpərtjúnəti]　★＋to Vが多い。

763
□a **source** of information [sɔ́:rs] — 情報**源** 出所

764
□**carbon** dioxide [kɑ́:rbən] — 二酸化**炭素**

765
□the **shape** of her nose [ʃéip] — 彼女の鼻の**形** 動～を形作る

◆be in (good) shape 「体調がよい，よい状態だ」

766
□the **advantage** *of* membership [ədvǽntidʒ] — 会員の**利点** 有利

反?
⇔disadvántage 名不利
◇advantágeous 形〈人にとって〉有利な
◆take advantage of A 「Aを利用する，A〈人〉につけこむ」

767
□a **method** of teaching English [méθəd] — 英語を教える**方法** ★wayよりも堅い言葉。

768
□be in the **habit** of reading in bed [hǽbit] — ベッドで本を読む**習慣**がある くせ　★＋to Vは不可。

◆eating habit 「食習慣」
◇habítual 形習慣的な

769
□remember the details of the story [díːteil] | 話を細部まで覚えている 詳細
(形?) ◇détailed | 形くわしい
◆in detail | 「くわしく，細かに」

770
□within walking distance of my house [dístəns] | 私の家から歩ける距離で 源 dis（離れて）+ stance（立つ）
(形?) ◇dístant | 形遠い
◆in the distance | 「遠くで」

771
□A large crowd gathered. (発音?) | 大群衆が集まった [kráud] 動群がる
(形?) ◇crówded | 形混み合った，満員の

772
□the best known instance [ínstəns] | 最もよく知られた例 (＝example)；場合 (＝case)
◆for instance | 「たとえば」

773
□a strong desire *to* be a singer [dizáiər] | 歌手になりたいという強い願望 欲望 ★過半数がto Vを伴う。動～を望む
◇desírable | 形望ましい

774
□the standard of living (アク?) | 生活水準 [stǽndərd] 基準，標準 形標準の

775
□a difficult task [tǽsk] | 難しい仕事 ★大きなプロジェクトの一部や，苦労する仕事が多い。

776
□for future generations [dʒenəréiʃən] | 未来の世代のために

2 (6) 名

777
□*take* responsibility *for* the accident [rispɑnsəbíləti] | 事故の責任をとる

◇respónsible | 形責任がある;信頼できる;原因となる
⇔irrespónsible | 形無責任な，責任のない

778
□experiments with animals [ikspérimənt] | 動物を用いる実験
動実験する

◇experiméntal | 形実験的な

779
□a professional athlete アク? | プロの運動選手
[ǽθli:t] 運動の得意な人

◇athlétic | 形運動の
(例) an athletic meet(ing) | 「運動会」
◇athlétics | 名運動競技

780
□only a decade ago アク? | ほんの10年前に
[dékeid] 源 dec (10)

781
□a loss of $5,000 [lɔ́(:)s] | 5,000ドルの損失

◆be at a loss | 「途方に暮れる」
◇lose | 動①～を失う ②〈試合など〉に負ける ③〈時計が〉遅れる
◇lost | 形道に迷った；途方に暮れた

782
□have a high fever 発音? | 高熱を出している
[fí:vər] 熱病，熱狂

783
□the theory of relativity [θíəri] | 相対性理論

◆in theory | 「理論的には」
⇔in practice | 「実際には」
形? ◇theorétical | 形理論的な，理論上の

784
□**read the following statement** [stéitmənt] — 次の記述を読む
言葉；声明

◇state — 動～を述べる，言う p. 321

785
□**a professor at Boston University** [prəfésər] — ボストン大学の教授

◇tútor — 名チューター(大学の個別指導教官)，家庭教師

786
□**the basic functions of a computer** [fʌ́ŋkʃən] — コンピュータの基本的機能
役割　動機能する，働く

787
□**the surface of the earth** [sə́:rfis] — 地球の表面
形表面の，うわべの

源 sur(上の)＋face(顔)

788
□**put the letter in a pink envelope** [énvəloup] — ピンクの封筒に手紙を入れる

789
□**an international organization** [ɔ:rgənizéiʃən] — 国際的な組織
機関，団体　★《英》-sation。

(例) World Health Organization — 「(国連の)世界保健機関」(略 WHO)
◇órganize — 動～を組織する；～をまとめる

790
□**Japan's foreign policy** [pálisi] — 日本の外交政策
方針

791
□**natural resources** [rí:sɔ:rs] — 天然資源
財源；手段　★複数形が80%を超える。

792
□**the contrast between light and shadow** [kántræst] — 光と影の対比
差異　動 [kəntrǽst]　対照をなす

◆in contrast to [with] A — 「Aと対照的に」
◆in [by] contrast — 「これに対して」★前文を受けて用いる。

793

□a **flood** of information 発音？	情報の**洪水**
	[flʌ́d]　殺到

794

□look for a **mate** [méit]	**連れ合い**を探す
	つがい　動つがう

795

□buying and selling **goods** [gúdz]	**商品**の売り買い　★複数扱い。
	品物(＝merchandise, commodity)

796

□humans and other **creature**s 発音？	人間と他の**動物**
	[krí:tʃər]（＝animal)
◇creáte	動[kriéit]　～を作り出す

797

□changes in social **structure** [strʌ́ktʃər]	社会**構造**の変化
◇restrúcture	動～を再編成する，再構築する
◇restrúcturing	名人員削減(リストラ)，再編成
◇ínfrastructure	名インフラ
	★道路，水道，電気など社会基盤施設。

798

□history and **tradition** [trədíʃən]	歴史と**伝統**
	慣習；言い伝え
◇tradítional	形伝統的な，慣習的な

799

□lose **weight** 発音？	**体重**を減らす
	[wéit]　重さ　★ghは発音しない。
◆put on weight	「太る」＝gain weight
◇length	名長さ(←long)
◇width 発音	名[wídθ]　幅，広さ(←wide)
◇depth	名深さ(←deep)

800

□give money to **charity** [tʃǽrəti]	**慈善**のために寄付する
◇cháritable	形寛容な，情け深い

801
□the average American **citizen** [sítizn] — 平均的アメリカ**市民**
国民
◇cítizenship — 名 市民権

802
□*make* a good **impression** *on* him [impréʃən] — 彼によい**印象**を与える
◇impréss — 動〈人〉を感心させる
◇impréssive — 形 見事な，印象的な

803
□a popular **cartoon** character [kɑːrtúːn] — 人気**マンガ**のキャラクター

804
□a long **career** as an actress (アク?) — 女優としての長い**経歴**
[kəríər] (専門的な) 職業

805
□a **site** for a new hotel [sáit] — 新しいホテルの**用地**
場所，位置
◇Wébsite — 名 (インターネットの)ウェブサイト

806
□train **passenger**s [pǽsendʒər] — 列車の**乗客**

807
□**violence** on TV [váiələns] — テレビにおける**暴力**
激しさ
(形?) ◇víolent — 形 乱暴な，暴力的な；激しい

808
□low-**income** families [ínkʌm] — 低**所得**の家族
収入

Q 「多い収入」「少ない収入」は？

A a high [large] income, a low [small] income。expensive や cheap は×。

809
□the average temperature in Paris　パリの平均気温
[témpərətʃər]　温度，体温

810
□the majority of students　大多数の学生
[mədʒɔ́(ː)rəti]

反？　⇔minórity　名少数派，少数民族
◇májor　形主要な　動専攻する　p. 327

811
□the origin of language　言語の起源
アク？　[ɔ́(ː)ridʒin]　生まれ，出身

◇oríginal　形①最初の　②独創的な
名原物，原型，原作
動？　◇oríginate　動起こる，始まる
◇originálity　名独創性

812
□study English literature　英文学を研究する
[lítərətʃər]　文献，論文

（例）scientific literature　「科学文献」

813
□office equipment　オフィスの設備
[ikwípmənt]　用具，機器　★不可算名詞。

◇equíp　動〜を装備させる　(p. 232)

814
□talk to a stranger　見知らぬ人に話しかける
[stréindʒər]　（場所に）不案内な人

Q I'm a stranger around here. の意味は？　A「この辺はよく知らないんです」

815
□strength and weakness　強さと弱さ
発音？　[stréŋkθ]　★strongの名詞形だ。

◇stréngthen　動〜を強くする，強化する
(⇔weaken)

816
□**the planet Earth** [plǽnit] — 地球という惑星

◇Mércury — 名 水星
◇Vénus — 名 金星
◇Mars — 名 火星
◇Júpiter — 名 木星
◇Sáturn — 名 土星

★Uranus「天王星」; Neptune「海王星」; Pluto「冥王星」

817
□**Truth is stranger than fiction.** [fíkʃən] — 事実は小説よりも奇なり 諺

◇fíctional — 形 架空の，虚構の

818
□**science and religion** [rilídʒən] — 科学と宗教

◇relígious — 形 宗教の，信心深い

819
□**environmental pollution** [pəljúːʃən] — 環境汚染

◇pollúte — 動 〜を汚染する
◇pollútant — 名 汚染物質，汚染源

820
□**wealth and power** [wélθ] — 富と権力
財産（＝riches）

形？ ◇wéalthy — 形 裕福な，豊富な

821
□**sign an official document** [dákjumənt] — 公文書にサインする
書類

822
□**make a $2 million profit** [práfit] — 200万ドルのもうけを得る
利益 ★主に金銭的な利益。

◇prófitable — 形 有益な，もうかる

2 (6) 名

823
□the technique of film-making (アク?)	映画作りの技術 [tekní:k]
◇téchnical	形技術の，専門の
◆technical term	「専門用語」

824
□express emotions [imóuʃən]	感情を表現する
(形?) ◇emótional	形感情的な，感動的な

825
□a natural phenomenon [finámənan]	自然現象 ★複数形 phenomena [finámənə]

826
□a horror movie [hɔ́(:)rər]	恐怖映画 嫌悪感
(形?) ◇hórrible	形身の毛がよだつ，ひどい
◇hórrify	動～をぞっとさせる

827
□climb a ladder [lǽdər]	はしごを登る ★walk under a ladderは不吉とされる。

828
□8 billion people [bíljən]	八十億の人々
◇míllion	名100万

829
□the social status of women [stéitəs]	女性の社会的地位 身分
(例) a status symbol	「ステイタスシンボル，地位の象徴」

830
□modern youth [jú:θ]	現代の若者 青年期；若さ
◇yóuthful	形若々しい，若い，若者の

831
□have **confidence** *in* my ability [kánfidəns] | 自分の能力に**自信**がある
信頼

◇self-cónfidence | 名 自信
◇cónfident | 形 確信している，自信がある
◇confidéntial | 形 秘密の（= secret）

832
□the **edge** of the Pacific Ocean [édʒ] | 太平洋の**周辺**
縁(ふち)；（町などの）はずれ

◆be on the edge of A | 「Aのせとぎわにある」

833
□**household** goods [háushould] | **家庭**用品

834
□a great **scholar** [skálər] | 偉大な**学者**

◇schólarship | 名 奨学金

835
□according to a new **survey** [sə́ːrvei] | 新しい**調査**によると
動 [səːrvéi] ～を調査する

★アクセントは，名詞が前，動詞が後ろだ。

836
□a **vocabulary** of 5,000 words [voukǽbjəleri] | 5,000 語の**語彙**

837
□a natural **enemy** [énəmi] | 天**敵**

838
□a bridge *under* **construction** [kənstrʌ́kʃən] | **建設**中の橋

◇construct | 動 ～を建設する，〈理論など〉を構築する
◇constrúctive | 形 建設的な

839
□a **lecture** *on* history [léktʃər] | 歴史に関する**講義**
動（～に）講義をする

840
□**follow his instructions** [instrʌ́kʃən] | 彼の指示に従う 教育
◇instrúct | 動～を指示する，指導する（＝teach）
◇instrúctor | 名指導者，教師
◇instrúctive | 形ためになる，教育的な

841
□**get over the economic crisis** [kráisis] | 経済危機を乗り越える
形？ ◇crítical | 形①重大な，危機の　②批判的な
Q 複数形とその発音は？ | A crises [kráisiːz]

842
□**a dentist's instrument** アク？ | 歯医者の道具 [ínstrəmənt]　器具；楽器
◆musical instrument | 「楽器」

843
□**grow various crops** [krɔ́p] | さまざまな作物を育てる 収穫（量）

844
□**a laser weapon** 発音？ | レーザー兵器 [wépən]　武器

845
□**an electronic device** [diváis] | 電子装置 手段，工夫
動？ ◇devíse | 動～を工夫する，考案する
◇applíance | 名（電気・ガス）器具

846
□**the path *to* victory** [pǽθ] | 勝利への道 進路；軌道
◇ávenue | 名大通り，…街

847
□**predict earthquakes** [ɔ́ːrθkweik] | 地震を予知する
◇quake | 名地震；揺れ　動ふるえる

848
□a clear mountain **stream** [strí:m]
きれいな山の**小川**
流れ 動流れる

849
□the **notion** of freedom [nóuʃən]
自由の**概念**
考え (= idea)

850
□a tree in the **yard** [já:rd]
庭の木
ヤード (長さの単位)
★a yard = three feet ≒ 0.91m

851
□**victim**s of the war [víktim]
戦争の**犠牲者**
被害者；いけにえ

852
□run out of **fuel** [fjú(:)əl]
燃料を使い果たす

853
□the common **ancestor**s of all humans (アク?)
すべての人類の共通の**祖先**
[ǽnsestər]
(反?) ⇔descéndant 名子孫
◇áncient 形古代の
◇áncestry 名(集合的に)先祖，血統

854
□the rich **soil** of the Nile River [sɔ́il]
ナイル川の豊かな**土壌**
土，土地

855
□a **debate** on education [dibéit]
教育についての**討論**
動 (〜を) 討論する

856
□a violent **crime** [kráim]
凶悪**犯罪**
◇críminal 名犯罪者 形犯罪の

857
□**my friends and colleagues** アク? | 私の友人と同僚 [káli:g] ★主に知的専門職に使う。

858
□**take a book from the shelf** [ʃélf] | たなから本を取る ★複数形 shelves。

859
□**analysis *of* DNA** アク? | DNAの分析 ★普通不可算名詞。 [ənǽlisis] ★複数形は analyses。

動? ◇ánalyze | 動～を分析する ★《英》-se。
◇ánalyst | 名解説者，専門家

860
□**stars in the universe** [jú:nəvə:rs] | 宇宙の星 世界

形? ◇univérsal | 形普遍的な，全世界の

861
□**a machine run by electricity** [ilektrísəti] | 電気で動く機械

◇eléctric | 形電気の，電動の
◇electrónic | 形電子(工学)の
◇eléctrical | 形電気に関する

862
□**social insects like ants** [ínsekt] | アリのような社会性昆虫

源「体が節に分かれた」の意味。section と同語源。

863
□**be caught in a spider's web** [wéb] | クモの巣にかかる 網

(例) a web of expressways | 「高速道路網」
◆the World Wide Web | 「(インターネットの)ワールド・ワイド・ウェブ」
◇nest | 名(鳥・虫などの)巣

864
□a heavy storm [stɔ́ːrm] | 激しい嵐

865
□have plenty of time [plénti] | 十分な時間がある
(肯定文で)たくさん，多数，多量
★80%以上がplenty of Aの形だ。Aには可算名詞も不可算名詞も可。

866
□land suitable for agriculture (アク?) | 農業に向いた土地 [ǽgrikʌltʃər]
(形?) ◇agricúltural | 形 農業の

867
□the gene for eye color [dʒíːn] | 目の色を決める遺伝子
源 gen (生み出す)
(形?) ◇genétic | 形 遺伝子の
◇genétics | 名 遺伝学 ★単数扱い。 遺伝的特徴 ★複数扱い。
◆genetic engineering | 「遺伝子工学」

868
□evidence of life on Mars [évidəns] | 火星に生物がいるという証拠
★不可算名詞。(＋of, that～)
(形?) ◇évident | 形 明らかな

869
□have serious consequences [kánsikwens] | 重大な結果をまねく
(＝result)
★consequenceはしばしば良くない結果を暗示する。
◇cónsequently | 副 その結果として(＝as a result)

870
□the mother-infant relationship [ínfənt] | 母親と幼児の関係
◇ínfancy | 名 幼年時代

871
□**have no leisure time for sports** (発音?) | スポーツをする暇がない [lí:ʒər]

★**leisure**には娯楽の意味はない。日本語の「レジャー」は，**leisure activity**に近い。

◇pástime 名娯楽，気晴らし

872
□**the gray cells of the brain** [sél] | 灰色の脳細胞 電池

◆fuel cell 「燃料電池」
◆cell phone 「携帯電話」= cellular phone

873
□**have musical talent** [tǽlənt] | 音楽の才能がある 才能のある人

★日本語の「(テレビ) タレント」は **personality**。

◇tálented 形才能のある

874
□**newspaper advertising** (アク?) | 新聞広告 [ǽdvərtaiziŋ] 宣伝活動

◇advertísement 名広告，宣伝
★可算名詞が多い。短縮形**ad**, **ads**がよく使われる。
◇ádvertise 動(～を)宣伝する
◇propagánda 名(主義・思想の)宣伝 ★偏った情報。

875
□**increase *to* some extent** [ikstént] | ある程度まで増える 範囲，限度

◆the extent to which ～ 「～する程度[範囲]，どれほど～か，どの程度～か」
◆to the extent that ～ = to such an extent that ～ 「～するほど，～という点で」

876
□**take out the garbage** [gá:rbidʒ] | ゴミを出す 生ゴミ，がらくた

(7) Adjectives 形容詞

MINIMAL PHRASES

Tr. 3-10

877
□**the general public** [dʒénərəl] — 一般大衆 / 全体的な

◆in general 「一般に，一般の」
◇génerally 副一般に；たいてい
◇géneralize 動(〜を)一般化する
◇generalizátion 名一般化

878
□**various kinds of flowers** [véəriəs] — さまざまな種類の花 (＝varied)

名？
◇varíety 名多様(性)，変化
◆a variety of A 「さまざまなA」＝various
◇váry 動変わる，さまざまである；〜を変える p. 127

879
□**be similar *to* each other** [símələr] — お互いに似ている

◆be similar to A 「Aに似ている」
◇similárity 名類似(点)
◇líkewise 副同じように，同様に(＝similarly)

880
□**a complete failure** [kəmplíːt] — 完全な失敗 / 動〜を完成する

反？
⇔incompléte 形不完全な
◇complétely 副すっかり，完全に

881
□**a sharp rise in prices** [ʃáːrp] — 物価の急激な上昇 / 鋭い

Q 下のsharpの意味は？
The store closes at eight sharp.

A 「その店は8時ちょうどに閉まる」
sharp ＝ exactly 「きっかりに」

882
□**an expensive restaurant** [ikspénsiv]
高価なレストラン
金のかかる（＝costly）

⇔inexpénsive 形安価な
名？ ◇expénse 名費用，経費，犠牲
◇expénditure 名支出

883
□**a political leader** アク？
政治的な指導者
[pəlítikəl]

◇politics アク 名 [pálətiks] 政治；政策；政治学
◇politícian 名政治家

884
□**be aware *of* the danger** [əwéər]
危険に気づいている
意識している（＝conscious）

◆be aware of A 「Aに気づいている，意識している」
◆be aware that～ 「～に気づいている」
◇awáreness 名意識，認識

885
□**ancient Greece and Rome** 発音？
古代のギリシャとローマ
[éinʃənt]

◇áncestor 名先祖

886
□**a medical study** [médikəl]
医学の研究
医療の

◆medical care 「医療，治療」
◇médicine 名薬；医学
◇medicátion 名薬物，薬剤（＝medicine）；医薬，投薬（治療）

887
□**Water is essential *to* life.** アク？
水は生命に不可欠だ
[isénʃəl] 本質的な

名？ ◇éssence 名本質

888
□**a huge city** [hjú:dʒ]
巨大な都市
莫大な

889
□a terrible accident — ひどい事故
[térəbl] — 恐ろしい

動? ◇térrify — 動～を恐れさせる
◇térrified — 形〈人が〉おびえている，恐れる
◇térrifying — 形恐ろしい
名? ◇térror — 名恐怖；テロ
◇térrorism — 名テロリズム

890
□practical English — 実用的な英語
[prǽktikəl] — 現実的な

◇práctically — 副① ほとんど(＝almost)
② 実際的に

891
□the entire world — 全世界
[intáiər] — 完全な(＝whole)

◇entírely — 副完全に(＝completely, altogether)

892
□my favorite food — 私のいちばん好きな食べ物
[féivərət] — 名お気に入りの物［人］

★「いちばん」の意味があるからmostはつかない。

893
□enjoy a comfortable life — 快適な生活を楽しむ
発音? アク? — [kʌ́mfərtəbl] くつろいだ(＋with)

(例) Make yourself comfortable [at home]. — (来客に)「楽にしてください」
名? ◇cómfort — 名快適さ，慰め　動～を慰める
◇discómfort — 名不快

894
□a minor problem — 小さい問題
[máinər] — 重要でない

反? ⇔májor — 形主要な，より大きい p. 327
◇minórity — 名少数，少数派；少数民族
◆minority group — 「(一国の中での)少数民族」

895	
□a **typical** American family 発音?	典型的なアメリカの家族 [típikl]
◆be typical of A	「典型的なAである，Aに特有である」
896	
□an **ideal** place to live [aidí:əl]	生活するのに理想的な土地 名理想
897	
□the **principal** cities of Europe [prínsəpl]	ヨーロッパの主要な都市 名校長
	★principle「原則」と同音。
898	
□the most **appropriate** word [əpróupriət]	最も適切な単語 (＝suitable)
反? ⇔inappropriate	形不適切な
899	
□an **empty** bottle [émpti]	からのビン 動～をからにする
900	
□**rapid** economic growth [rǽpid]	急速な経済成長
◇rápidly	副急速に
901	
□a **mental** illness [méntəl]	精神の病 知能の
反? ⇔phýsical 名? ◇mentálity	形肉体の(＝bodily) 名思考方法，心的傾向
902	
□an **excellent** idea [éksələnt]	すばらしいアイディア 優秀な
動? ◇excél ◇éxcellence	動優れている；～にまさる 名優秀さ

903
□when it's **convenient** *for* you [kənví:niənt] — 君の**都合がいい**ときに
便利な

◇convénience — 名便利さ，便利な道具

Q Call me when you are convenient. の誤りは？
A 「君の都合がよい」は it is convenient for you と言う。

904
□**potential** danger [pəténʃəl] — **潜在的な**危険
可能性のある　名潜在能力，可能性

◇pótent — 形強い効果を持つ

905
□**financial** support from the US [fainǽnʃəl] — アメリカからの**財政的**援助

◇fínance — 名財政

906
□an **enormous** amount of damage [inɔ́:rməs] — **ばく大な**額の損害
巨大な

同? ＝huge, vast

907
□a **rare** stamp [réər] — **珍しい**切手

◇rárely — 副めったに～ない(＝seldom)

908
□**artificial** intelligence [ɑ:rtəfíʃəl] — **人工**知能（AI）
不自然な

反? ⇔nátural — 形自然な

909
□a **tiny** kitten [táini] — **ちっちゃな**子猫
ごく小さい

910
□spend **considerable** time [kənsídərəbl] — **かなりの**時間を費やす

★considerate は「思いやりがある」。

◇consíderably — 副かなり

911
□**Her skin is sensitive *to* sunlight.** [sénsətiv] — 彼女の肌は日光に敏感だ

◇sénsible — 形賢明な，分別のある
◇sensitívity — 名感受性，敏感さ

Q a (　) approach to the problem
① sensible　② sensitive

A ①「問題に対する賢明な取り組み方」

912
□**high intellectual ability** [intəléktʃuəl] — 高度な知的能力
名知識人

名? ◇intellect アク — 名 [íntəlekt]　知性
◇intélligence — 名知能，知性；情報(部)，諜報機関
◆artificial intelligence — 「人工知能」(AI)

Q intelligent と intellectual はどう違う？

A intelligent は人や動物の知能が高いことだが，intellectual は人に限られ，高度な知性・教養を持つという意味。

913
□**Salty food makes you thirsty.** [θə́:rsti] — 塩分の多い食事でのどが渇く
渇望している

◇thirst — 名渇き，渇望

914
□**be polite to ladies** [pəláit] — 女性に対して礼儀正しい

反? ⇔impolíte — 形不作法な，無礼な

915
□**accurate information** アク? — 正確な情報
[ǽkjərət]

同? ＝exáct
名? ◇áccuracy — 名正確さ

916
□**rude behavior** [rú:d] — 失礼な振る舞い
不作法な（＝impolite）

917
□**pay sufficient attention** 十分な注意を払う
(アク?) [səfíʃənt] (=enough)
(反?) ⇔insufficient 形不十分な

918
□**urban life** 都会の暮らし
[ə́:rbən]

919
□**temporary loss of memory** 一時的な記憶喪失
[témpəreri]

920
□**a primitive society** 原始的な社会
[prímətiv] 未開の

921
□**permanent teeth** 永久歯
[pə́:rmənənt]
(反?) ⇔témporary 形一時的な，長く続かない

922
□**the care of elderly people** 高齢者のケア
[éldərli] ★oldよりていねい。
◆the elderly 「(集合的に)高齢者」

923
□**severe winter weather** 厳しい冬の天候
[sivíər] 〈痛みなどが〉ひどい

924
□**a brief explanation** 簡潔な説明
[brí:f] 短い(=short)
◆in brief 「手短に言うと」

2 (7) 形

925
□**a mobile society** [móubəl]
流動的な社会
動きのある

◆mobile phone　「携帯電話」《英》= cell phone《米》
名? ◇mobílity　名 動きやすさ，流動性

926
□**the latest news from China** [léitist]
中国からの最新のニュース

源 late「遅い」の最上級。

927
□**military aid to Israel** [míləteri]
イスラエルへの軍事的援助
名 軍隊，軍部

928
□**strict rules** [stríkt]
厳しい規則

◆strictly speaking　「厳密に言えば」

929
□**a solid state** [sálid]
固体の状態
がっしりした　名 固体

反? ⇔líquid　形 液体の　名 液体
◇solidárity　名 団結，連帯

930
□**say stupid things** [stjú:pid]
ばかなことを言う

931
□**biological weapons** [baiəládʒikəl]
生物兵器
生物学的な

◆biological clock　「体内時計，生物時計」
名? ◇biólogy　名 生物学
◇biólogist　名 生物学者

(8) Adverbs etc.　副詞・その他

MINIMAL PHRASES

Tr. 3-19

932
□**Probably he won't come.** [prábəbli]
おそらく彼は来ないだろう

◇próbable
形ありそうな，起こりそうな
★形式主語構文で使うことが多い。

◇probabílity
名見込み，可能性
★**probably**は，十中八九ありそうな場合に用いる。**maybe, perhaps, possibly**は，可能性が**50**％以下の場合に用いる。

933
□**I hardly know Bill.** [há:rdli]
ビルのことはほとんど知らない

◆hardly ... when [before] ～
「…してすぐに～した」

Q I studied (　　).
① hard　② hardly

A ① **hardly**に「一生けんめいに」の意味はない。

934
□**leave immediately after lunch** [imí:diətli]
昼食後すぐに出発する

◇immediate アク
形目の前の，直接の，即座の
[imí:diət]　★**-ate**は**2**つ前にアクセント。

935
□**He eventually became president.** [ivéntʃuəli]
ついに彼は大統領になった
結局（＝finally）

同熟？ ＝at last, in the end

936
□**a frequently used word** [frí:kwəntli]
しばしば使われる言葉
（＝often）

◇fréquent
形よく起きる，高頻度の

◇fréquency
名頻度

2 (8) 副

937
□ **an extremely difficult problem** 　非常に難しい問題
[ikstrí:mli]
◇extréme　形極端な，過激な　名極端

938
□ **gradually become colder** 　だんだん冷たくなる
[grædʒuəli]
◇grádual　形徐々の，段階的な

939
□ **instantly recognizable songs** 　すぐにそれとわかる歌
[ínstəntli]　(＝immediately)
◇ínstant　名瞬間　形瞬時の

940
□ **He is rich; nevertheless he is unhappy.** 　彼は金持ちだが，それにもかかわらず，不幸だ
[nevərðəlés]
◇nonetheléss　副それにもかかわらず

941
□ **He's kind; moreover, he's strong.** 　彼は親切で，その上強い
[mɔ:róuvər]　(＝besides)
同?　＝fúrthermore　副その上，さらに，しかも

942
□ **relatively few people** 　比較的少数の人々
[rélətivli]　相対的に
同?　＝compáratively　副比較的
◇rélative　形相対的な，比較上の　名親せき

943
□ **an apparently simple question** 　一見簡単な問題
アク?　[əpǽrəntli]　見たところでは
★Apparently he is old. = It appears that he is old.
◇appárent　形①明らかだ　②外見上の，うわべの
★補語は①の意。名詞限定では②が多い。

Q 訳しなさい。
1) The difference became apparent.
2) the apparent difference

A
1)「違いが明らかになった」
2)「見かけ上の違い」

944
□I will **definitely** not marry you. [définətli]
絶対あなたとは結婚しない
はっきり，確かに；〈返事で〉そのとおり

◇définite 形明確な，確実な
◇indéfinitely 副漠然と

945
□**largely** because of the problem [lá:rdʒli]
主にその問題のせいで

同? = máinly, chíefly

946
□The class is **mostly** Japanese. [móustli]
クラスの大部分は日本人だ
たいていは

(例) I sometimes drink whisky, but mostly I drink beer.
「私は時にはウイスキーも飲むが，たいていはビールを飲む」
★このように sometimes と対照的に使われることがある。

947
□**approximately** 10,000 years ago [əpráksəmətli]
およそ1万年前
(= about)

◇appróximate 形おおよその

948
□stay **overnight** in his house [óuvərnáit]
彼の家で一晩泊まる
一晩中　形一泊の

949
□**accidentally** discover an island [æksidéntli]
偶然島を発見する
誤って，うっかり

◇accidéntal 形偶然の，思いがけない

950
□He lost **despite** his efforts. [dispáit]
前努力にもかかわらず彼は負けた
★despite は前置詞。

同熟? = in spite of

● 虫　ジャンル別 7

□ **ant** [ǽnt]	アリ
□ **bee** [bíː]	ハチ
□ **beetle** [bíːtl]	カブトムシ，甲虫
□ **bug** [bʌ́g]	①虫 ②(プログラムの)バグ
□ **butterfly** [bʌ́tərflai]	チョウ
□ **caterpillar** [kǽtərpilər]	イモムシ，毛虫
□ **cicada** [səkéidə]	セミ
□ **cockroach** [kákroutʃ]	ゴキブリ
□ **flea** [flíː]	ノミ ★flea market「ノミの市」は中古品を扱うのでノミが出てくる。
□ **fly** [flái]	ハエ
□ **mosquito** [məskíːtou]	カ
□ **moth** [mɔ́(ː)θ]	ガ
□ **snail** [snéil]	カタツムリ
□ **spider** [spáidər]	クモ
□ **wasp** [wáːsp]	ジガバチ，スズメバチ
□ **worm** [wə́ːrm]	イモムシ，ミミズ，寄生虫

● 鳥　ジャンル別 8

□ **canary** [kənéəri]	カナリア
□ **crow** [króu]	カラス
□ **cuckoo** [kúːkuː]	カッコウ
□ **dove** [dʌ́v]	(小型の)ハト ★平和の象徴
□ **duck** [dʌ́k]	アヒル；カモ
□ **eagle** [íːgl]	ワシ
□ **goose** [gúːs]	ガチョウ ★複数形はgeese。
□ **gull** [gʌ́l]	カモメ
□ **hawk** [hɔ́ːk]	タカ
□ **hen** [hén]	めんどり
□ **owl** 発音？	フクロウ [ául]
□ **parrot** [pǽrət]	オウム
□ **peacock** [píːkɑk]	クジャク
□ **pigeon** [pídʒən]	ハト
□ **robin** [rábin]	コマドリ
□ **sparrow** [spǽərou]	スズメ
□ **swallow** [swálou]	ツバメ
□ **turkey** [tə́ːrki]	七面鳥

Stage 3

このStageの見出し語は，多くの高校教科書に登場する重要語。ここまでマスターすれば標準的な入試問題にも十分対応できる。Readingだけでなく，Speaking／Listening／Writingでも使いこなせるようにしたい。Fundamental Stage同様，単語の意味だけではなく，ポイント・チェッカーやQ&Aにも十分注意して，進んでいこう！

“In the middle of difficulty lies opportunity”

── Albert Einstein

＊　＊　＊

困難の中にチャンスがある。

―アルバート・アインシュタイン

Essential Stage

(1) Verbs 動詞

MINIMAL PHRASES

Tr. 3-23

□proceed straight ahead	まっすぐ前に進む
□ensure the safety of drivers	ドライバーの安全を確保する
□interpret the meaning of the word	その言葉の意味を解釈する
□Some countries ceased *to* exist.	いくつかの国は存在しなくなった
□ban smoking in public places	公共の場の喫煙を禁ずる

951
proceed
[prəsíːd]

①進む ②(＋to V) Vしはじめる
◇prócess 名過程，経過 p. 327
源 pro（前に）＋ceed（行く）
cf. precede「～に先行する」

952
ensure
[inʃúər]
同熟？

～を確実にする，確保する；保証する ★＋that節が多い。
(例) ensure that food is safe to eat「食品の安全を確保する」
＝make sure 源 en-（make）＋sure

953
interpret
アク？

①～を解釈する ②～を通訳する
[intə́ːrprit]
◇interpretátion 名解釈，通訳(すること)
◇intérpreter 名通訳

954
cease
発音？

(＋to V) Vしなくなる，～をやめる；終わる
[síːs] ★50％以上がto Vを伴う。
◇céaseless 形絶え間ない

955
ban
[bǽn]

(公式に)～を禁止する(～ned; ～ning) 名禁止
★受け身が多い。
◆ban A from Ving 「AがVするのを禁じる」

□obey the law	法に従う
□eliminate the need for paper	紙の必要性をなくす
□resist pressure from above	上からの圧力に抵抗する
□accompany the president	大統領に同伴する
□commit a crime	犯罪を犯す

956
obey
[oubéi] 形? 名?

~に従う，〈規則など〉を守る(⇔disobey)
◇obédient 形従順な，おとなしい
◇obédience 名服従

Q obey to your parentsはどこがいけない?

A obeyは他動詞だから，toは不要。
形容詞の場合は，be obedient to your parents となる。

957
eliminate
[ilímineit]

〈不要なもの〉を除去する，根絶する
◇eliminátion 名除去，根絶

958
resist
[rizíst] 名?

~に抵抗する；〈誘惑など〉に耐える
◇resístance 名抵抗(力)
◇resístant 形抵抗する，抵抗力のある
◇irresístible 形抵抗できない；大変魅力的な

959
accompany
[əkʌ́mpəni]

〈人〉に同伴する，おともする，~に付随する
◆(be) accompanied by A 「Aを伴う，連れている」
(例) a man accompanied by a dog 「犬を連れた人」
★3分の1以上がこの形だ。

960
commit 多義
[kəmít]

①〈罪など〉を犯す ②~をゆだねる，委任する
③(本気で)取り組む(+to) (~ted; ~ting)
◆commit oneself to A 「Aに献身する，本気で取り組む，
=be committed to A Aを約束する」
◇commítment 名①約束，責任 ②かかわり，関与 ③傾倒，献身
◇commíssion 名①任務，依頼 ②委員会

□pursue the American Dream	アメリカンドリームを追い求める
□demonstrate *that* it is impossible	それが不可能なことを示す
□I bet you'll win.	きっと君は勝つと思う
□ruin his life	彼の人生を破滅させる
□threaten *to* tell the police	警察に言うとおどす

961
pursue
[pərsjúː]
名?

①～を追求する，追う
②〈政策，仕事など〉を続ける，実行する(= carry out)
◇pursúit　名追求，追跡
◆in pursuit of A　「Aを求めて」

962
demonstrate
アク?

〈証拠などが〉～を明らかに示す(= show)，証明する(= prove)
[démənstreit]
◇demonstrátion　名デモ；実証，実演

963
bet
[bét]

①きっと～だと思う　②〈金など〉を賭ける
★①は「賭けてもいい」から「確信がある」の意味になった。50％以上がこの意味だ。
◆I ('ll) bet (that) ～　「きっと～だと思う」
★thatはふつう省略する。
◆you bet　「そのとおりだ，もちろんそうだ」

964
ruin
[rúːin]

～を台無しにする，破滅させる
名廃墟(ruins)；荒廃，破滅

965
threaten
[θrétn]

～を脅迫する，おどす；～をおびやかす
◆threaten to V　「①Vすると脅迫する ②Vする恐れがある」
◇thréatening　形脅迫的な，おびやかす
◇threat 発音　名[θrét]　脅迫，おどし

□a bookcase attached *to* the wall	壁に取り付けられた本棚
□reverse the positions	立場を逆転する
□restrict freedom of speech	言論の自由を制限する
□The body is composed *of* cells.	体は細胞で構成されている
□lean against the wall	壁にもたれる

966
attach
[ətǽtʃ]

(＋A to B) AをBにくっつける，付属させる

★過去分詞が50%を超える。

◆be attached to A 「Aに愛着を持つ」

◆attach importance to A 「Aを重視する」

◇attáchment 名愛着；付属物；添付ファイル

Q He is attached (　) old customs.

A to「彼は古い習慣に愛着を持っている」

967
reverse
[rivə́ːrs]

～を反対にする，逆転する 形名逆(の)，反対(の)

源 re(逆に)＋verse(回す)

◆in reverse 「反対に，逆に」

◇revérsal 名逆転，反転

968
restrict
[ristríkt]

～を制限する，限定する(＝limit)

◆be restricted to A 「Aに制限されている」

◇restríction 名制限(条件)，限定

969
compose
[kəmpóuz]

～を組み立てる，〈曲・文〉を作る

源 com(いっしょに)＋pose(置く)

◆A be composed of B 「AがBで構成されている」
＝A be made up of B, A consist of B

◇composítion 名構成，創作，作文

◇compóser 名作曲家

970
lean
[líːn]

寄りかかる，もたれる；～を傾ける

★lean 形「やせた，貧弱な」もあるが，入試では非常に少ない。

□substitute margarine *for* butter	マーガリンをバターの代わりに用いる
□trace human history	人類の歴史をたどる
□interrupt their conversation	彼らの会話をじゃまする
□confront a difficult problem	困難な問題に立ち向かう
□This example illustrates his ability.	この例が彼の能力を示す

971
substitute
アク?
語法

～を代わりに用いる；代わりになる　名代用品，代理人
[sʌ́bstətjuːt]
◆substitute A for B　「AをBの代わりに用いる」

972
trace
[tréis]

①～の跡をたどる　②〈由来，出所など〉を追跡[調査]する，突きとめる　名跡，足跡

973
interrupt
アク?

～を妨げる，中断する；口をはさむ
[intərʌ́pt]　源 inter(間を)＋rupt(破る)
◇interrúption　名妨害，中断

974
confront
[kənfrʌ́nt]

①〈障害などが〉〈人〉の前に立ちふさがる(＝face)
②〈人が〉〈障害など〉に立ち向かう，直面する(＝face)
◆A be confronted with[by]B「A(人)がBに直面する」
　＝B confront A
(例) He is confronted with difficulties.「彼は困難に直面している」
　＝Difficulties confront him.
◇confrontátion　名対立，衝突，直面

975
illustrate
[íləstreit]

①～を(例で)示す，説明する(＝explain, show)
②～にさし絵を入れる，図解する (②は入試ではまれ)
◇illustrátion　名例示，説明；イラスト，図

□arrest him *for* speeding	スピード違反で彼を逮捕する
□stimulate the imagination	想像力を刺激する
□assure you *that* you will win	君が勝つことを保証する
□consult a doctor for advice	医者に相談して助言を求める
□feel too depressed to go out	憂(ゆう)うつで出かける気がしない
□crash *into* the wall	壁に激突する

976
arrest
[ərést]

～を逮捕する　名逮捕
(例) You are under arrest.「君を逮捕する」

977
stimulate
[stímjəleit]

①～を刺激する；～を元気づける(＝encourage)
②～を促す
◆stimulate A to V「Aを刺激してVさせる」
名?　◇stímulus　名刺激(物)(複数形：stimuli)

978
assure
[əʃúər]

(～を)保証する，信じさせる；安心させる(＝reassure)
◆assure A＋that～「A(人)に～と保証する，請け合う」

979
consult　多義
[kənsʌ́lt]

①〈専門家・医者など〉に相談する　②〈辞書など〉を参照する
◆consult with A　「Aと相談する」
◇consúltant　名顧問，コンサルタント

980
depress
[diprés]

～を憂うつにさせる，落胆させる　源 de(下に)＋press(押す)
◇depréssed　形〈人が〉憂うつな，落胆した　★一番多い。
◇depréssing　形〈人を〉憂うつにさせる
◇depréssion　名①憂うつ，落ち込み　②不景気

Q depressionの2つの意味は？

A ↑(例) suffer from depression「うつ病を患う」
(例) the Great Depression「世界大恐慌」(1929～)

981
crash
[krǽʃ]

激突する，墜落する；(音を立てて)壊れる
名①衝突事故，墜落　②衝撃音　(例) a plane crash「墜落事故」

□inspire him *to* write a poem	彼に詩を書く気を起こさせる
□specialize *in* Chinese history	中国史を専攻する
□cultivate plants	植物を栽培する
□fulfill the promise	約束を果たす
□transmit messages	メッセージを伝える
□found a computer company	コンピュータ会社を設立する

982
inspire
[inspáiər]

①〈人〉を奮起させる，やる気にさせる(＝encourage)
②〈作品などに〉ヒントをあたえる
③〈感情〉を起こさせる ★過去分詞が多い。
源 in(中に)＋spire(息)
◇inspirátion 名霊感，ひらめき，インスピレーション

983
specialize
[spéʃəlaiz]

(＋in A) Aを専門にする，専攻する，研究する(＝major in A)
◇spécialized 形専門的な
◇spécialist 名専門家

984
cultivate 多義
[kʌ́ltəveit]

①〈植物〉を栽培する，〈土地〉を耕作する
②〈感情・能力など〉を育む
◇cultivátion 名耕作，栽培；〈能力などの〉養成，開発

985
fulfill
[fulfíl]

〈約束・夢など〉を果たす；〈必要など〉を満たす
◇fulfíllment 名達成(感)

986
transmit
[trænsmít] 名?

〜を送る，伝える；〈病気など〉をうつす，伝染させる
◇transmíssion 名伝達，伝導

987
found
[fáund] 同?

〜を創立する，設立する
＝estáblish
◇foundátion 名基礎，土台

Q 過去・過去分詞形は？

A 変化はfound; founded; founded。find; found; foundと混同するな。

□Clap your hands as you sing.	歌いながら手をたたきなさい
□burst *into* tears	急に泣き出す
□bow *to* the queen	女王様におじぎする
□dismiss the idea *as* nonsense	その考えをばからしいと無視する
□how to breed animals	動物を繁殖させる方法
□prohibit children *from* working	子供が働くのを禁じる

988
clap [klǽp]
〈手など〉をたたく，〈人・演技など〉に拍手を送る；拍手する (～ped; ～ping)　名拍手

989
burst [bə́ːrst]　多義
①破裂する　②突然～し出す(burst; burst; burst)
名破裂，突発
◆burst into tears　「急に泣き出す」
◆burst into laughter　「急に笑い出す」
＝burst out laughing

990
bow　発音？
おじぎする；屈服する(＋to)　名おじぎ
[báu]　★同じbowでも「弓」は[bóu]。

991
dismiss [dismís]　多義
①〈考えなど〉を無視する，しりぞける
②〈人〉を解雇する，解散させる
◇dismíssal　名解雇，解散；却下

992
breed [bríːd]
～を繁殖させる，繁殖する；～を育てる；
〈悪いもの〉を生み出す(breed; bred; bred)
名品種

993
prohibit [prouhíbət]
〈法・団体が〉～を禁じる，～をさまたげる(＝prevent)
◆prohibit A from Ving　「AがVするのを禁じる」

□be obliged to pay the price	対価を支払わざるをえない
□qualify for the position	その地位に適任である
□invest money in a business	ビジネスにお金を投資する
□grasp what he is saying	彼の言うことを理解する
□The building collapsed.	建物が崩壊した
□overlook the fact	事実を見逃す

994
oblige
[əbláidʒ]

〜に強いる，〜に義務づける ★be obliged to Vの形が約70％。

◆be obliged to V 「Vせざるをえない」

◆be obliged to A for B 「BのことでA(人)に感謝している」 = be thankful to A for B

(名?) ◇obligátion 名義務；恩義

995
qualify
[kwɑ́ləfai] (形?)

(+ for A) Aに適任である；〜の資格を得る(+ as)

◇quálified 形資格のある，有能な

◇qualificátion 名資格，技能

996
invest
[invést]

(〈金〉を) 投資する；〈金・時間など〉を使う(+ in)

★約60％がinを伴う。

◇invéstment 名投資，出資

997
grasp
[grǽsp]

〜を理解する，つかむ 名理解力，つかむこと；届く範囲

998
collapse
[kəlǽps]

崩壊する，つぶれる，倒れる；〈価格などが〉急落する

名崩壊，挫折；卒倒；急落

999
overlook
[ouvərlúk]

①〜を見落とす，〜を見逃す ②〜を見渡す

★②を最初に挙げている本もあるが，実際には少ない。

◆look over A 「Aを調べる」= examine A

□accuse him *of* lying	彼がうそをついたと非難する
□be frustrated by the lack of money	金がなくて欲求不満になる
□deprive him *of* the chance	彼からチャンスを奪う
□an astonishing memory	驚異的な記憶力
□register a new car	新車を登録する
□The fact corresponds *to* my theory.	その事実は私の理論と一致する

1000
accuse
[əkjúːz]

①～を非難する　②～を告訴する
◆accuse A of B　「A(人)をBの理由で非難する，告訴する」　★このofは穴埋め頻出！
◇accusátion　名①非難　②告訴

1001
frustrate
[frʌ́streit]

①〈人〉を欲求不満にさせる，いらだたせる
②〈計画など〉を挫折させる（②はまれ）
◇frústrated　形〈人が〉欲求不満である
◇frústrating　形〈人を〉いらだたせる
◇frustrátion　名欲求不満；挫折

1002
deprive
[dipráiv]

(＋A of B) AからB（機会・自由・睡眠など）を奪う
★ofを必ず伴う。受け身も多い。

1003
astonish
[əstániʃ]

～を驚嘆させる　★下の形容詞として使うことが多い。
◇astónishing　形驚異的な(＝amazing)
◇astónished　形驚いている

1004
register
[rédʒistər]

～を登録する，記録する　名登録(表)
◇registrátion　名登録

1005
correspond
アク？

①一致する(＋to, with)　②連絡しあう(＋with)
[kɔrəspánd]
◆correspond to A「Aに一致[相当]する」
◇correspónding　形相当した，対応する
◇correspóndence　名連絡；一致，対応

□**cast** a shadow on the wall	壁に影を投げかける
□**attribute** success *to* luck	成功は幸運のおかげだと思う
□**neglect** human rights	人権を無視する
□feed **starving** children	飢えた子どもたちに食事を与える
□**resolve** disagreements	意見の不一致を解決する

1006
cast
[kǽst]

①~を投げる，〈影〉を投げかける，〈疑い・目など〉を向ける
②〈俳優〉に役を与える(cast; cast; cast)　名配役

1007
attribute　多義
[ətríbjuːt]

(+A to B) ①A(結果)はB(原因)のおかげだと思う
②A(性質)がB(人)にあると思う
③(be ~ ed to A) Aの作品だと考えられる
名 [ǽtribjuːt]　特質，性質
★動詞は全て，2つのものを「結びつけて考える」ということ。受動態が多い。
(例) ③ The picture is attributed to Picasso.
「その画はピカソの作品だと考えられている」

1008
neglect　多義
[niglékt]

①~を無視する，怠る　②〈子供など〉の世話をしない
名怠慢，無視
◇négligent　形怠っている

1009
starve
[stάːrv]

飢える，餓死する；〈人〉を飢えさせる
◇starvátion　名餓死，飢餓

1010
resolve
[rizάlv]
名?

①〈問題など〉を解決する(= solve)
②~と決心する　(②は少ない)
◇resolútion　名解決；決議，決心

□impose rules *on* students	学生に規則を押しつける
□convert sunlight *into* electricity	太陽の光を電気に転換する
□The noise scares him.	その音が彼をおびえさせる
□Cars constitute 10% of exports.	車が輸出の10%を占める
□*be* appointed *to* an important post	重要なポストに任命される

1011
impose
[impóuz]

(+A on B) AをBに課す，押しつける
★ Aは税・罰金・規則・労働・意見など。

1012
convert
[kənvə́ːrt]

~を転換する(= change)；改宗させる
◆convert A into [to] B「AをBに転換する」
★60%以上がこの形。

1013
scare
発音?

~をおびえさせる，こわがらす　名 恐怖，不安
[skéər]　★areは[eər]と発音する（例外はbe動詞のare）。
◇scared　形〈人が〉おびえた，こわがった
◇scáry　形〈人を〉こわがらせる，こわい

1014
constitute　多義

①~を構成する，占める(= make up, account for)
②~である(= be)，~とみなされる　★堅い表現。

[kɑ́nstətjuːt]　★語尾 -itute は直前にアクセント。
(例) Brain death constitutes legal death.「脳死は法的な死である」

1015
appoint
[əpɔ́int]

①~を任命する，指名する　②〈会う日時・場所〉を指定する
(②は少数)　★80%以上が過去分詞。
◆appointed time「指定された時刻」
名?
◇appóintment　名 (人に会う)約束；任命　▶ p. 150

□What does her smile imply?	彼女の微笑みは何を意味するのか
□assign work *to* each member	各メンバーに仕事を割り当てる
□nod and say "yes"	うなずいて「はい」と言う
□*be* elected president	大統領に選ばれる
□He was transferred *to* Osaka.	彼は大阪に転勤した

1016
imply
[implái] 名?

～を(暗に)意味する，ほのめかす (+ that～)
◇implicátion 名①(～s)影響，効果(+ for)
②(隠れた)意味，暗示

1017
assign
[əsáin]

〈仕事・物〉を割り当てる；〈人〉を任務につかせる(+ to V)
(例) I was assigned to help him.「私は彼を手伝えと命じられた」
◆assign A to B = assign B A 「AをBに割り当てる」
◇assígnment 名宿題，(仕事などの)割り当て

Q assignmentの意味は？

A ↑ homeworkは不可算名詞だが，assignmentは可算名詞。
(例) a history assignment

1018
nod
[nád]

①うなずく ②うとうとする，居眠りする(～ded; ～ding)
名会釈，うなずき
★①はあいさつや同意の身ぶり。

1019
elect
[ilékt]

①～を選挙で選ぶ ②(～すること)を選ぶ(+ to V) (②はまれ)
◆elect A B 「AをBに選ぶ」
★受身形A be elected B「AがBとして選ばれる」が多い。
◇eléction 名選挙

1020
transfer
[trænsfə́ːr]

～を移す；(be transferred) 転勤する 名移転，譲渡
(～red; ～ring)
★transferには「〈バス・列車などを〉乗り換える；乗り換え」の意味もある。
源 trans(越えて)+ fer(運ぶ)

□rob the bank *of* $50,000	銀行から5万ドル奪う
□capture wild animals	野生動物を捕らえる
□undertake the work	仕事を引き受ける
□save a drowning child	おぼれている子供を救う
□split into two groups	2つのグループに分裂する

1021
rob
[rɑ́b]

(+A of B) AからBを奪う，AからBを盗む
(~ bed; ~ bing)

★robはstealと異なり，人を目的語にとる。また，robは暴力や脅しを用いた行為をいう。

名？
◇róbbery　名盗難(事件)，盗み

1022
capture
[kǽptʃər]

~を捕らえる(=catch)；〈注意など〉を引きつける
◇cáptive　形捕らわれた　名とりこ
◇captívity　名捕らわれの身　★約80%が↓
◆in captivity　「飼育されて，捕らわれて」

1023
undertake
[ʌndərtéik]

①〈仕事など〉を引き受ける　②~に取りかかる，~を始める
(undertake; undertook; undertaken)

1024
drown

発音？

おぼれ死ぬ；~を溺死させる
[dráun]

諺 A drowning man will catch [clutch] at a straw.
「おぼれる者はわらをもつかむ」

1025
split
[splít]

~を割る，裂く；分裂する，割れる　名裂け目，割れ目
(split; split; split; splitting)
(例) split the bill 「割り勘にする」

□resort *to* violence	暴力に訴える
□descend to the ground	地面に降りる
□irritating noise	いらいらさせる騒音
□pronounce the word correctly	正確にその単語を発音する
□The car is equipped *with* AI.	その車はAIが装備されている

1026
resort
[rizɔ́:rt]

(+ to A) A（手段）に訴える　名行楽地，リゾート；手段
（例）(as) a last resort「最後の手段として」

1027
descend　多義　発音？

①下る，降りる　②（祖先から）伝わる
[disénd]　源de（down）＋scend（登る）
★②から派生する次の語句は重要。
◆be descended from A「Aの子孫である，Aに由来する」

名？（2つ）
◇descént　名①家系，血統　②降下
◇descéndant　名子孫
◇ascénd　動登る，上がる

1028
irritate
[íriteit]

～をいらだたせる，怒らせる
◇írritating　形〈人を〉いらいらさせる
◇írritated　形〈人が〉いらいらしている

1029
pronounce
[prənáuns]　名？

①〈単語など〉を発音する　②～と言う，断言する
◇pronunciátion　名発音　★つづりに注意。

1030
equip
[ikwíp]

～を装備させる，準備させる（～ped; ～ping）
★equipped with A「Aを備えている」の形が40％近い。

名？
◇equípment　名設備，装備　▶ p. 196

□cheat consumers	消費者をだます
□A new problem has emerged.	新たな問題が出現した
□He devoted *himself* *to* his work.	彼は仕事に身をささげた
□Time heals all wounds.	時はすべての傷をいやす
□urge him *to* go home	帰宅するよう彼を説得する

1031
cheat
[tʃíːt]

いかさまをする；～をだます

Q cheat on an examの意味は？

A「試験でカンニングする」
（cunning 形「ずるい」には「カンニング」という意味はない）

1032
emerge
[imə́ːrdʒ]

〈隠れていたものが〉現れる(＝appear)，台頭する

(例) Japan emerged as a modern state.
「日本は近代国家として台頭した」

◇emérgence 名出現
cf. emérgency 名緊急事態 p. 238

1033
devote
[divóut]

～をささげる，〈時間など〉を費やす

◆devote A to B 「AをBにささげる，費やす」
◇devóted 形献身的な，熱愛する
◆be devoted to A「Aに専念する，打ち込む」
＝devote oneself to A
◇devótion 名献身，愛情

1034
heal
[híːl]

〈けがなど〉を治す；治る

◇héaling 名治療(法)

1035
urge
[ə́ːrdʒ]

～に強く迫る，～を説得する

名衝動 (例) the urge to create「創造したい衝動」
◆urge A to V 「AにVするように説得する；促す」

□envy the rich	金持ちをうらやむ
□chase the car	その車を追跡する
□prompt him to speak	彼に話をするよう促す
□withdraw my hand	手を引っ込める
□how to detect lies	うそを発見する方法

1036
envy
[énvi]

~をうらやむ 名①うらやみ ②羨望の的
◇énvious 形うらやんでいる
◆be envious of A「Aをうらやんでいる」

1037
chase
[tʃéis]

~を追いかける，捜し求める 名追跡

1038
prompt
[prámpt]

~を促す 形すばやい，敏速な
◆prompt A to V 「AにVするよう促す」
◇prómptly 副すばやく

Q take prompt actionを訳せ。
A「すばやい行動をとる」形容詞としてもよく使われるので注意。

1039
withdraw 多義
[wiðdrɔ́ː]

①~を引っ込める ②引きこもる，退く ③〈預金など〉を引き出す(withdraw; withdrew; withdrawn)
(例) withdraw into oneself 「自分の世界に引きこもる」
◇withdráwal 名引っ込めること；撤退；撤回

1040
detect
[ditékt]

~を探知する，〈誤り・病気など〉を発見する(= discover)，検出する
源 de (分離) + tect (覆い) = (覆いをとる)
ちなみに protect「を守る」は pro (前) + tect = (前を覆う) から。
◇detéctive 名刑事，探偵
◆detective story「推理小説」

□interfere *with* his work	彼の仕事をじゃまする
□You must be kidding.	冗談でしょう
□launch a space shuttle	スペースシャトルを発射する
□an endangered species	絶滅危惧種
□foster creativity	創造性を養う
□His power diminished.	彼の力は衰えた

1041
interfere アク?

(+ with A) Aをじゃまする，Aに干渉する

[intərfíər]

◇interférence 名妨害，干渉

1042
kid

[kíd]

冗談を言う，からかう 名子供

◆ I'm not kidding. 「冗談じゃないよ，本気だよ」

◆ No kidding. 「本当か，まさか」 ★疑いを表す。

1043
launch 多義

[lɔ́:ntʃ]

①〈ロケットなど〉を打ち上げる ②〈事業など〉を始める

(②も多い) (例) launch a campaign「キャンペーンを始める」

1044
endanger

[endéindʒər]

～を危険にさらす ★80%以上が過去分詞。

◇dánger 名危険

◇dángerous 形〈人に対して〉危険な

◆be in danger 「危険にさらされている」

1045
foster

[fɔ́(:)stər]

①～を促進する，育成する(= promote, encourage)

②〈他人の子〉を養育する (入試では②は少ない)

1046
diminish

[dimíniʃ]

減少する，衰える；～を減らす(= decrease, decline)

源 mini (小さい)

□spill coffee on the keyboard	キーボードにコーヒーをこぼす
□be infected *with* the virus	ウイルスに感染している
□stem *from* an ancient tradition	古い伝統に由来する
□tap her on the shoulder	彼女の肩を軽くたたく
□embrace a new idea	新しい考えを受け入れる

1047
spill
[spíl]

～をこぼす，まく　名流出

★過去・過去分詞形は《米》ではspilled，《英》ではspilt。

諺 It's no use crying over spilt milk.
「こぼれたミルクのことを嘆いても無駄だ」(覆水盆に返らず)

1048
infect
[infékt]

〈人〉に感染[伝染]する，〈人〉にうつす

★過去分詞infected「〈人が〉感染している」が多い。

◇inféction　名感染
◇inféctious　形感染性の

1049
stem
[stém]

(+from A) Aから生じる，Aに由来する
(～med; ～ming)
名(草の)茎，(木の)幹

◆stem cell　「幹細胞」
◇root　名根　動(be rooted)根付いている

1050
tap
[tǽp]

①～を軽くたたく　②～を開発[利用]する；〈能力など〉を引き出す(～ped; ～ping)　名蛇口

(例) tap water「水道水」

1051
embrace　多義
[imbréis]

①〈思想など〉を受け入れる　②～を含む(＝include)
③～を抱く　名抱擁　源 em(中に)＋brace(腕)

★③は約20%。

(2) Nouns　名詞

MINIMAL PHRASES

Tr. 3-43

3 (2) 名

□the proportion of boys *to* girls	男子と女子の比率
□sign a contract *with* Google	グーグルとの契約にサインする
□have chest pains	胸が痛む
□discover treasure	財宝を発見する
□the Tokyo stock market	東京株式市場

1052
proportion
[prəpɔ́ːrʃən]

①比率；つり合い　②部分　③規模
◆in proportion to A　「Aに比例して」
◆a large proportion of A「大部分のA」

1053
contract
[kántrækt]

契約
動[─ ´]　①契約する　②〈病気〉にかかる
③縮まる，～を縮める
◇contráction　名短縮(形)，収縮

1054
chest
[tʃést]

①胸　②箱（少数）
★chestはもともと「箱」の意味で，肋骨（ろっこつ）などに囲まれた胸部を言い，肺，心臓などを含み，男女共に用いる言葉だ。breastも胸だが，普通女性の乳房の意味だ。
◇bréast　名胸，乳房
◆breast cancer　「乳がん」
◆breast milk　「母乳」

1055
treasure
[tréʒər]

財宝，貴重品　動～を大事にする
◆national treasure「国宝」

1056
stock
[sták]

①株(式)　②在庫品，貯蔵品　動〈商品〉を置いている
◆in stock　「在庫がある」
◆out of stock　「在庫がない」

□public facilities	公共施設
□a large sum of money	多額のお金
□a man of high rank	高い地位の人
□a modern democracy	近代民主国家
□an emergency room	救急治療室
□a protest *against* war	戦争に対する抗議

1057
facility
[fəsíləti]

①設備，施設　②能力，器用さ（②は少数）
★①の意味では複数形。
◇facílitate　動～を容易にする，促進する

1058
sum　多義
[sʌ́m]

①金額　②合計　③要約　動(sum A up) Aを要約する
◇súmmary　名要約
◇súmmarize　動～を要約する

1059
rank
[rǽŋk]

地位，階級
動位置する，(上位を) 占める；～を評価する，順位をつける

Q Japan ranks third in GDP. の意味は？

A「GDPでは日本は3位を占める」

1060
democracy　アク?

民主主義，民主制；民主国家
[dimɑ́krəsi]　源 demo(民衆)＋cracy(統治)
◇democrátic　形民主的な
◇démocrat　名民主党員，民主主義者

1061
emergency
[imə́ːrdʒənsi]

緊急事態　形非常の，救急の
◆in an emergency　「緊急時には」

1062
protest　アク?

抗議　動抗議する
名[próutest]　動[prətést]

□immigrants from Mexico	メキシコからの移民
□a vehicle for communication	意思伝達の手段
□a healthy daily routine	健康的ないつもの日課
□write really good stuff	本当によいものを書く
□sit in the front row	最前列に座る
□your online profile	君のオンラインのプロフィール

1063
immigrant
[ímigrənt]

(外国からの)移民　源 im(中へ)＋migr(移住する)＋ant(人)
◇immigrátion　名(外国からの)移住
◇émigrate　動(外国へ)移住する(e-は＝ex「外へ」)

1064
vehicle 多義
[víːəkl]

①車，乗り物　②(伝達)手段，媒体
★vehicleはcar，bus，truckなどを含む。

1065
routine アク?

決まりきった仕事，日課　形決まりきった，型どおりの
[ruːtíːn]

1066
stuff
[stʌ́f]

(漠然と)物，こと，材料　動～を詰め込む
★stuffは，文脈次第で，さまざまなもの，考え，出来事を表す。
★staff [stǽf] は「人員，スタッフ」だから混同しないこと。

1067
row
[róu]

列，並び　動(ボートを)こぐ
★rowは横に並んだ列，縦の列はline。
◆in a row　「①１列に　②連続して」

1068
profile
[próufail]

プロフィール，人物紹介；横顔
◆have a high profile　「注目を集めている」
◇prófiling　「プロファイリング」
★分析に基づいて人物像を作成すること。
(例) DNA profiling「DNA個人識別法」

□leave home *at* dawn	夜明けに家を出る
□social welfare	社会福祉
□see life *from* a new perspective	新しい見方で人生を考える
□his enthusiasm *for* soccer	彼のサッカーに対する情熱
□have faith *in* technology	技術を信頼する

1069
dawn
[dɔ́:n]

夜明け；始まり　動わかりはじめる；始まる

(例) at the dawn of civilization「文明の夜明けに」

反?　⇔dusk　名たそがれ

◆dawn on [upon] A「A (人)にだんだんわかってくる」

1070
welfare
[wélfeər]

福祉，幸福；生活保護

★健康・快適な生活を含めた幸福を言う。

同?　＝wéll-béing　名幸福，繁栄，福祉

1071
perspective
[pərspéktiv]

①見方；正しい見方，大局的な見方　②遠近法

◆put[get/see] A in perspective「Aを正しく判断する」

源 per(全体的に)＋spect(見る)

1072
enthusiasm

熱意，情熱，熱中(＝eagerness, passion)

アク?　[inθjú:ziæzm]

形?　◇enthusiástic　形熱心な，熱狂的な (＋about [for] A)

1073
faith
[féiθ]

①信頼(＝confidence, belief)　②信仰

★約30%がinを伴う。

形?　◇fáithful　形忠実な，信心深い

□a well-paid occupation	給料のよい職業
□a witness to the accident	事故の目撃者
□the kingdom of Denmark	デンマーク王国
□There's no English equivalent *to* haiku.	俳句に相当するものは英語にない
□achieve the objective	目標を達成する
□put the plates in a pile	皿を積み重ねて置く

1074
occupation 多義
[ɑkjəpéiʃən]

①職業　②占領，占拠
★occupy「～を占める」(▶ p. 139) の名詞形だ。
◇vocátion　名天職；職業
◇vocátional　形職業(上)の

1075
witness
[wítnəs]

証人，目撃者(= eyewitness)　動～を目撃する
★動詞で使う例も非常に多い。

1076
kingdom
[kíŋdəm]

①王国　②(学問などの)世界，領域
◆the United Kingdom　「英国，連合王国」
◆the animal kingdom　「動物界」

1077
equivalent
[ikwívələnt]

同等のもの，相当するもの(+ of, to)
形同等の(= equal)
源 equi(同じ) + valent(= value)

1078
objective 多義
[əbdʒéktiv]
Q objective factsの意味は？

目的，目標　形客観的な
A「客観的な事実」

1079
pile
[páil]

①積み重ね　②(a pile of A/piles of A) たくさんのA
動～を重ねる，～を積む

□find shelter *from* the cold	寒さから逃れる場所を見つける
□trial and error	試行錯誤
□It's a great honor to work here.	ここで働けるのは大変名誉です
□defend a territory	なわ張りを守る
□a window frame	窓わく
□cross the Russian border	ロシア国境を越える

1080
shelter [ʃéltər]
避難(所) 動避難する；～を保護する
◆food, clothing, and shelter 「衣食住」

1081
trial [tráiəl] 多義
①試み，試し ②裁判
(例) be on trial「裁判にかけられている」
◆controlled trial「対照試験」

1082
honor [ánər]
名誉，光栄 動～を尊敬する；～に栄誉を授ける
◆in honor of A 「Aに敬意を表して，Aのために」
◇hónorable 形立派な，名誉な

1083
territory [térətɔ:ri]
①領土，なわ張り ②地域，領域
源 terra(土地)＋ory(場所)

1084
frame [fréim]
わく，額縁，骨組み
動①～をわくにはめる ②～を組み立てる
◆frame of mind 「気分」(＝mood)
◆frame of reference 「基準の枠組み，価値体系」
◇frámework 名枠組み

1085
border [bɔ́:rdər]
国境地帯，境界 動(～に)接する
◇cróss-border 形国境をまたぐ

□according to official **statistics**	公式の**統計**によると
□a private **enterprise**	民間**企業**
□the meaning *in* this **context**	この**文脈**における意味
□carry a heavy **load**	重い**荷物**を運ぶ
□world **grain** production	世界の**穀物**生産高
□a **review** of the law	その法律の**再検討**

1086
statistics
[stətístiks]

統計(学)，統計の数字 ★「統計」は複数扱い。
◇statístical 形統計の，統計上の

1087
enterprise
アク?

企業，事業；企て
[éntərpraiz]

1088
context 多義
[kántekst]

①文脈 ②(文化・社会的な)状況，背景(= situation)
(例) in the social context「社会的背景の中で」

1089
load
[lóud]

荷物，積み荷；重荷，負担
動〈荷など〉を積む，詰め込む

1090
grain
[gréin]

①穀物 ②粒；少量
◆whole grain 「全粒」

1091
review
[rivjú:]

①再検討，入念な調査；批評 ②復習
動①～を批評する ②～を復習する
源 re(= again) + view(見る)

□prejudice against women	女性に対する偏見
□put a strain *on* the heart	心臓に負担をかける
□fall into a trap	わなにはまる
□have a quick temper	すぐかっとなる気性である
□a black slave	黒人の奴隷
□a knife wound	ナイフの傷

1092
prejudice
[prédʒədəs]

偏見，**先入観**
源 pre(先に)＋judice(判断)

1093
strain
[stréin]

負担，**重圧；緊張**　動～に無理な負担をかける，酷使する
◇stráined　形緊張した

1094
trap
[trǽp]

わな，**計略**
動(be ～ped) 閉じ込められる；～をわなにかける
(～ped; ～ping) (動詞が多い)

Q heat-trapping gasとは？
A 「温室効果ガス，温暖化ガス」(⇦熱を閉じ込めるガス)

1095
temper
[témpər]

①気性，**気分**(＝mood)　②**平静な気分；短気**
◆lose one's temper　「かっとなる，腹を立てる」★頻出！
◆keep one's temper　「平静を保つ」

1096
slave
[sléiv]

奴隷
◇slávery　名奴隷制度，奴隷の身分

1097
wound
発音？

傷，**けが**　動～を傷つける
[wú:nd]　★wind「曲がる」の過去形woundは[wáund]。
◇wóunded　形負傷した，けがをしている
★woundは，戦闘やけんかなどで受けた傷。事故による負傷はinjury。

□an increase in the divorce rate	離婚率の増加
□the beauty of the tune	その曲の美しさ
□Summer is *at* its height.	夏真っ盛りだ
□the science faculty	理学部
□the average *life* span	平均寿命
□the moral dimension of science	科学の道徳的側面

1098
divorce
[divɔ́ːrs]

離婚(⇔marriage)
動～と離婚する；～を切り離す(＝separate)

1099
tune
[tjúːn]

曲，メロディー
動(番組に)チャンネルを合わせる；～を調和させる
◆be in tune with A 「Aと合っている」

1100
height
発音?

高さ；高地；最盛期，絶頂期 ★highの名詞形。
[háit]
◇héightened 形高まった，増大した

1101
faculty 多義
[fǽkəlti]

①(大学の)学部，教授スタッフ ②(心身の)能力(＝ability)
(例) mental faculties「知的能力」

1102
span
[spǽn]

期間，長さ
◆life span 「寿命」 ★半分近くがこの形。

1103
dimension 多義
[dimén∫ən]

①〈問題などの〉側面(＝aspect)，要素(＝factor) ②次元
③(dimensions)大きさ，規模
◆three-dimensional 「3次元の，立体の」(＝3D)

□the latest **version** of the software	そのソフトの最新**版**
□have no **parallel** in history	歴史上**匹敵するもの**がない
□the moon rising *on* the **horizon**	**地平線**に昇る月
□friends and **acquaintance**s	友人と**知人**
□become a **burden** *on* society	社会の**重荷**になる

1104
version 
[vəː*r*ʒən]

①型，…版　②翻訳，脚色
③(ある立場からの)説明，解釈
(例) his version of events「事態についての彼の説明」

1105
parallel
[pǽrəlel]

類似(物)，匹敵するもの(+ to)
形①類似した　②平行の　動～に似ている，匹敵する

1106
horizon
発音？

①地平線，水平線　②(horizons) 視野
[həráizn]
(例) broaden〔expand〕one's horizons「視野を広げる」
◇horizóntal　形水平な(⇔vertical)

1107
acquaintance
[əkwéintəns]

①知人　②交際　③知識 (②，③は少ない)
◆be acquainted with A　「Aを知っている」
＝be familiar with A
◆acquaint A with B　「AにBを教える，知らせる」

1108
burden
[bəː*r*dn]

重荷，負担，重圧　動(重荷を)～に負わせる (少数)
★精神的・経済的意味で使うことが多い。

□the scientific basis of his theory	彼の理論の科学的根拠
□poison gas	毒ガス
□the Constitution of Japan	日本国憲法
□business administration	企業の経営
□a city full of charm	魅力にあふれた都市

1109
basis 多義
[béisis]

①基礎，根拠　②方式，やり方(＝way, manner)
★複数形はbases。
(例) on a regular basis「規則的に」(＝regularly)
◆on the basis of A「Aに基づいて」

1110
poison
[pɔ́izn]

毒，毒物　動～を毒殺する，～を害する
◇póisonous　形有毒な，有害な
諺 One man's meat is another man's poison.
「ある人の食べ物が別の人には毒になる」(甲の薬は乙の毒)

1111
constitution
[kɑnstətjúːʃən]

①憲法　②体質，体格 (②はまれ)
★特定の国の憲法はthe Constitution。

1112
administration
[ədministréiʃən] 多義

①経営，運営(＝management)　②行政，政府；～局
(例) the Food and Drug Administration 「食品医薬品局」(＝FDA)
(例) the Trump Administration 「トランプ政権」
◇admínister　動～を管理[運営]する
◇admínistrative　形行政の，管理上の
◇admínistrator　名管理者；理事

1113
charm
[tʃɑ́ːrm]

①魅力　②まじない；お守り　動〈人〉を魅了する
◇chárming　形魅力的な，感じのいい

□sense organs	感覚器官
□the prey of the lion	ライオンのえじき
□a *joint* venture with Taiwan	台湾との共同事業
□carry out a dangerous mission	危険な任務を果たす
□an inquiry into the accident	事故に関する調査

1114
organ
[ɔ́ːrgən]

①臓器,(動植物の)器官　②オルガン
◇orgánic　形有機的な;生物の
◇órganism　名生物 p. 289

1115
prey
[préi]

獲物,えじき　動(+on A) Aを捕まえて食べる
(例) fall prey to A「Aのえじきになる」

1116
venture
[véntʃər]

冒険的事業;冒険
動危険を冒して行く;~を思い切ってする
(例) venture into the unknown「未知の世界へ乗り出す」
◇advénture　名冒険

1117
mission
[míʃən]

①使命,任務　②[宇宙]飛行任務　③布教(団)
◇míssionary　名伝道師,宣教師
★missionのmissは「送る」という意味で,míssile「ミサイル」のmissと同語源だ。

1118
inquiry 多義
[inkwáiəri]

①調査;探究(+into)
②質問,問い合わせ(=question)
(例) Thank you for the inquiry.「お問い合わせありがとうございます」
動?
◇inquíre　動~を質問する(=ask)
★inquire into A「Aを調査する」は少ない。
inquire after A「Aの安否をたずねる」はまれ。

□the Academy Award *for* Best Picture	アカデミー最優秀作品賞
□a long strip of paper	長い紙切れ
□be in economic distress	経済的苦難におちいる
□increase blood circulation	血液の循環を高める
□keep the beer in the shade	ビールを日陰に置く
□a stereotype of Americans	アメリカ人に関する型にはまったイメージ

1119
award 発音？
賞，賞品，賞金(＝prize)　動～を授与する
[əwɔ́ːrd]

1120
strip
[stríp]
細長い一片　動～を裸にする，～から取り除く
★紙，土地，布などの細長い一片のこと。
◆comic strip　「(数コマからなる)漫画」

1121
distress
[distrés]
苦しみ，悲嘆，苦難　動～を苦しめる

1122
circulation 多義
[səːrkjuléiʃən]
①循環；流通　②発行部数　★circle「円」と同語源。
◇círculate　動循環する，流通する
◇círcular　形円形の；循環的な
◇círcuit　名回路，サーキット

1123
shade
[ʃéid]
①陰，日陰　②(濃淡の)色合い　③(意味などの)わずかな違い　④(a ～)ほんの少し(＝a little)
(例) delicate shades of meaning「微妙な意味の違い」

Q shadeと shadowはどう違う？
A shadeは日陰の場所を言うが，shadowは光によってできる像としての影を言う。

1124
stereotype
[stériətaip]
典型的なイメージ，類型；固定観念

□a lawyer and his **client**	弁護士とその**依頼人**
□the factory's **output**	その工場の**生産高**
□praise the **Lord**	**神**をたたえる
□follow social **conventions**	社会の**慣習**に従う
□discover a gold **mine**	金**鉱**を発見する
□a traditional Japanese **craft**	日本の伝統**工芸**

1125
client
[kláiənt]

(弁護士などの)**依頼人**, (会社・店などの)**顧客**

1126
output
[áutput]
反?

①**生産高** ②**出力, アウトプット**
◆put A out 「①A(火など)を消す ②Aを生産する」
⇔ínput 名入力, インプット

1127
lord
[lɔ́ːrd]

①(Lord)**神, キリスト** ②**領主, 貴族**
◇lándlord 名家主, 地主, 主人

1128
convention 多義
[kənvénʃən]

①**慣習, しきたり** ②(大規模な)**会議, 大会** ③**協定**
◇convéntional 形平凡な, 慣習的な

1129
mine
[máin]

鉱山 動～を掘る
◇míneral 名鉱物, 鉱石
◇míner 名鉱夫
◇lándmine 名地雷

1130
craft 多義
[krǽft]

工芸, 技術 動～を巧みに作る
★まれにspacecraftの意味で用いられる。
◇áircraft 名航空機
◇spácecraft 名宇宙船 (= spaceship)
◇cráftsman 名職人

□the core *of* the problem	問題の核心
□have a stroke	脳卒中になる
□America's last frontier	アメリカ最後の辺境
□He's popular with his peers.	彼は同僚に人気だ
□blood vessels	血管
□people with disabilities	障害を持つ人々

1131
core
[kɔ́ːr]
中心，(問題の)核心
形(名詞の前で)主要な，中心的な

1132
stroke 多義
[stróuk]
①脳卒中，発作 ②打撃，一撃 ③字画，一筆
動～をなでる，さする
(例) a stroke of luck「思いがけない幸運」

1133
frontier
[frʌntíər]
①国境，辺境 ②未開拓の分野，最前線
源 front「前面」

1134
peer 多義
[píər]
同僚，仲間 動じっと見る
★「貴族」を一番にあげる本があるが，実際にはまれ。動詞は多い。
◆peer pressure 「仲間[周囲]の圧力」
◆peer review 「(学会などの)同僚の評価」

1135
vessel 多義
[vésl]
①血管，管 ②船 ③器
★②は ship より堅い語で，比較的大型の船。
(例) a fishing vessel「漁船」

1136
disability
[disəbíləti] 同？
〈身体・精神の〉障害
＝hándicap
★handicap は古くさく，disability より差別的とされる。
◇disábled 形障害を持つ(＝handicapped)

□zero gravity in space	宇宙の無重力状態
□a question of medical ethics	医学の倫理の問題
□a railroad terminal	鉄道の終点
□swim against the tide	潮流に逆らって泳ぐ
□child abuse	児童虐待

1137
gravity
[grǽvəti]

①重力，引力(＝gravitation)　②重大さ，重み
◇gravitátional　形引力[重力]の

1138
ethic
[éθik]

倫理(学)，価値観　★～sとする方が多い。
◆the work ethic 「労働を善とする価値観」
◇éthical　形倫理的な，道徳的な

1139
terminal
[tə́ːrmənl]

①(バスなどの)終点，ターミナル
②(コンピュータなどの)端末
形末期の，終わりの，終点の
動？ ◇términate　動～を終わらせる；終わる

Q terminal illnessの意味は？
A「末期［命取り］の病気」

1140
tide
[táid]

①潮流，潮の干満　②傾向，時流
諺 Time and tide wait for no man.「歳月人を待たず」

1141
abuse

①虐待　②(薬などの)乱用　動～を虐待する；～を乱用する
発音？ 名[əbjúːs]　動[əbjúːz]

(3) Adjectives　形容詞

MINIMAL PHRASES

Tr. 3-60

□feel **guilty** about leaving him	彼を捨てたことに**罪の意識**を感じる
□be **vital** *to* human health	人の健康に**きわめて重要だ**
□his **fellow** workers	彼の仕事**仲間**
□**contemporary** Japanese society	**現代の**日本社会
□his **annual** income	彼の**年**収
□become **accustomed** *to* driv*ing*	車の運転に**慣れる**

1142
guilty
[gílti]

有罪の(⇔innocent)；罪の意識がある，うしろめたい
◆be guilty of A　「Aの罪で有罪だ」
◇guilt　　名罪の意識；有罪

1143
vital　多義
[váitl]

①きわめて重要な，必要な　②活気のある
◇vitálity　　名生命力，活気

1144
fellow
[félou]

仲間の，同僚の　名男，やつ
★名詞の前に置く。
(例) fellow citizens「同胞市民」，fellow students「学友」

1145
contemporary
アク?

①現代の　②同時代の　名同時代人
[kəntémpəreri]　源 con(一緒の)＋tempor(時代)

1146
annual
[ǽnjuəl]

①年に1度の，恒例の　②1年間の
◇ánnually　　副年に1度

1147
accustomed
[əkʌ́stəmd]

慣れた
◆be accustomed to A [Ving]　「A[Vすること]に慣れている」
＝be used to A [Ving]

□steady economic growth	着実な経済成長
□very dull work	とても退屈な仕事
□I'm keen *to* talk to him.	私は彼と話をしたい
□wear loose clothes	ゆったりとした服を着る
□the delicate balance of nature	自然界の微妙なバランス
□internal medicine	内科

1148
steady
[stédi]　同?

しっかりした；変わらない，一定の
＝cónstant
（例）a steady job「定職」
◇stéadily　副着々と，絶えず

1149
dull
[dʌ́l]

①（人を）退屈させる（＝boring）
②（刃物・色彩・人が）鈍い；頭が悪い
諺 All work and no play makes Jack a dull boy.
「勉強ばかりで遊ばないとばかになる」

1150
keen
[kíːn]

①熱望して，熱中して
②〈刃物などが〉鋭い；〈頭・感覚が〉鋭敏な
◆be keen to V　「Vしたがっている」
◆be keen on A　「Aに熱中している，Aが好きだ」

1151
loose
発音?

①ゆるい，たるんだ　②解き放たれた，自由の
[lúːs]　★lose [lúːz] と混同しないこと。

1152
delicate　多義
アク?

①〈問題などが〉微妙で難しい，慎重を要する
②繊細な，上品な；か弱い
[délikət]

1153
internal
[intə́ːrnəl]　反?

①内部の（＝interior）　②国内の（＝domestic）
⇔extérnal　形外部の，国外の

□wear casual clothes	気楽な服装をする
□mature adults	成熟した大人
□give a concrete example	具体的な例をあげる
□How awful!	なんてひどい！
□be exhausted from overwork	過労で疲れ切っている

1154
casual
[kǽʒuəl]　反?

①形式ばらない，気楽な，さりげない　②偶然の，ふとした
①⇔fórmal　形形式ばった，堅苦しい

1155
mature
[mətúər]　反?　同?

成熟した
動成熟する，大人になる(＝grow)；～を成熟させる
⇔immatúre　形未熟な，大人げない(＝childish)
＝ripe　形熟した，円熟した
★ mature「成熟した」は人に，ripe「熟した」は果物などに使うことが多い。
◇prematúre　形早すぎる
◇matúrity　名成熟(期)，円熟

1156
concrete
[kánkri:t]　反?

具体的な，形のある　名コンクリート
⇔ábstract　形抽象的な

1157
awful
[ɔ́:fl]

ひどい，いやな(＝terrible)　副すごく
(例) an awful lot of time「すごく多くの時間」
◇áwfully　副ひどく
(例) I'm awfully sorry.「本当にすみません」
◇awe　名畏敬，おそれ多い気持ち

1158
exhausted
[igzɔ́:stid]

疲れ切っている(＝tired out)
◇exháust　動～を疲れさせる；使い切る
　名排気，排出
◇exháusting　形〈仕事などが〉疲れさせる
◇exháustion　名極度の疲労；枯渇

□part of an overall plan	全体的な計画の一部
□tight jeans	きついジーンズ
□the prime cause	主要な原因
□a genuine interest in science	科学に対する真の関心
□a modest dress	控えめな服装
□an intimate relationship	親密な関係

1159
overall
[óuvərɔ:l]

全面的な，全体的な　副全体として，概して

1160
tight
[táit]
動？

①引き締まった，(服などが) きつい　②厳しい
副きつく，堅く
◇tíghten　動～を引き締める，きつくする

1161
prime
[práim]

最も重要な，主要な，第一の
◆the prime minister　「総理大臣」
◇prímary　形第一の；主要な
◆primary school　「小学校」

1162
genuine
[dʒénjuin]

〈関心・愛情などが〉真の，本物の(＝real)，心からの
(例) a genuine smile「心からの笑顔」

1163
modest
[mɑ́dəst]
多義

①控えめな，謙虚な(⇔arrogant)　②質素な
③少しの，わずかな (③も重要)
(例) a quite modest number of books「わずかな数の本」

1164
intimate
発音？

親密な，親しい
[íntəmət]
★性的ニュアンスもあるので，代わりにcloseを用いることがある。
◇íntimacy　名親密さ

□minimum effort	最小の努力
□sophisticated computer technology	高度なコンピュータ技術
□I have a dog and a cat. The latter is bigger.	犬と猫を飼っているが，後者の方が大きい
□a bitter experience	苦い経験
□expressions peculiar to English	英語特有の表現
□a passive attitude	消極的な態度

1165
minimum
[mínimәm] 反?

最小限の，最低限の 名最小限，最低限
⇔máximum 形 名最大限(の)
◇mínimal 形最小の，非常に少量の

1166
sophisticated
[sәfístikeitid]

①高度な，精巧な
②洗練された，教養のある

1167
latter
[lǽtәr]

後者の；後の，後半の
◇láter 形 副もっと遅い；後で(⇔earlier)
◆the latter 「後者」

Q「前者」は？
A the former p. 164

1168
bitter 多義
[bítәr]

①苦い；つらい
②腹を立てた，いまいましい気持ちの

1169
peculiar
[pikjú:liәr]

①独特の，固有の ②変な，妙な ★やや堅い語。
◇peculiárity 名 特性，特色

Q The custom is peculiar ( ) Japan.
A to「その習慣は日本独特のものだ」

1170
passive
[pǽsiv] 反?

受動的な，消極的な，活発でない
⇔áctive 形 活動的な，積極的な
◆passive smoking 「受動喫煙」
★他人のタバコの煙を吸わされること。

□different ethnic groups	異なる民族集団
□a person of noble birth	高貴な生まれの人
□make a vain effort	むだな努力をする
□blame innocent people	罪の無い人々を責める
□the underlying cause	根本的な原因
□an alien species	外来種

1171
ethnic
[éθnik]

民族的な，民族の
◆ethnic group 「民族集団」
★主に文化的集団。肉体的特徴を持つ「人種」はrace。
◆ethnic minority 「少数民族」

1172
noble
発音？

高貴な，気高い 名(nobles)貴族
[nóubl]

1173
vain
[véin]

①むだな，むなしい ②虚栄心の強い (②は少ない)
◆in vain 「むだに，むなしく」★頻出！
◇vánity 名①虚栄心 ②むなしさ

Q He tried ( ) vain to save her.
A in「彼は彼女を助けようとしたがむだだった」

1174
innocent 多義
[ínəsənt] 反？

①無罪の，罪の無い ②無邪気な，うぶな
⇔guílty 形有罪の
◇ínnocence 名無罪；無邪気

1175
underlying
[ʌndərláiiŋ]

根本的な，基礎となる；裏に潜んだ
◇underlíe 動～の背後にある；〈理論・行動など〉の基礎となる

1176
alien
[éiljən]

①外国(人)の(＝foreign) ②異質な，なじみのない(＝strange) 名①外国人(市民権が無い人) ②宇宙生物
◇álienate 動～を疎外する

□be relevant *to* the question	その問題に関係がある
□I *am* inclined *to* believe him.	彼の言葉を信じたい気がする
□an awkward silence	気まずい沈黙
□That's a brilliant idea!	それはすばらしいアイディアだ！
□a desperate attempt	必死の試み

1177
relevant
[réləvənt] 

関連のある；適切な ★20%以上が＋to A。
⇔irrélevant 形不適切な，無関係な
◇rélevance 名関連(性)

1178
inclined 多義
[inkláind]

(be inclined to V) ①Vしたい気がする ★＝feel like Ving
②Vする傾向がある ★＝tend to V, be likely to V
(例) be inclined to accept a rumor as true
「うわさを本当だと受けとる傾向がある」
◇inclinátion 名①(～したい)気持ち ②傾向

1179
awkward
[ɔ́:kwərd]

①〈状況などが〉気まずい，やっかいな ②〈物が〉扱いにくい ③〈人・動作が〉ぎこちない(＝clumsy)

1180
brilliant
[bríljənt]

すばらしい，輝かしい；〈人・才能などが〉極めて優秀な

1181
desperate
[déspərət]

①〈人・努力が〉必死の ②〈事態が〉絶望的な
◆be desperate to V 「Vしたくてたまらない」
◆be desperate for A 「Aを死ぬほど欲しい」
◇désperately 副必死に，ひどく

□a refreshing drink	さわやかな飲み物
□I'm thrilled to hear your voice.	君の声が聞けてとてもうれしい
□her inner self	彼女の内なる自分
□be consistent *with* the theory	理論と一致する
□be written in plain English	平易な英語で書かれている

1182
refreshing
[rifréʃiŋ]

さわやかな，すがすがしい，清新な
◇refrésh　動①〈人〉の気分をさわやかにする　②〈記憶〉を思い出させる
(例) The cool air refreshed me.
「冷たい空気のおかげで私はさわやかな気分になった」
◇refréshment　名軽い飲食物；元気回復

1183
thrilled
[θríld]

〈人が〉とてもうれしい，わくわくしている
◇thrill　名〈感動・喜び・恐怖などで〉わくわくする気持ち
★thrillの動詞用法は比較的少ない。
◇thrílling　形〈人を〉わくわくさせるような

1184
inner
[ínər]
反?

内側の，心の奥の
◆the inner city　「都心の貧困層が住む地域，スラム」
⇔outer　形外の，中心から離れた
◆outer space　「宇宙空間」

1185
consistent
[kənsístənt]
反?

①矛盾のない，一致した(+with)　②一貫した，不変の
★30％以上がwithを伴う。
◇consístency　名一貫性
⇔inconsístent　形矛盾した，一貫性のない

1186
plain 
[pléin]

①明白な，わかりやすい　②簡素な，無地の　名平野

□have vivid memories	鮮やかな思い出がある
□a miserable life	惨めな生活
□a substantial number of people	相当な数の人々
□She is very fond *of* reading.	彼女は読書が大好きだ
□True or false?	正しいかまちがいか
□a lazy student	怠惰な学生

1187
vivid
[vívid]

①鮮やかな，鮮明な　②〈描写などが〉生き生きした
源 viv (生きる)

1188
miserable
[mízərəbl]

惨めな，不幸な；不十分な
◇mísery　名悲惨さ，惨めさ，不幸

1189
substantial 多義
[səbstǽnʃəl]

①相当な，多大な　②実質的な，重要な
◇súbstance　名物質；中身 p. 292

1190
fond
[fɑ́nd]

(be fond of A) Aが好きだ
★約80%がこの形で用いる。
★be fond of A very muchは誤り。be very fond of Aは可。

1191
false
[fɔ́:ls]

まちがいの，いつわりの
★wrongが「うっかりまちがえた」のニュアンスを持つのに対し，falseは「わざとまちがえた，にせの」というニュアンスを持つ。テストの選択肢がまちがいなのはfalseで，それにひっかかったら"Wrong!"だ。

反？
⇔true　形真の，正しい

1192
lazy
[léizi]

①(やる気がなくて)怠惰な，無精な，なまけものの
②くつろいだ，のんびりした (少数)
(例) enjoy lazy weekends「のんびりした週末を楽しむ」

(4) Adverbs etc. 副詞・その他

MINIMAL PHRASES

Tr. 3-70

□precisely at noon	ちょうど正午に
□She was cooking. Meanwhile, I was drinking.	彼女は料理をしていた。その間，私は酒を飲んでいた。
□disappear altogether	完全に消滅する
□Have you seen him lately?	最近彼に会いましたか
□barely survive the war	かろうじて戦争を生き延びる

1193
precisely
[prisáisli]

正確に，まさに，ちょうど(＝exactly)
◇precíse　形正確な，まさに
◇precísion　名正確さ

1194
meanwhile
[mí:nhwail]

①その間に　②一方では
◆in the meantime「その間に」
源 mean(中間)＋while(時間)
while には「時間(＝time)」の意味がある。

1195
altogether
[ɔ:ltəgéðər]

①完全に，まったく　②全部で

1196
lately
[léitli]

最近，近頃
★現在完了形と共に用いられることが多い。(▶ p. 170 recently)
★lately には「遅く」の意味はない。 cf. late 形 副「遅い；遅く」

1197
barely
[béərli]

①かろうじて，やっとのことで(＝only just)
②ほとんど〜ない(＝hardly)
◇bare　形①むき出しの；〈部屋などに〉なにもない
②ぎりぎりの，最小限の
◇bárefoot　副裸足で

□I could scarcely believe it.	ほとんど信じられなかった
□You're an adult, so act accordingly.	君は大人なのだからそれ相応に行動しなさい
□deliberately ignore him	彼をわざと無視する
□beneath the surface of the water	水面下で
□The British say "lift," whereas Americans say "elevator."	イギリス人は「リフト」と言うが，アメリカ人は「エレベータ」と言う

1198
scarcely
[skéərsli]

ほとんど～ない(＝hardly)
◆scarcely ... when [before] ～「…してすぐに～した」
★普通 ... には過去完了形，when [before] 節中は過去形。
◇scarce　形乏しい，不十分な

Q We (　) scarcely reached the station when the train left.
A had 「私たちが駅に着くとすぐに，列車は出発した」過去完了形に注意。

1199
accordingly
[əkɔ́:rdiŋli]

①それ相応に，それに応じて
②したがって(＝therefore)
★②はしばしば文頭で，穴埋め問題にも出る。
◆according to A 「①A(情報源)によると②Aに応じて」

1200
deliberately
アク?
同熟?

①わざと，故意に(＝intentionally)　②慎重に
[dilíbərətli]
＝on purpose　「わざと」
◇delíberate　形意図的な，慎重な

1201
beneath
[biní:θ]

前～の下で(＝under, below)　副下の方に

1202
whereas
[hweəræ̀z]

接～だが一方，～であるのに
★while より堅い語で比較・対照を表す。

(5) Verbs 動詞

MINIMAL PHRASES

Tr. 3-73

1203
□**declare independence from Britain** [dikléər]
イギリスからの独立を宣言する
～と明言する（＋that～）

◇declarátion　名宣言，明言
（例）the Declaration of Independence　「アメリカ独立宣言」

1204
□**alter the pattern of behavior**
発音？
行動パターンを変える
[ɔ́:ltər]　変わる（＝change）

◇alterátion　名変更，改変（＝change）

1205
□**Problems arise *from* carelessness.** [əráiz]
不注意から問題が生じる

Q 過去・過去分詞形は？
A arose; arisen

1206
□**transform food *into* energy** [trænsfɔ́:rm]
食べ物をエネルギーに変える
～を変形する

◆transform A into B　「AをBに変える」
名？　◇transformátion　名変形，変化

1207
□**defeat the champion** [difí:t]
チャンピオンを打ち負かす
（＝beat）　名敗北，失敗

Q Brazil won Italy. の誤りは？
A Brazil defeated Italy. が正しい。
p. 39 〈win＋試合・賞〉なら可。
ex. He won the match〔first prize〕.

1208
□**investigate the cause of the failure** [invéstəgeit]
失敗の原因を調査する

同熟？　＝look into
◇investigátion　名調査，捜査

1209
□**distinguish a lie *from* the truth** [distíŋgwiʃ]　うそと真実を見分ける　～を区別する

◆distinguish A from B　「AとBを区別する」 = distinguish between A and B
名？ ◇distínction　名区別
形？（3つ） ◇distínct　形はっきりした；全く異なる
◇distínctive　形独特の
◇distínguished　形著名な

1210
□**bury treasure** 発音？　宝物を埋める　[béri] ～を埋葬する ★過去分詞が多い。

◆be buried　「埋葬され(てい)る，埋まっている」
◇búrial　名埋葬

1211
□**cope *with* problems** [kóup]　問題にうまく対処する

1212
□**This problem often occurs.** [əkə́ːr]　この問題はしばしば起こる　(= happen) (～red; ～ring)

◆occur to A　「〈考えなどが〉A(人)に浮かぶ」
◆naturally occurring　「天然に存在する，人工物でない」
名？ ◇occúrrence　名出来事；起こること

1213
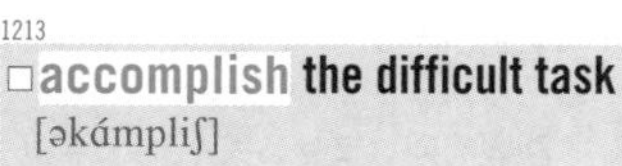
□**accomplish the difficult task** [əkɑ́mpliʃ]　困難な仕事をやりとげる　(= carry out)

同？（2つ） = achíeve, attáin
◇accómplishment　名完遂，達成；業績
◇accómplished　形熟練した；できあがった

1214
□**Don't hesitate *to* ask questions.** [héziteit]　質問するのをためらうな　★約50%がto Vを伴う。

◇hesitátion　名ためらい
◇hésitant　形ためらっている

3 (5) 動

1215
□**endure great pain** [endjúər] — ひどい苦痛に耐える / 持続する

同? 同熟? (2つ) = stand, bear, put up with
◇endúrance 名忍耐，耐久力
◇endúring 形長続きする
◇dúrable 形耐久性のある

1216
□**conclude that he is OK** [kənklú:d] — 彼は大丈夫だと結論づける / ～をしめくくる

◇conclúsion 名結論，結末

1217
□**guarantee your success** アク? — 君の成功を保証する
[gærəntí:] ～を請け負う 名保証

1218
□**dominate the world economy** [dɑ́məneit] — 世界経済を支配する / (＝control, rule)

◇dóminant 形優位の，支配的な

1219
□**confirm Darwin's theory** [kənfə́:rm] — ダーウィンの理論を裏づける / ～を確認する 源 firm（確かな）

1220
□**greet people with a smile** [grí:t] — 笑顔で人にあいさつする / ～を迎える

◇gréeting 名あいさつ

1221
□**entertain the audience** [entərtéin] — 観客を楽しませる / ～をもてなす；〈考え〉を持つ

★動詞の語尾 -tain にはアクセントがある。
名? ◇entertáinment 名娯楽，興行，催し物
◇pástime 名気晴らし，娯楽，趣味(＝hobby)

1222
□**defend ourselves *against* attack** [difénd] — 攻撃から自分たちを守る / ～を弁護する

◇defénse 名防衛；弁護

1223
□**forbid** **him *to* go out** [fərbíd]
彼の外出を禁じる (forbid; forbade; forbidden)

◆forbid A to V 「AがVするのを禁じる」
反? (2つ) ⇔allów, permít ★forbid A from Vingも可。

1224
□**broadcast** **the concert live** [brɔ́ːdkæst]
生でコンサートを放送する
名放送，番組

1225
□**sacrifice** **everything for love** [sǽkrəfais]
愛のためすべてを犠牲にする
名犠牲，いけにえ

1226
□**punish** **him *for* the crime** [pʌ́niʃ]
その罪で彼を罰する

◆punish A for B 「AをB(悪事など)のことで罰する」
◇púnishment 名罰すること，処罰

1227
□**glance** ***at* the clock** [glǽns]
時計をちらりと見る
名ちらりと見ること

◆at first glance 「一見したところでは」

1228
□**retain** **the world title** [ritéin]
世界タイトルを保持する
～を保つ (＝keep)

源 tain (＝hold 保つ，持つ)

1229
□**calculate** **the cost** [kǽlkjəleit]
コストを計算する
～と推定する (＋that～)

◇calculátion 名計算

1230
□**leave a sinking ship** [síŋk]
沈む船から逃げる
～を沈める 名 (台所の) 流し

1231
□**rescue** **a man from a fire** [réskjuː]
火事で人を救助する
名救助

3 (5) 動

1232
□**beg** him *to* come back — 彼に帰って来てと乞う
[bég] — 請い求める（＋for）
◇béggar — 名乞食

1233
□**define** a day *as* twenty-four hours — 1日を24時間と定義する
[difáin]
名？ ◇definítion — 名定義
形？ ◇définite — 形明確な，限定された
◇defíning — 形典型的な

1234
□It is easy to **deceive** people. — 人をだますのは簡単だ
発音？ — [disíːv]
同熟？ ＝take in
◇decéption — 名だますこと
◇decéit — 名詐欺，ぺてん

1235
□**convey** information — 情報を伝える
[kənvéi]

1236
□energy to **sustain** life — 生命を維持するためのエネルギー
[səstéin] — 源 sus（＝under）＋tain（＝hold）
◇sustáinable — 形地球にやさしい，（環境破壊をせず）持続可能な

1237
□**purchase** the land — その土地を購入する
アク？ — [pə́ːrtʃəs]（＝buy） 名購入(品)

1238
□Memories of the war **fade** *away*. — 戦争の記憶が薄れる
[féid] — 色あせる，弱まる

1239
□**regulate** traffic — 交通を規制する
[régjəleit] — ～を調整する
◇regulátion — 名規制，規則

1240
□**distribute food equally** ／ 平等に食料を分配する
(アク?) [distríbju:t] ～を配布する
◇distribútion ／ 名分配；分布

1241
□**enhance the quality of life** ／ 生活の質を向上させる
[inhǽns] ／ 〈能力・価値〉を高める

1242
□**chat *with* friends** ／ 友達とおしゃべりする
[tʃǽt] ／ 名おしゃべり
◆have a chat ／ 「おしゃべりする」
◇chátter ／ 動ぺちゃくちゃしゃべる，うるさく鳴く

1243
□**Demand exceeds supply.** ／ 需要が供給を超える
[iksí:d] ／ ～にまさる
源 ex (= out) + ceed (進む)

1244
□**wipe the table** ／ テーブルをふく
[wáip]
◆wipe A out ／ 「Aを絶滅させる，根絶する」
(例) wipe out the dinosaurs ／ 「恐竜を絶滅させる」
◇wíper ／ 名(自動車の) ワイパー；ふく物

1245
□**cooperate *with* each other** ／ お互いに協力する
[kouápəreit] ／ ★約40%がwithを伴う。
◇cooperátion ／ 名協力
◇coóperative ／ 形協力的な

1246
□**inherit genes *from* our parents** ／ 親から遺伝子を受け継ぐ
[inhérit]
(名?) ◇inhéritance ／ 名継承，遺伝，遺産

1247
□**unite** the Arab world [juːnáit]	アラブ世界を団結させる 源 uni（1つ）
◆the United Nations	「国際連合；国連」
◇únity	名統一(体)，単一(性)
◇únify	動～を1つにする，統合する

1248
□Look before you **leap**. [líːp]	跳ぶ前によく見よ 諺 名跳ぶこと，跳躍
(例) by leaps and bounds	「どんどん，トントン拍子で」

1249
□**exaggerate** the size of the fish [igzǽdʒəreit]	魚の大きさを誇張する 〈重要性など〉を強調しすぎる
◇exaggerátion	名誇張，大げさな表現

1250
□**conquer** the world 発音？	世界を征服する [káŋkər]
名？ ◇cónquest	名 [kánkwest] 征服

1251
□The snow will **melt** soon. [mélt]	雪は間もなく溶けるだろう 〈固体〉を溶かす
(例) a melting pot	「(人種・文化などの) るつぼ」

1252
□**invade** Poland [invéid]	ポーランドに侵入する ～を侵略する
◇invásion	名侵入，侵略
◇invásive	形侵入する
◆invasive species	「侵入種，外来種」

1253
□**modify** the plan [mádifai]	計画を修正する ～を変更する
名？ ◇modificátion	名修正，変更

1254
□**scatter toys on the floor** 床におもちゃをばらまく
[skǽtər] ～をまき散らす

◇scáttered 形点在する，散在する，散らばった
(例) scattered islands 「点在する島」

1255
□**undergo great changes** 大きな変化を経験する
[ʌndərgóu] (＝experience)；〈苦難〉を受ける
(undergo; underwent; undergone)

1256
□**evaluate online information** オンライン情報を評価する
[ivǽljueit] ～を見積もる 源 value（価値）

◇evaluátion 名評価

1257
□**bend down to pick up the can** カンを拾おうと身をかがめる
[bénd] 曲がる；～を曲げる
(bend; bent; bent)

1258
□**The word derives *from* Latin.** その単語はラテン語に由来する
[diráiv] 〈利益など〉を引き出す

◆be derived from A 「Aに由来する，Aから得られる」
◆derive A from B 「BからAを引き出す」

1259
□**a girl screaming for help** 助けを求め悲鳴をあげる少女
[skríːm] 名悲鳴，金切り声

1260
□**gaze *at* the stars** 星を見つめる
[géiz] 名視線，凝視

同？ ＝stare

1261
□**pray for a sick child** 病気の子供のために祈る
[préi]

名？ ◇práyer 名祈り（のことば）

1262	
□**polish** **the shoes** [páliʃ]	靴を磨く
1263	
□**classify** **man** ***as*** **an animal** [klǽsifai]	人間を動物として分類する
◇classificátion	名分類
1264	
□**assert** ***that*** **it is impossible** [əsə́ːrt]	それは不可能だと主張する
◆assert oneself	「自己主張する」
◇assértion	名主張
◇assértive	形自己主張をする，自分の意見を言う
1265	
□**grab** **him by the arm** [grǽb]	彼の腕をつかむ 〈注意など〉をひきつける
	(~bed; ~bing)
1266	
□**fold** **a piece of paper** [fóuld]	紙を折りたたむ 〈腕など〉を組む
◇unfóld	動進展する；(~を) 展開する
1267	
□**sweep** **the floor** [swíːp]	床を掃く ~を一掃する；(~で) 急速に広まる
	(sweep; swept; swept)
(例) Cholera swept through the area.	「コレラがその地域で急速に広まった」
1268	
□**whisper** **in her ear** [*h*wíspər]	彼女の耳にささやく 名ささやき (声)

1269
□**imitate human behavior** (アク?)
人間の行動をまねる
[ímәteit] 模造する
(同?) ◇mímic 動～をまねる，物まねをする
◇imitátion 名まね，模造品

1270
□**stop and stare *at* her** [stéәr]
立ち止まって彼女をじっと見る

1271
□**emphasize the importance of health** [émfәsaiz]
健康の大切さを強調する
(名?) ◇émphasis 名強調
◆put emphasis on A 「Aを強調する」＝emphasize A

1272
□***get* rid *of* stress** [ríd]
ストレスを取り除く
～を脱する
★ridの90%以上が上の形。 (rid; rid; rid)
◆rid A of B 「AからBを取り除く」

1273
□**pour wine into the glass** (発音?)
グラスにワインを注ぐ
[pɔ́:r]

1274
□**vanish from sight** [vǽniʃ]
視界から消える
(＝disappear)

1275
□**restore the old building** [ristɔ́:r]
古い建物を修復する
～を回復する

1276
□**deserve *to be* punished** [dizә́:rv]
罰を受けて当然だ
〈称賛・罪など〉を受けるに値する

(6) Nouns 名詞

MINIMAL PHRASES Tr. 4-02

1277
□a space science **laboratory** [lǽbərətɔ̀:ri] | 宇宙科学研究所
源 labor(働く)＋atory(場所)

1278
□an international **conference** [kánfərəns] | 国際会議
(＋on A；Aに関する)

◆press conference | 「記者会見」 cf. press p. 336
◇cháirman | 名議長(＝chairperson)

1279
□cross the American **continent** [kántinənt] | アメリカ大陸を横断する
★continueが語源。「ずっと続く陸地」の意。

◇continéntal | 形大陸の

1280
□national health **insurance** [inʃúərəns] | 国民健康保険

動? ◇insúre | 動①～に保険をかける
②～を確実にする(＝ensure)

1281
□the **crew** of the space shuttle [krú:] | スペースシャトルの乗組員たち
(作業の)チーム

1282
□live in **poverty** [pávərti] | 貧乏な生活をする

1283
□water **shortage** [ʃɔ́:rtidʒ] | 水不足

◆be short of A | 「Aが不足している」
◆run short of A | 「Aが不足する」

1284
□**international affairs** [əféər] — 国際情勢
◆love affair 「恋愛(関係)，情事」
◆the state of affairs 「情勢，事態」

1285
□**the only exception *to* the rule** [iksépʃən] — その規則の唯一の例外
◆with the exception of A 「Aという例外を除き」
形? ◇excéptional 形特に優れた，例外的な

1286
□**work for *low* wages** [wéidʒ] — 安い賃金で働く
★wageは，主に肉体労働に対する時間給・日給を言う。salaryは，月給などを指す。

1287
□**knowledge and wisdom** [wízdəm] — 知識と知恵
◆ conventional wisdom 「世間一般の通念」
形? ◇wise 形賢い，賢明な

1288
□**pay taxes *on* the land** [tæks] — その土地にかかる税金を払う

1289
□**human evolution** [evəljúːʃən] — 人類の進化
◆the theory of evolution 「進化論」
動? ◇evólve 動進化する
◆natural selection 「自然選択[淘汰]」

1290
□**the language barrier** アク? — 言葉の壁
[bǽriər] 障害(+to)

1291
□**fall into the same category** [kǽtəgɔːri] — 同じ範ちゅうに属する
カテゴリー，分類(＝group)

1292
□the family as a social **unit** [júːnit] — 社会の単位としての家族

1293
□the restaurant's **reputation** [repjutéiʃən] — そのレストランの評判
名声

1294
□the **virtue** of hard work [vǝ́ːrtʃuː] — 勤勉の美徳

反? ⇔vice — 名悪徳 p.342
◆by virtue of A — 「Aの理由で」= because of A
◇vírtuous — 形有徳の，高潔な

1295
□have the **courage** *to* tell the truth [kǝ́ːridʒ] — 真実を話す勇気を持つ

動? ◇encóurage — 動～をはげます，促進する
形? ◇courágeous — 形勇敢な

1296
□feel **sympathy** *for* the victim [símpəθi] — 犠牲者に同情する
共感

同? =compássion — 名同情
◇sympathétic — 形同情に満ちた，共感する
動? ◇sýmpathize — 動同情する，賛同する(=agree)
源 sym(共に，同じ)+pathy(感情)

1297
□a labor **union** [júːnjən] — 労働組合
同盟；連邦　源 uni(1つ)

1298
□Western **civilization** [sivəlizéiʃən] — 西洋文明

◇cívilized — 形文明化した

1299
□a 10,000-**volume** library アク? — 蔵書1万冊の図書館
[válju(ː)m]　本；量，容積

1300
□cherry blossoms [blάsəm] | サクラの花
動開花する，盛りになる（＝bloom）
★果樹の花を指す。（草の花はflower）

1301
□the beginning of a new era [í:rə] | 新しい時代の始まり
（＝age）

1302
□*settle* international disputes [dispjú:t] | 国際紛争を解決する
論争　動～を議論する

1303
□the tourism industry in Japan [túərizm] | 日本の観光産業
◇ecotóurism | 名エコツーリズム
★環境保護に配慮した観光。

1304
□the history of mankind [mænkáind] | 人類の歴史

1305
□mass murder [mə́:rdər] | 大量殺人
殺りく　動〈人〉を殺す

1306
□landscape painting [lændskeip] | 風景画

1307
□reach the final destination [destinéiʃən] | 最終目的地に着く
行き先
◆tourist destination | 「観光地」

1308
□tell a *fairy* tale [téil] | おとぎ話をする
物語（＝story）
★fairyは「妖精」の意味。

1309
□**political reform** [rifɔ́ːrm] | 政治改革 / 動 ～を改善する

Q「家をリフォームする」は？

A remodel [remake;renovate] a house。reformは政治や制度の改革に使う言葉で，左の意味では使わない。

1310
□**muscles and bones** [mʌ́sl] | 筋肉と骨

◇múscular | 形筋肉の；たくましい

1311
□**future prospects** [práspekt] | 将来の見通し / 見込み

源 pro（前を）＋spect（見る）

1312
□**run a large corporation** [kɔːrpəréiʃən] | 大企業を経営する / 法人

◇córporate | 形企業の，会社の

1313
□**a former British colony** [kɑ́ləni] | 元イギリスの植民地 / （ある場所に住む生物の）群

1314
□**a quarrel *with* my wife** [kwɔ́(ː)rəl] | 妻との口論 / 動口論する，言い争う

1315
□**an intellectual profession** [prəféʃən] | 知的職業

◆the medical profession | 「医療従事者」

◇proféssional | 形専門的な，プロの

1316
□**unique aspects *of* Japanese culture** (アク？) | 日本文化のユニークな側面 / [ǽspekt] 様相 ★約80％にofがつく。

1317	
□a three-minute **pause** [pɔ́:z]	3分間の**休止** 動休止する，一休みする
1318	
□the **conflict** *between* the two sides [kɑ́nflikt]	その両者間の**対立** 衝突；紛争 動[kənflíkt]　矛盾する(＋with)
1319	
□white **privilege** [prívilidʒ]	白人の**特権**
◇prívileged	形特権のある
1320	
□economic **prosperity** [prɑspérəti]	経済的**繁栄**
◇prósperous ◇prósper	形繁栄している 動栄える，成功する
1321	
□a musical **genius** 発音？	音楽の**天才** [dʒí:njəs]　天才的才能
1322	
□plant pumpkin **seed**s [sí:d]	カボチャの**種**をまく
◇sow	動(種を)まく
1323	
□**symptom**s of a cold [símptəm]	カゼの**症状** 兆候，きざし
1324	
□his greatest **merit** [mérit]	彼の最大の**長所**
反？ ⇔demérit	名欠点，短所
1325	
□destroy the ozone **layer** [léiər]	オゾン**層**を破壊する

3 (6) 名

1326
□**a clue *to* the mystery** [klúː] | その謎を解く手がかり ヒント ★25％以上がtoを伴う。

1327
□***under* any circumstances** (アク?) | いかなる状況においても ★9割が複数。 [sə́ːrkəmstænsiz] 周囲の事情

◆under the circumstances 「そういう状況では；現状では」

1328
□**the city's business district** [dístrikt] | その都市の商業地区 地域 ★特に行政上の区域。

◆school district 「学区」

1329
□**spend two years in prison** [prízn] | 刑務所で2年過ごす

◇prísoner 名囚人，捕虜
◇imprísón 動～を投獄する
(同?) ＝jail 名刑務所，監獄，拘置所 動～を投獄する

1330
□**my traveling companion** [kəmpǽnjən] | 私の旅行仲間 道連れ

1331
□**chief executive officer** [igzékjətiv] | 最高経営責任者(CEO) 幹部，重役

1332
□**a strong sense of justice** [dʒʌ́stis] | 強い正義感

(動?) ◇jústify 動～を正当化する
◇justificátion 名正当化

1333
□**the check-in procedure** [prəsíːdʒər] | チェックインの手続き 手順；処置

★proceed「進む」(▶ p. 218)と同語源。

1334
□**the sun's rays** [réi] — 太陽光線 / 放射線
◆X-ray 「レントゲン写真；X線」
◆ultraviolet rays 「紫外線」

1335
□**go to heaven** [hévən] — 天国に昇る / (the heavens) 空
反? ⇔hell 名地獄 cf. earth「地上, この世」
◆heavenly body 「天体」

1336
□**lead a life of luxury** [lʌ́gʒəri] — ぜいたくな生活を送る
(例) a luxury hotel 「豪華なホテル」 ★形容詞用法も多い。
形? ◇luxúrious 形豪華な, 一流好みの

1337
□**oxygen in the air** [áksidʒən] — 空気中の酸素 / 源 oxy(酸)＋gen(生む)
◇hýdrogen 名水素 源 hydro(水)＋gen(生む)
◇nítrogen 名窒素

1338
□**lack of funds** [fʌ́nd] — 資金不足 / 基金 動~に資金を出す

1339
□**the theme of the book** 発音? — その本の主題 / [θí:m] テーマ

1340
□**the boundary *between* two countries** [báundəri] — 二国間の境界 / (＝border)；範囲, 限界

1341
□**his ambition *to* be a writer** [æmbíʃən] — 作家になりたいという彼の熱望 / 野心, 野望
形? ◇ambítious 形野心的な, 熱望している (＋to V, ＋for)

3 (6) 名

1342
□the *weather* forecast [fɔ́ːrkæst]　天気予報
予測　動～を予報する

1343
□study social psychology　発音?　社会心理学を研究する [saikɑ́lədʒi]
◇psychólogist　名心理学者
◇psychológical　形心理学の
◇cóunselor　名カウンセラー

1344
□do hard labor [léibər]　重労働を行う
骨折り，努力
形?　◇labórious　形骨の折れる，困難な

1345
□the International Olympic Committee　アク?　国際オリンピック委員会（IOC）[kəmítiː]
源 commit(委任する)＋ee(～された)

1346
□a physician at the hospital [fizíʃən]　その病院の医者
内科医

1347
□his philosophy of life [filɑ́səfi]　彼の人生哲学
人生観　源 philo（愛する）＋soph（知恵）
◇philósopher　名哲学者

1348
□a deep affection *for* animals [əfékʃən]　動物への深い愛情
好意
◇afféctionate　形愛情ある，やさしい

1349
□a candidate *for* President [kǽndideit]　大統領候補

1350
□an atomic **bomb** (発音?) — 原子**爆弾**
[bám] ★bは黙字。
◇bómbing — 名 爆撃，爆破

1351
□give top **priority** to safety — 安全を最**優先**する
[praió(:)rəti] 優先事項

1352
□an **obstacle** *to* communication — コミュニケーションの**障害**
[ábstəkl] じゃま(な物)

1353
□have no **appetite** — **食欲**がない
[ǽpitait] 欲望 (= desire) (+ for)

1354
□relieve **tension** — **緊張**を緩和する
[ténʃən] ★relieve ▶ p. 340
(形?) ◇tense — 形 緊張した；張りつめた 名 時制

1355
□a Native American **tribe** — アメリカ先住民の**部族**
[tráib] 種族

1356
□cut the defense **budget** — 防衛**予算**を削減する
[bʌ́dʒit] 予算案

1357
□the **campaign** *to* promote tourism — 観光を促進する**運動**
[kæmpéin]

1358
□joy and **sorrow** — 喜びと**悲しみ**
[sárou]
◆to A's sorrow — 「Aが悲しんだことには」

1359
□a communications satellite [sǽtəlait] — 通信衛星
人工衛星（＝artificial satellite）

1360
□a deep insight *into* life [ínsait] — 人生に対する深い洞察
見識，理解（力）

1361
□have a bad cough 発音? — ひどいせきが出る
[kɔ́(:)f]　動せきをする

◇snéeze — 名くしゃみ　動くしゃみをする

1362
□decide the fate of the world [féit] — 世界の運命を決定する
（悪い）運；破滅

形? ◇fátal — 形致命的な（＝deadly）

1363
□a training scheme for pilots 発音? — パイロットの訓練計画
[skí:m]　（＝plan）

1364
□an insult to women アク? — 女性に対する侮辱
名[ínsʌlt] 動[insʌ́lt] ～を侮辱する

1365
□the inhabitants *of* the country [inhǽbitənt] — その国の住民
（＝resident） p. 151

動? ◇inhábit — 動～に住む（＝live in）

1366
□burn fossil *fuels* [fɑ́(:)səl] — 化石燃料を燃やす
★この形が約50％。

1367
□the motive for the crime [móutiv] — 犯罪の動機

動? ◇mótivate — 動〈人に〉動機[刺激]を与える
（＝stimulate）

◇motivátion — 名動機づけ，刺激

1368
□human instinct to fight (アク?) | 人間の闘争本能 [ínstiŋkt] 直観
◇instínctive | 形本能的な

1369
□the legend of Robin Hood [lédʒənd] | ロビン・フッドの伝説 言い伝え
◇légendary | 形伝説の，伝説上の

1370
□the Roman Empire (アク?) | ローマ帝国 [émpaiər]
◇émperor | 名皇帝，天皇 ★普通the Emperor。
◇impérial | 形帝国の

1371
□live in the suburbs of London [sʌ́bəːrb] | ロンドンの郊外に住む

1372
□study modern architecture (発音?) | 近代建築を学ぶ [áːrkitektʃər] 建築様式
◇árchitect | 名建築家
◇architéctural | 形建築の

1373
□love and passion [pǽʃən] | 愛と情熱
◇pássionate | 形情熱的な，熱烈な

1374
□the treatment of cancer [kǽnsər] | がんの治療
◆lung cancer | 「肺がん」

1375
□persuade him with logic [ládʒik] | 彼を論理で説得する 論理学
◇lógical | 形論理的な，筋の通った

1376 □two **dozen** eggs [dʌ́zn]	2ダースの卵 ★数詞の後ではdozensとしない。
◆dozens of A	「何ダースものA」
1377 □a good **harvest** of rice [hɑ́ːrvist]	米の豊かな収穫 動~を収穫する
1378 □the **ingredient**s of the cake [ingríːdiənt]	ケーキの材料 構成要素，成分（+in, of）
1379 □*test* the **hypothesis** [haipɑ́θəsis]	仮説を検証する 仮定 ★複数形はhypotheses。
1380 □the first **voyage** of Columbus [vɔ́iidʒ]	コロンブスの最初の航海 宇宙旅行
1381 □the **editor** of a fashion magazine [éditər]	ファッション雑誌の編集長 編集者
◇édit	動~を編集する
◇edítion	名（出版物の）版
◇editórial	名社説 形編集の
1382 □have no **option** [ɑ́pʃən]	選択の自由がない （=choice）；選択肢
形？ ◇óptional	形随意の，自由に選択できる（⇔compulsory 形義務的な）
◇opt	動選択する，決める
1383 □the southern **hemisphere** [hémisfiər]	南半球 （左右の）脳半球
	源 hemi（半）+ sphere（球）

1384
□the **mechanism** of a clock アク? | 時計の仕組み
[mékənizm] 機構，装置
◇mechánical 形機械の，機械的な
◇mechánics 名力学；仕組み，構造
◇mechánic 名機械工

1385
□**Anthropologists** study people. | 人類学者は人間を研究する
[ænθrəpálədʒist]
◇anthropólogy 名人類学

1386
□Greek **tragedy** | ギリシャ悲劇
[trǽdʒədi]
反? ⇔cómedy 名喜劇
◇trágic 形悲劇の，悲劇的な

1387
□resistance to **antibiotics** | 抗生物質に対する耐性
[æntibaiátik]
源 anti（抗，反）+ bio（= life 生物）
◇ántibody 名抗体

1388
□pay the bus **fare** | バスの運賃を払う
[féər]

1389
□pay the **debt** 発音? | 借金を返す
[dét] ★bは黙字。恩，借り

1390
□the high school **curriculum** | 高校の教育課程
[kəríkjələm]

1391
□the **components** of the body | 人体の構成要素
[kəmpóunənt]
部分（= part），成分
★compose（p. 221）の関連語だ。

3 (6) 名

1392	□plant **wheat** and corn [*h*wíːt]	**小麦**とコーンを植える
1393	□modern English **usage** [júːsidʒ]	現代英語の**語法** 使用(法)
1394	□a sand **castle** [kǽsl]	砂の**城**
1395	□a terrible **famine** in Africa [fǽmin]	アフリカのひどい**飢饉**(ききん)
1396	□animals in danger of **extinction** [ikstíŋ*k*ʃən]	**絶滅**の危機にある動物たち
	◆mass extinction	「大量絶滅」
	◇extínct	形絶滅した
1397	□take money out of the **purse** [pə́ː*r*s]	**財布**からお金を取り出す ハンドバッグ《米》
	◇wállet	名札入れ，財布　★《英》は「書類入れ」。
1398	□English **folk** music (発音?)	イギリスの**民族**音楽 [fóuk]　人々，国民
	◇fólklore	名民間伝承
1399	□the population **explosion** [iksplóuʒən]	人口**爆発**
(動?)	◇explóde	動爆発する(＝blow up, go off)； ～を爆発させる
	◇explósive	形爆発的な　名爆発物

1400
□a large portion of your salary [pɔ́:rʃən] | 給料の大部分 (=part)

1401
□marine organisms [ɔ́:rgænizm] | 海洋生物 微生物
◆living organism | 「生物，生体」

1402
□The Merchant of Venice [mə́:rtʃənt] | ヴェニスの商人 (シェイクスピアの戯曲)
◇mérchandise | 名(集合的に)商品(=goods)

1403
□ancient Greek myths [míθ] | 古代ギリシャの神話
◇mythólogy | 名神話(学) ★集合的に。

1404
□the small incidents of everyday life [ínsidənt] | 日常生活の小さな出来事 事件
◇incidéntal | 形付随的な，ささいな

1405
□protect wildlife [wáildlaif] | 野生生物を保護する ★不可算名詞。

1406
□the United States Congress [káŋgrəs] | 合衆国議会
◇(the) Párliament | 名(イギリスの)国会
◇the Díet | 名(日本などの)国会

1407
□a boat in Tokyo Bay [béi] | 東京湾に浮かぶ船
同? =gulf | ★bay は gulf より小さい。

3 (6) 名

1408
□**the death penalty** [pénəlti]	**死刑** 刑罰，罰金

1409
□**Japanese cultural heritage** [héritidʒ]	**日本の文化遺産** 伝統
◆World Heritage Site	「世界遺産(地)」

1410
□**American cultural diversity** [divə́ːrsəti]	**アメリカの文化的多様性**
同? =varíety	
形? ◇divérse	形 多様な(=various)
◇biodivérsity	名 生物の多様性

1411
□**the thumb of my left hand** 発音?	**私の左手の親指** [θʌ́m] ★bは発音しない。
◇palm	名 手のひら
◇fist	名 握りこぶし
◇wrist	名 手首
◇ánkle	名 足首
◇toe	名 足の指
◇fórefinger	名 人差し指(=index finger)

★middle finger「中指」, ring finger「薬指」, little finger「小指」。

1412
□**history and geography** [dʒiágrəfi]	**歴史と地理** 地形 源 geo(土地)+graphy(記述)
◇geográphical	形 地理的な(=geographic)

1413
□**an important factor *in* success** [fǽktər]	**成功の重要な要因** 要素

1414
□**discrimination *against* women** [diskriminéiʃən]	**女性に対する差別**
◆racial discrimination	「人種差別」
◇discríminate	動 差別する(+against)

1415
- □the flu **virus** 発音? — インフルエンザ**ウイルス** [váiərəs]
  - ◇vaccíne — 名 ワクチン

1416
- □the **Statue** of Liberty [stǽtʃuː] — 自由の女神**像** 彫像

1417
- □a **priest** in the church [príːst] — 教会の**神父** 牧師，聖職者
  - ◇monk — 名 修道士

1418
- □a rock'n'roll **pioneer** アク? — ロックンロールの**先駆者** [paiəníər] 開拓者　動 ～を開拓する

1419
- □personality **traits** [tréit] — 人格の**特徴** (＝characteristic)

1420
- □strong family **bonds** [bɑ́nd] — 家族の強い**きずな**

1421
- □go to the **grocery** store [gróusəri] — **食料品**店に行く (groceries で) 食料品

1422
- □his **secretary**'s desk [sékrəteri] — 彼の**秘書**の机 書記官，(各省の) 長官
  - ◆the Secretary of State — 「国務長官」
  - ◆the Secretary General — 「(国連などの) 事務総長」

1423
- □speak the local **dialect** [dáiəlekt] — 地元の**方言**を話す

3 (6) 名

1424
□**Galileo's astronomy** [əstránəmi] | ガリレオの天文学
源 astro(星)＋nomy(法則)

◇astrónomer 名天文学者
◇ástronaut 名宇宙飛行士

1425
□**today's youngsters** [jʌ́ŋstər] | 今日の子供たち
★youth より下で，12歳ぐらいまで。

1426
□**a dangerous substance** [sʌ́bstəns] | 危険な物質

★食品，薬品など人体に取り入れるものには，material より substance が普通。

1427
□**recent research findings** [fáindiŋ] | 最近の研究による発見
★複数形が普通。

1428
□**British military strategy** [strǽtədʒi] | イギリスの軍事戦略
作戦，計画

1429
□**his heart and lungs** [lʌ́ŋ] | 彼の心臓と肺

◇stomach 発音 名[stʌ́mək] 胃，腹
◇líver 名肝臓

1430
□**beat an opponent** [əpóunənt] | 敵を倒す
(ゲームなどの) 相手，対抗者

★oppose「～に反対する」(▶ p. 183)が語源。

1431
□**a religious ritual** [rítʃuəl] | 宗教的な儀式

◇rite 名儀式(＝ritual)

1432
□**the outcome of the race** [áutkʌm]
レースの結果
成果（＝result）

◆come out 「現れる；〈本が〉出版される」
★income「収入」は，outcomeの反意語ではない。

1433
□**conservation groups** [kɑnsərvéiʃən]
環境保護団体
（資源などの）節約

◇consérve 動～を保護する，保存する
◇conservátionist 名環境保護論者（＝environmentalist）

1434
□**whales and other sea mammals** [mǽməl]
クジラなどの海の哺乳類

◇réptile 名は虫類
◇vértebrate 名脊椎動物

1435
□**NASA's space telescope** [téləskoup]
NASAの宇宙望遠鏡
源 tele（遠く）＋scope（見る）

◇télegram 名電報
◇míсroscope 名顕微鏡

1436
□**refugee camps in Palestine** [refjudʒí:]
パレスチナの難民キャンプ
亡命者

◇réfuge 名避難（所）
◆take refuge（from A） 「（Aから）避難する」

1437
□**a strict dress code** [kóud]
厳しい服装規則
規範，記号，暗号

◆genetic code 「遺伝子情報」
◆Morse code 「モールス信号」
◆area code 「市外局番」

1438
□the **flavor** of fresh fruit [fléivər] | 新鮮なフルーツの**風味**
動～に味をつける
★《英》は flavour。

1439
□the **particle**s of light [pá:rtikl] | 光の**粒子**
微粒子

1440
□24-hour **nursing** [nə́:rsiŋ] | 24 時間**看護**
◆nursing home | 「療養所；介護施設」
★nursing の用例の半分が nursing home だ。
◇nurse | 名看護師　動～を看護する
◇núrsery | 名託児所，保育所；養殖場
◆nursery school | 「保育所」

1441
□commit **suicide** [sú:əsaid] | **自殺**をする
◆assisted suicide | 「ほう助自殺；自殺ほう助」
★医師などの助けをかりた自殺。
Q commit suicide =(　　)(　　) | A kill oneself

1442
□the natural **habitat** of bears [hǽbitæt] | クマの自然**生息地**

1443
□**bullying** in schools [búliiŋ] | 学校の**いじめ**
◇búlly | 動～をいじめる　名いじめっ子

1444
□**Dinosaur**s died out. [dáinəsɔ:r] | **恐竜**は絶滅した

1445
□the New York City **Council** [káunsl] | ニューヨーク市**議会**
会議

1446
□age and **gender** [dʒéndər] | 年齢と**性別**
★主に文化・社会的文脈で使う。
◆gender difference | 「性差，男女の違い」

1447
□have open heart **surgery** [sə́:rdʒəri] | 心臓切開**手術**を受ける
外科
◇súrgeon | 名外科医

1448
□technological **innovation** [inəvéiʃən] | 技術**革新**
源 in(入れる)＋nova(新しい)＋tion(名詞語尾)
◇ínnovative | 形革新的な

1449
□high-**protein** food [próuti:n] | 高**タンパク質**の食べ物
◇fat | 名脂肪　形太った
◇carbohýdrate | 名炭水化物
源 carbo(炭素)＋hydrate(含水化合物)

1450
□enough sleep and **nutrition** [nju:tríʃən] | 十分な睡眠と**栄養**
栄養をとること
◇nútrient | 名栄養素，栄養になる食べ物[薬]

1451
□prepare for *natural* **disaster** [dizǽstər] | 自然**災害**に備える
惨事，災難
◇disástrous | 形破滅的な
源 dis(離れる)＋aster(星)＝「幸運の星から離れること」

3 (6) 名

1452 □greenhouse gas **emissions** [imíʃən]
温室効果ガスの**排出**
★carbon emissions「CO_2排出(量)」

◇emít 動～を排出する
◇gréenhouse 名温室

1453 □monkeys and **apes** [éip]
猿と**類人猿**
★gorilla, chimpanzee, bonoboなど。

1454 □a single DNA **molecule** [máləkjuːl]
1つのDNA**分子**

◇molécular 形分子の，分子的な
◇átom 名原子
◇atómic 形原子の，原子力の

1455 □the smell of **sweat** 発音?
汗の臭い
[swét]★sweet [swiːt]「甘い」と区別せよ!

1456 □a heart **transplant** operation [trǽnsplænt]
心臓**移植**の手術
動[― ´]〈木・臓器など〉を移植する
源 trans(移して)＋plant(植える)

1457 □many **species** of birds 発音?
多くの**種**の鳥
[spíːʃiːz] ★単複同形。

◆our species 「人類」＝human species

1458 □the **tip** of my finger [típ]
私の指の**先**
先端 動～の先に付ける

◆the tip of the iceberg 「氷山の一角」
◆be on the tip of my tongue 「のどまで出かかって(思い出せない)」

1459
□raise sheep and cattle [kǽtl] | 羊と牛を育てる ★集合的に複数扱い。

★people に似た用法の名詞で，「牛の集合」を指す。a cattle, cattles とは言わない。

◇sheep | 名羊 ★複数形も sheep。

1460
□high population density [dénsəti] | 高い人口密度

◇dense | 形密集した，〈霧などが〉濃い（＝thick）

◆densely populated | 「人口が密集した」

1461
□the concept *of* time [kánsept] | 時間の概念

◇concéption | 名①概念，考え方，想像(力) ②妊娠（②は入試ではまれ）

◇concéive | 動①～を想像する，思いつく ②妊娠する

● 図形 ジャンル別 9

□**angle** [ǽŋgl]	角，角度
□**circle** [sə́:rkl]	円 動円を描く，せん回する
□**cone** [kóun]	円すい
□**cube** [kjú:b]	立方体
□**oval** [óuvl]	卵形(の)，楕円(の)
□**pentagon** [péntəgɑn]	5角形 ★the P～は米国防総省の5角形の建物。
□**plane** [pléin]	面
□**rectangle** [réktæŋgl]	長方形
□**side** [sáid]	(3角形の)辺；(立方体の)面
□**square** [skwéər]	正方形；2乗，平方；(四角い)広場
□**triangle** [tráiæŋgl]	3角形

(7) Adjectives 形容詞

MINIMAL PHRASES

Tr. 4-27

1462

□You look **pale**. [péil]
君は**青白い**顔をしている
青ざめた

(例) a pale blue
「淡い青色」

1463

□**precious** jewels [préʃəs]
貴重な宝石
高価な (=valuable)

源 preci (価値) = price

1464

□a worker **loyal** *to* the company [lɔ́iəl]
会社に**忠実な**労働者
誠実な

名? ◇lóyalty
名忠誠, 誠実

Q royalの意味は?
A「国王の」

1465

□be **isolated** *from* the world [áisəleitid]
世界から**孤立している**
源 isola (島)

◇ísolate
動〜を孤立させる, 隔離する

◇isolátion
名孤立, 隔離

1466

□a **generous** offer [dʒénərəs]
気前のよい申し出
たっぷりした 源 gen (産む)

◇generósity
名気前のよさ

1467

□**tropical** rain forests [trápikəl]
熱帯雨林
熱帯地方の

◇trópics
名熱帯地方

◇témperate
形温帯の, 温暖な

◇frígid
形寒帯の, 寒冷な

1468
□be reluctant to talk about the past | 過去について話したがらない
[rilʌ́ktənt] (=unwilling)
◆be reluctant to V 「〜したがらない」
◇relúctance 名気が進まないこと，不承不承

1469
□a vague feeling of uneasiness | 漠然とした不安感
発音? [véig] はっきりしない (⇔clear)

1470
□the vast land of Russia | ロシアの広大な土地
[vǽst] ばく大な (=large)
(例) the vast majority 「大多数」

1471
□numerous species of birds | たくさんの種の鳥
[njúːmərəs] (=many ; countless)

1472
□move to a small rural town | 小さな田舎の町に引っ越す
[rúərəl]
反? ⇔úrban 形都会の，都市の p. 211

1473
□the widespread use of cell phones | 広まっている携帯電話の利用
[wáidspréd]
(例) the widespread use of personal computers 「パソコンの普及」

1474
□a complicated problem | 複雑な問題
アク? [kámpləkeitəd] (=complex)
◇complicátion 名複雑化；合併症

1475
□make visible progress | 目に見える進歩をとげる
[vízəbl] (⇔invisible)
◇vísual 形視覚の，視覚による

1476
□eat raw meat | 生の肉を食べる
[rɔ́ː] 加工されていない
◆raw material 「原料」

3 (7) 形

1477	□live in a **remote** village [rimóut]	へんぴな村に住む 遠い (＝distant)
	(例) remote control	「リモコン」
1478	□need **urgent** action [ə́:rdʒənt]	緊急の行動を必要とする
	名? ◇úrgency	名緊急(性)
1479	□tell **silly** jokes [síli]	ばかな冗談を言う
1480	□a **striking** contrast [stráikiŋ]	いちじるしい対照 ★strike p. 332
1481	□provide **adequate** food [ǽdikwət]	十分な食料を供給する 適切な
	反? ⇔inádequate	形不十分な；不適切な
1482	□a man of **extraordinary** talent [ikstrɔ́:rdəneri]	並はずれた才能の持ち主 異常な
	反? ⇔órdinary	形普通の，並みの
1483	□the **odd** couple [ɑ́d]	おかしな2人 奇妙な (＝strange)
1484	□an **abstract** concept [ǽbstrækt]	抽象的な概念
	反? ⇔cóncrete	形具体的な
1485	□**mutual** understanding [mjú:tʃuəl]	相互の理解 共通の (＝common)

1486
□**excessive use of alcohol** 過度のアルコール摂取
[iksésiv]
源 ex（外に）＋cess（行くこと）

名？ ◇excéss 名過剰，超過
動？ ◇excéed 動～を超える，～にまさる

1487
□**I'm ashamed *of* myself.** 自分が恥ずかしい
[əʃéimd]

◆be ashamed of A 「Aを恥ずかしく思う」
◆be ashamed to V 「恥ずかしくてVしたくない，Vするのが恥ずかしい」
◇shame 名①恥 ②(a shame) 残念なこと p. 341
◇shámeful 形〈行為などが〉恥ずべき，みっともない

1488
□**a tremendous amount of energy** とてつもない量のエネルギー
[triméndəs] 大きな，巨大な

1489
□**Change is inevitable.** 変化は避けられない
[inévitəbl] 必然的な

◇inévitably 副必然的に

1490
□**pure gold** 純金
[pjúər] 純粋な

◇púrity 名純粋，清らかさ

1491
□**a stable condition** 安定した状態
[stéibl] 一定の

◇stabílity 名安定(性)，固定

1492
□**be indifferent *to* politics** 政治に無関心だ
[indífərənt]

◇indífference 名無関心

3 (7) 形

1493
□ **children's aggressive behavior** [əgrésiv] | 子供の攻撃的な行動 積極的な，強引な
◇aggréssion 名攻撃，侵略

1494
□ **the ultimate goal** [ʌ́ltimət] | 究極の目標 最終の

1495
□ **a quiet, shy girl** [ʃái] | 静かで内気な女の子 恥ずかしがりな

1496
□ **solar energy** [sóulər] | 太陽エネルギー
◆the solar system 「太陽系」
◆solar cell 「太陽電池」
◇lúnar 形月の

1497
□ **a profound meaning** [prəfáund] | 深い意味 (＝deep)；〈影響・変化などが〉大きい

1498
□ **a subtle difference** [sʌ́tl] | 微妙な違い ★bは黙字。

1499
□ **the Conservative Party** [kənsə́ːrvətiv] | 保守党 控えめな
反? ⇔progréssive 形進歩的な

1500
□ **a brave young soldier** [bréiv] | 勇敢な若い兵士 (＝courageous)

1501
□ **feel intense pressure** [inténs] | 強烈なプレッシャーを感じる 〈関心・感情が〉強い，〈競争などが〉激しい
◇inténsive 形集中的な，激しい
◇inténsify 動～を強める
◇inténsity 名激しさ，強さ

1502
□**alcoholic drinks like wine** [ælkəhɑ́lik]
ワインのようなアルコール飲料
アルコール(性)の 名アルコール依存症患者
◇workahólic 名仕事中毒の人 源 -holic「中毒の人」

1503
□**manual work** [mǽnjuəl]
手を使う仕事（肉体労働）
名手引書

1504
□**cruel treatment of animals** [krú:əl]
動物に対する残酷な扱い
(+ to)
◇crúelty 名残酷さ，残虐な行為

1505
□**rational thought** [rǽʃənəl]
理性的な思考
合理的な
反? ⇔irrátional 形理性のない，分別のない
◇rátion 名配給(量)，割り当て(量)
動～を配給[制限]する
源 ration の語源は「計算する」だ。

1506
□**the initial stages of development** アク?
発達の最初の段階
[iníʃəl] 名頭文字
動? ◇inítiate 動～を始める，〈計画など〉に着手する
◇inítially 副最初は(= at first)，最初に

1507
□**the body's immune *system*** [imjú:n]
人体の免疫機構

1508
□**the linguistic ability of children** [liŋgwístik]
子供の言語能力
言語学の
◇línguist 名言語学者
◇linguístics 名言語学

1509
□**play a crucial role** [krú:ʃəl]
重大な役割を果たす
(= essential)；決定的な

3 (7) 形

1510
□**verbal communication** [vá:rbəl] — 言葉によるコミュニケーション

反? ⇔nonvérbal — 形言葉を用いない(ジェスチャーなど)

1511
□**an optimistic view of the future** [ɑptimístik] — 将来に関する楽観的な見方

反? ⇔pessimístic — 形悲観的な
名? ◇óptimism — 名楽観主義
◇óptimist — 名楽天家，楽観主義者

1512
□**have flexible thinking** [fléksəbl] — 柔軟な考えを持っている 変更可能な

◆flexible working hours — 「自由勤務時間制，フレックスタイム」
◇flexibílity — 名柔軟性

1513
□**I'm grateful *for* your help.** [gréitfəl] — 君の助けに感謝している

◆be grateful (to A) for B — 「(Aに) Bのことで感謝する」
◇grátitude — 名感謝の気持ち

1514
□**a lively conversation** 発音? — 生き生きとした会話 [láivli] 元気な

◇alíve — 形生きている(⇔dead)

1515
□**an overwhelming majority** [ouvərhwélmiŋ] — 圧倒的な多数

動? ◇overwhélm — 動～を圧倒する

1516
□**an abundant supply of food** [əbʌ́ndənt] — 豊富な食料供給 (=rich) (+in)

◇abúndance — 名多量，豊富
◇abóund — 動富む(+in)

1517
□a selfish attitude [sélfiʃ] — 利己的な態度

1518
□an ugly duckling (発音?) — みにくいアヒルの子
[ʌ́gli] 不快な (= unpleasant)

1519
□racial differences [réiʃəl] — 人種の違い
民族の
(名?) ◇race — 名民族；競争 p. 317
◇rácism — 名人種差別，人種的偏見

1520
□a prominent scientist [prámənənt] — 有名な科学者
目立った，卓越した
◇próminence — 名目立つこと，重要

1521
□a controversial social *issue* [kɑntrəvə́ːrʃəl] — 論議を呼ぶ社会問題
意見が対立する
(名?) ◇cóntroversy — 名論争

1522
□the Federal Government [fédərəl] — 連邦政府
★州政府に対するアメリカ中央政府のこと。

1523
□a ridiculous error (アク?) — ばかげたまちがい
[ridíkjuləs]
◇rídicule — 動～をあざ笑う 名あざ笑い，嘲笑

1524
□an imaginary country [imǽdʒəneri] — 架空の国
想像上の

□an imaginative writer — 想像力豊かな作家
□*every* trouble imaginable — 想像しうるあらゆる困難

★この3つの違いがよく問われるので注意。

1525 □**the harsh realities of life** [háːrʃ]	**厳しい人生の現実** 無慈悲な
1526 □**a random choice** [rǽndəm]	**無作為な選択** でたらめの，手当たり次第の
◆at random	「でたらめに，無作為に」
1527 □**adolescent boys and girls** [ædəlésnt]	**思春期の少年少女** 名（10代の）若者（＝teenager）
◇adoléscence	名思春期（＝teenage）
1528 □**up-to-date fashions** [ʌ́ptədéit]	**最新の流行**
反? ⇔out-of-date	形時代遅れの，すたれた
1529 □**liberal politics** [líbərəl]	**自由主義の政治**
◆liberal arts	「（大学の）教養科目」
名? ◇líberty	名自由
◇líberate	動～を解放する
◇liberátion	名解放
1530 □**the period prior *to* the war** [práiər]	**戦争より前の時代**
◆prior to A	「Aより前の」
名? ◇priórity	名優先 p. 283
1531 □**do moderate exercise** [mádərit]	**適度な運動をする** 節度ある，控えめな
反?（2つ）⇔excéssive	形過度の，度を越した
⇔extréme	形極端な

1532
□**be fluent *in* English** 英語が流ちょうだ
[flúːənt] 源 flu (流れる＝flow)

◆be fluent in A 「A (言語) をすらすら話せる」
◇flúency 名流ちょうさ
◇flúently 副流ちょうに

1533
□**an elaborate system** 手の込んだシステム
[ilǽbərit] 複雑な ★labor (努力) が語源。

1534
□**an incredible story** 信じられない話
[inkrédəbl] 途方もない

◇incrédibly 副信じられないほど

1535
□**radical changes** 根本的な変化
[rǽdikəl] 過激な 源 radic (根)

1536
□**acid rain** 酸性雨
[ǽsid] 名酸

◆fatty acid 「脂肪酸」
◆amino acid 「アミノ酸」

1537
□**sign language for deaf people** 耳が不自由な人のための手話
発音? [déf]

◇blind 形目の見えない
◆turn a deaf ear to A 「Aに耳を貸さない」

1538
□**a medieval castle** 中世の城
[miːdiíːvəl]

源 medi (中間の)

1539
□ **protect the ecological system** [ekəlɑ́dʒikəl] — 生態系を保護する
自然環境の

名? ◇ecólogy — 名①自然環境　②生態学
◇écosystem — 名生態系(＝ecological system)
◇ecólogist — 名環境保護主義者

1540
□ **without the slightest doubt** [sláit] — 少しの疑いもなく
わずかな

◆not ... in the slightest — 「全然…ない」(＝not ... at all)

1541
□ **be ignorant *of* the fact** [ígnərənt] — その事実を知らない
無知な　★40%近くがofを伴う。

名? ◇ígnorance — 名無知　★ignore p. 179

1542
□ **children's cognitive abilities** [kɑ́gnətiv] — 子供の認知能力

◆cognitive science — 「認知科学」
◇cogníton — 名認知，認識

● 食事　ジャンル別 10

□**chopsticks** [tʃɑ́pstiks]	はし	□**mug** [mʌ́g]	マグカップ ★mug cupとは言わない。
□**dessert** アク?	デザート [dizə́ːrt]	□**plate** [pléit]	取り皿
□**dish** [díʃ]	皿	□**saucer** [sɔ́ːsər]	受け皿
□**kettle** [kétl]	やかん	□**steak** 発音?	ステーキ [stéik]
□**lid** [líd]	(鍋・箱の)ふた	□**stew** [stjúː]	シチュー

(8) Adverbs　副詞

MINIMAL PHRASES

Tr. 4-39

1543
□It's **absolutely** necessary. [ǽbsəlu:tli] — 絶対に必要だ
全く
★会話で「全くそのとおり」も重要。
◇ábsolute — 形絶対の，完全な
⇔rélative — 形相対的な

1544
□**virtually** every woman [və́:rtʃuəli] — ほとんどすべての女性
(＝almost)；事実上
◇vírtual — 形実際の，事実上の
◆virtual reality — 「仮想現実」

1545
□**somewhat** better than last year [sʌ́mhwat] — 去年より多少よい

1546
□It is **merely** bad luck. [míərli] — 単に運が悪いだけです
(＝only; just)
◇mere — 形ほんの，単なる

1547
□There's **literally** nothing there. [lítərəli] — そこには文字通り何もない
★次の3つの形容詞を区別しよう。

□the **literal** meaning of the word	その単語の文字通りの意味
□**literary** history	文学の歴史
□**literate** people in India	読み書きのできるインド人

◇illíterate — 形読み書きできない
◇líteracy — 名①読み書きの能力
②(ある分野の)能力，知識

3 (8) 副

1548
□a **seemingly** impossible task [sí:miŋli] — 一見不可能な仕事

1549
□**regardless** *of* age [rigá:rdləs] — 年齢に関係なく
★ほぼ常にofを伴う。
★regardless of + wh節も多い。
(例) regardless of what you do「君が何をするかに関係なく」

1550
□**thoroughly** enjoy the party 発音? — パーティを徹底的に楽しむ
[θə́:rouli] 完全に
◇thórough 形完全な，徹底的な，十分な

● 海の生き物 ジャンル別 11

□**a school of fish**	魚の群れ
□**cod** [ká:d]	タラ
□**dolphin** [dálfin]	イルカ
□**jelly fish** [dʒéli fiʃ]	クラゲ
□**octopus** [áktəpəs]	タコ
□**oyster** [ɔ́istər]	カキ
□**salmon** [sǽmən]	サケ
□**sardine** [sɑ:rdí:n]	イワシ
□**shark** [ʃá:rk]	サメ
□**shell** [ʃél]	貝，貝殻
□**squid** [skwíd]	イカ
□**trout** [tráut]	マス
□**tuna** [tjú:nə]	マグロ
□**whale** [hwéil]	クジラ

● 人体 ジャンル別 12

□**ankle** [ǽŋkl]	足首
□**beard** [bíərd]	あごひげ
□**bone** [bóun]	骨
□**bowel** [bául]	腸
□**breast** [brést]	(女性の)胸
□**brow** 発音？	額(ひたい) [bráu] ◇éyebrow 名まゆ毛
□**cheek** [tʃí:k]	ほお
□**chest** [tʃést]	胸
□**cortex** [kɔ́:rteks]	(脳の)皮質
□**elbow** [élbou]	ひじ
□**forehead** [fɔ́(:)rəd]	額(ひたい)
□**jaw** [dʒɔ́:]	(上下の)あご
□**kidney** [kídni]	腎臓
□**knee** [ní:]	ひざ
□**liver** [lívər]	肝臓
□**shoulder** [ʃóuldər]	肩
□**skeleton** [skélətn]	骨格
□**skin** [skín]	はだ
□**stomach** [stʌ́mək]	腹部, 胃
□**throat** [θróut]	のど
□**toe** [tóu]	足の指
□**tooth** [tú:θ]	歯 ★複数形は teeth。
□**wrinkle** [ríŋkl]	しわ

● 衣服 ジャンル別 13

□**blanket** [blǽŋkət]	毛布
□**collar** [kálər]	えり
□**cosmetics** [kazmétiks]	化粧品
□**cotton** [kátn]	綿
□**dye** [dái]	染料 動～を染める
□**feather** [féðər]	羽毛
□**fur** [fə́:r]	毛皮
□**leather** [léðər]	革(かわ), レザー
□**lipstick** [lípstìk]	口紅
□**pants** [pǽnts]	ズボン ★下着の「パンツ」は shorts, underpants だ。
□**razor** [réizər]	かみそり
□**silk** [sílk]	絹
□**wool** 発音？	羊毛 [wúl]

3 (8) 副

● 公共施設・建物　ジャンル別 14

□**aquarium** [əkwéəriəm]	水族館
□**bank** [bǽŋk]	銀行
□**botanical garden** [bətǽnikl gá:rdn]	植物園
□**church** [tʃə́:rtʃ]	教会
□**college** [kálidʒ]	(単科)大学　★しばしばuniversityを含む。
□**dormitory** [dɔ́:rmətɔ:ri]	寮，寄宿舎
□**factory** [fǽktəri]	工場
□**gallery** [gǽləri]	美術館，画廊
□**garage** [gərá:dʒ]	車庫，車修理工場
□**hall** [hɔ́:l]	①会館，ホール ②玄関ホール；ろうか
□**hospital** [háspitl]	病院
□**museum** [mju:zíəm]	博物館，美術館
□**palace** [pǽləs]	宮殿，大邸宅
□**park** [pá:rk]	公園，駐車場 動〈車を〉駐車する
□**restaurant** [réstərənt]	レストラン，飲食店
□**theater** [θíətər]	劇場
□**university** [ju:nəvə́:rsəti]	(総合)大学

● 住 居　ジャンル別 15

□**apartment** [əpá:rtmənt]	アパート，マンション
□**backyard** [bǽkjá:rd]	裏庭
□**ceiling** [sí:liŋ]	天井
□**chamber** [tʃéimbər]	小部屋
□**closet** [klázət]	クロゼット，押入れ
□**corridor** [kɔ́(:)rədər]	ろうか
□**downstairs** [daunstéərz]	階下(へ[の])
□**drawer** [drɔ́:r]	引き出し
□**elevator** アク?	エレベーター [éləveitər] ◇ élevate 動～を持ち上げる
□**escalator** [éskəleitər]	エスカレーター
□**gate** [géit]	門，入口
□**rail** [réil]	手すり；レール
□**roof** [rú:f]	屋根
□**stairs** [stéərz]	階段
□**study** [stʌ́di]	書斎，勉強部屋
□**upstairs** [ʌpstéərz]	階上(へ[の])
□**wall** [wɔ́:l]	壁，塀(へい)
□**yard** [já:rd]	庭

Stage 4

一見簡単な単語なのに，意外な意味があるものばかり。この Stage の単語は、大学入試でも各種の試験でも，とにかくよく設問で問われる。受験直前には，必ずチェックしよう！

“All's well that ends well.”

＊　＊　＊

終わりよければすべてよし。

1
□ run [rʌ́n]
☆この他動詞用法が出る！

run a big company	動大会社を経営する[～を運営する]
同？	= mánage

2
□ meet [míːt]
☆1の意味は超頻出！

1. meet people's needs	動人々の必要を満たす（= satisfy）
2. how to meet the problem	動問題に対処する方法

3
□ right [ráit]
☆「右」「正しい」以外。

1. the right to vote	名投票する権利
2. right and wrong	名善と悪
3. right in front of my house	副私の家のすぐ前に

★3は場所や時間の副詞句を強調して「ちょうど，正確に」などの意味を表す。

4
□ last [lǽst]

1. The war lasted four years.	動戦争は4年続いた
2. Our food will last a week.	動食料は1週間持つだろう
3. the last man who would tell a lie	形最もうそをつきそうにない人
4. He's moved twice in *the* last year.	形彼は最近1年間に2回引っ越した

★4は，the の無い last year「去年」と区別せよ。

◇lásting　形永続的な，長持ちする

5
□ stand [stǽnd]
☆他動詞のときは？

I *can't* stand this heat.	動この暑さには耐えられない

★否定・疑問文が普通。（= bear, endure）

6
□ turn [tə́ːrn]
☆名詞の意味は？

1. Now it's your turn.	名さあ君の番だ
2. the turn of the century	名世紀の変わり目

◆in turn　「代わって，今度は」

7
□ **case** [kéis] ☆「場合」以外。

1. It is also *the* case *with* him.	名それは彼についても事実だ
2. a murder case	名殺人事件
3. make a case *for* war	名戦争を支持する主張をする
4. new cases of malaria	名マラリアの新しい患者［症例］

★1は「それは彼にも当てはまる」とも訳せる。be the case with A = be true of A

◆in case ～ 「①万一～するといけないから《英》 ②もし～なら《米》」 ★接続詞的に使う。

◆just in case 「万一のために，念のために」

8
□ **face** [féis] ☆「顔を向ける」の意味から発展。

1. face a problem	動問題に直面する［立ち向かう］
2. problems facing Japan	動日本に迫っている問題

◆A be faced with B 「A（人）がBに直面している」

◆face to face 「向かい合って，直接会って」

9
□ **certain** [sə́ːrtn] ☆名詞の前では3より1が多い。

1. a certain amount of time	形ある程度の時間［特定の］
2. I am certain *of* his success.	形私は彼の成功を確信している
3. He is certain to come.	形彼が来るのは確実だ

◇cértainly 副①確かに ②（返事）いいですとも

◇cértainty 名確実さ，確実なこと

10
□ **company** [kʌ́mpəni] ☆「会社」以外。1～3は不可算名詞。

1. keep bad company	名悪い仲間とつきあう
2. I enjoy your company.	名君と一緒にいることは楽しい
3. We have company today.	名今日は来客がある

諺 A man is known by the company he keeps.「つきあっている仲間で人がわかる」

★「パン（pan）を共（com）に食べる人」がもとの意味だ。

4 多義

11
☐ **attend** [ətέnd]　源 at（に）＋tend（心を向ける）

1. attend the meeting	動ミーティングに出席する
2. attend to patients	動患者を世話する
3. attend *to* what he says	動彼の言うことに注意する

★ 1は前置詞不要。頻出！ ×attend to the meeting　★ 2はtoがなくても可。

◇atténdance　名出席，世話
◇atténtive　形注意深い

12
☐ **otherwise** [ʌ́ðərwaiz]　源 other＋wise（＝way）

1. He worked hard; otherwise he would have failed.	副彼は努力した。さもなければ失敗しただろう。
2. He is poor but otherwise happy.	副彼は貧しいがその他の点では幸福だ
3. He is honest, but people think otherwise.	副彼は正直なのに人はちがうと思っている
4. I can't do it otherwise.	副ちがう方法ではできない

★ 1＝if not, 2＝in every other respect, 3＝differently, 4＝in a different way

13
☐ **miss** [mís]

1. miss the last train	動終電車に乗り遅れる［～を逃す］
2. I sometimes miss Japan.	動時には日本が恋しい
3. You can't miss it.	動見逃すはずないよ

★ 3は道順を教えたあとなどに言うせりふ。

◇míssing　形行方不明の，欠けた

14
☐ **term** [tə́ːrm]

1. use scientific terms	名科学用語を使う
2. long-term planning	名長期的な計画［期間］
3. I am *on* good terms *with* him.	名彼とは仲がよい

◆in terms of A　「Aの観点で，Aの視点から」
◆technical term　「専門用語」
◆come to terms with A　「A（不快な事実など）を受け入れる」

15
□ **practice** [prǽktis]　☆「練習」以外。「実際にやる」が基本義。

1. theory and practice　名理論と実践
2. business practice　名商習慣
3. practice medicine　動医者を営む

◆put A into practice　「Aを実行する」

16
□ **challenge** [tʃǽləndʒ]　☆「挑戦」は意外にまれ。

1. face a new challenge　名新しい難問に直面する［試練］
2. challenge the theory　動その理論に異議をとなえる

◇chállenging　形困難だがやりがいのある

17
□ **race** [réis]　☆「競争」以外には？

a race problem　名人種問題［民族］

◆the human race　「人類」＝mankind
◇rácial　形人種的な

18
□ **issue** [íʃu:]

1. a political issue　名政治問題［論争点］
2. issue an order　動命令を出す［～を発行する］
3. the latest issue of *Time*　名「タイム」の最新号

★「出る」が原義。1も3も「出てくるもの」。

19
□ **party** [pá:rti]　☆「パーティ」以外。

1. the Democratic Party　名民主党
2. a party of tourists　名観光客の一団
3. Your party is on the line.　名相手の方が電話に出ています

★3は裁判・契約などの当事者を指すのにも用いる。the other partyを「相手側の人」の意味で用いることが多い。

20
□ **room** [rú:m]　☆不可算名詞のときは？

There is no room for doubt.　名疑問の余地はない［空間，可能性］

4 多義

21
☐ **sense** [séns] ☆「感覚」以外。

1. In a sense, it is right.	名ある意味ではそれは正しい
2. He *came to his* senses.	名彼は正気に戻った(one's sensesで)

◆common sense 「常識」★理性的判断。「常識的な知識」は common knowledge。
◆make sense 「意味をなす，理解できる」
◇sénsitive 形敏感な p. 210
◇sénsible 形賢明な，判断力のある(＝wise)
◇sénsory 形感覚に関する

22
☐ **do** [dú:]

1. This pen *will* do.	動このペンで十分役に立つ
2. do harm *to* the area	動その地域に害を与える

★ do harm to A = do A harm
harmの他にgood「利益」, damage「害」なども用いる。

23
☐ **part** [pá:*r*t] ☆「部分」以外では？

1. *play* a part *in* the economy	名経済で役割を果たす
2. a fault *on* our part	名私たちの側の過失
3. part *with* the car	動車を手放す

◆take part in A 「Aに参加する」＝participate in A
◇pártial 形部分的な，不公平な
◇impártial 形偏らない；公平な

24
☐ **figure** [fígjə*r*]

1. Tell me the exact figures.	名正確な数字を教えてくれ
2. historical figures	名歴史上の人物
3. She has a beautiful figure.	名彼女はスタイルが美しい[姿，形]
4. I figure you are busy.	動君は忙しいと思う(＝think)

★ 3の意味でstyleは使えない。
◆figure A out 「Aを理解する，解決する」

25
□ character [kǽrəktər]

1. his true character	名彼の本当の性格
2. He's an odd character.	名彼は変わった人物だ
3. the characters in the novel	名その小説の登場人物

◆Chinese character 「漢字」
◆national character 「国民性」
◇cháracterize 動～を特徴づける

26
□ very [véri]

☆名詞につくと?

the very man I was looking for	形私が探していたまさにその男

27
□ order [ɔ́ːrdər]

1. order a book *from* England	動英国に本を注文する［名注文］
2. carry out his order	名彼の命令を遂行する［動命令する］
3. law and order	名法と秩序
4. in alphabetical order	名アルファベット順で［順序］

◇disórder 名混乱，障害
◇órderly 形秩序ある
◆be in order 「整然としている」
⇔be out of order 「乱れている，壊れている」

28
□ sound [sáund]

☆「音」だけじゃない。

1. That sounds true.	動それは本当らしく聞こえる
2. a sound body	形健全な肉体
3. She is sound *asleep*.	副彼女はぐっすり眠っている (= fast)

29
□ way [wéi]

☆「道，方法」の他にも色々。

1. *In* some ways they are right.	名いくつかの点で彼らは正しい
2. The island is a long way off.	名その島までは距離が遠い
3. Come this way, please.	名こちらの方へどうぞ［方向］

30
□ concern [kənsə́ːrn]

1. concern *about* the future	名将来への不安［関心］
2. concern *for* others	名他人への思いやり
3. This problem concerns everyone.	動この問題はみんなに関係する
4. a matter *of* great concern	名大変重要な問題（= of importance）

◆be concerned with A 「Aに関係している，関心がある」
◆be concerned about A 「Aを心配している」
◆as far as A is concerned 「Aに関する限りでは」
◇concérning 前～に関して（= about）

31
□ even [íːvn]

☆比較級につくと…。

This is even better.	副これはさらによい

◇évenly 副均等に

32
□ still [stíl]

1. He is still working.	副まだ彼は働いている
2. a still better idea	副さらによい考え ★比較級。=even
3. The water became still.	形水は静かになった
4. It's raining. Still, I have to go.	副雨だ。それでも行かねばならない。

33
□ mean [míːn] （mean; meant; meant）

☆「意味する」以外には？

1. I meant *to* call you sooner.	動すぐに電話するつもりだった
2. I love you. I mean it.	動好きだ。本気で言ってるんだ。
3. He is mean to me.	形彼は私に意地悪だ［卑劣だ］

◇méaning 名意味

34
□ leave [líːv]

☆第5文型に注意。

1. leave an umbrella on the train	動電車に傘を置き忘れる
2. leave the door open	動ドアを開けたまま放置する
3. There is little time left.	動残り時間はほとんどない
4. take paid parental leave	名有給の育児休暇を取る

35
☐ **most** [móust] ☆「最も」だけじゃない。

1. Most people think so.	形たいていの人はそう考える
2. a most important point	副非常に重要な点 (= very)

★最上級ではないので a を伴うことがある。

36
☐ **things** [θíŋz] ☆複数形に注意。

Things have changed.	名状況は変わった

★ How are things (with you)? は How are you? と同じ意味。

37
☐ **will** [wíl] ☆名詞のときは？

1. against his will	名彼の意志に反して
2. leave a will	名遺言を残す

38
☐ **state** [stéit] ☆「州」以外。

1. an excited state of mind	名興奮した精神状態
2. state an opinion	動意見を述べる
3. a state secret	名国家の機密

39
☐ **mind** [máind] ☆「精神，知性」以外。

1. I *don't* mind walk*ing*.	動歩くのはいやではない
2. talented minds	名才能ある人々

★ 1の意味では否定・疑問文が普通。

◆Would you mind Ving? 「Vしてくれませんか」 ★to Vは不可。
◆Do you mind if I V? 「Vしていいですか」
★「〜はいやですか」の意味だから「いいですよ」と答えるには Not at all. / Certainly not. などと否定語で答える。
◆Never mind. 「気にしないで」
★Don't mind. とは言わない。

40
☐ **help** [hélp] ☆「助ける，手伝う」だけではない。

I *cannot* help laugh*ing*.	動笑わずにはいられない

★この help は「〜を避ける」の意。目的語に不定詞でなく動名詞を用いる。

◆cannot help but V(原形) 「Vせずにいられない」
◆help oneself to A 「Aを自由に取る」

4 多義

41
□ **matter** [mǽtər] ☆「問題」以外。動詞に注意。

1. It *doesn't* matter what he says.	動彼が何と言おうと重要ではない
2. soft matter	名やわらかい物質 (= material)
3. Something *is the* matter *with* my car.	名私の車はどこか異常だ (= wrong)

★1の意味は否定文で使うことが多い。

42
□ **means** [míːnz] ☆単複同形だ。

1. a means of communication	名コミュニケーションの手段
2. a man of means	名資産家 [収入, 財産] (まれ)

43
□ **content** 名 [kάntent] 形 [kəntént] ☆1と2でアクセントがちがう！

1. the contents of her letter	名彼女の手紙の内容 [目次]
2. be content *with* the result	形結果に満足している (= contented) [名満足]

44
□ **respect** [rispékt] ☆名詞に注意。

1. in some respects	名いくつかの点で
2. respect the law	動法を尊重する [名尊重, 尊敬]

◇respéctive 形それぞれの, 個々の
◇respéctable 形ちゃんとした, 立派な, 下品でない
◇respéctful 形〈人に〉敬意をはらう, ていねいな
◆with respect to A 「Aに関して」
◆self-respect 「自尊心」

45
□ **reason** [ríːzn] ☆「理由」以外。

1. the ability to reason	動推理する能力
2. He lost all reason.	名彼はすっかり理性を失った

◇réasonable 形理にかなった；〈値段が〉手ごろな
◇réasoning 名推理

46
□ cause [kɔ́:z]

1. the **cause** of the failure　名失敗の**原因**
2. **cause** a lot of trouble　動多くの問題**を引き起こす**
3. advance the **cause** of peace　名平和**運動**を推進する[主張, 理想]

◆cause and effect　「原因と結果」

47
□ hold [hóuld]　(hold; held; held)

☆「持つ, おさえる」の他。

1. **hold** a meeting　動会合**を開く** [~を開催する]
2. They **hold** that the earth is flat.　動彼らは地球は平らだ**と考える**

◆hold true (for A)　「(Aに)あてはまる」

48
□ fortune [fɔ́:rtʃən]

1. make a **fortune** in oil　名石油で**財産**を築く
2. bring *good* **fortune**　名幸**運**をもたらす (⇔misfortune)

◇fórtunate　形幸運な(⇔unfortunate)
◇fórtunately　副幸運にも(⇔unfortunately)

49
□ humanity [hju:mǽnəti]

☆「人間性」は少ない。

1. the future of **humanity**　名**人類**の未来
2. science and *the* **humanities**　名自然科学と**人文科学**

★2はtheと複数形に注意。

50
□ end [énd]

☆「終わり」「端」以外の重要な意味は?

a means to an **end**　名**目的**を果たす手段

反?　⇔means

51
□ form [fɔ́:rm]

☆「形」以外で。

1. **form** a new company　動新しい会社**を作る** (= make)
2. *fill out* the application **form**　名申込**用紙**に記入する
3. Knowledge is a **form** *of* power.　名知識は**一種**の力だ

◇fórmal　形形式ばった
◇infórmal　形形式ばらない, くだけた
◇formátion　名形成;配列

4 多義

52
□ **change** [tʃéindʒ]　　☆不可算名詞に注意。

1. I have no change with me.	名 小銭の持ち合わせがない
2. Keep the change.	名 おつりはいりません

53
□ **present** 形 名 [préznt]　動 [prizént]

1. my present address	形 現在の住所　★名詞の前に置く。
2. *the* present and future	名 現在と未来
3. the people present	形 出席している人々　★名詞の後に置く。
4. present a plan *to* the president	動 社長に計画を提示する [提供する]
5. present Mr. Boyd *to* you	動 君にボイド氏を紹介する
6. present the winner *with* the prize	動 勝者に賞を与える

★動詞の意味は show や give に近い。present A to B = present B with A「AをBに与える」
◇présence　名 出席；存在(感)
◇presentátion　名 発表；表現

54
□ **work** [wə́ːrk]　　☆「仕事」の結果残るのは？

1. works of art	名 芸術作品
2. This plan will work.	動 この計画はうまく行く

★「職業，作業」の意味では不可算だが，「作品」の意味では可算名詞だ。

55
□ **lead** [líːd]　　(lead; led; led)

1. One thing leads *to* another.	動 ひとつの事が別の事を引き起こす
2. lead a happy *life*	動 幸福な生活を送る
3. leading artists	形 一流のアーティスト [主要な，先頭の]

★ lead「鉛」は，[léd] と発音する。

56
□ **life** [láif]　　☆「生活，人生」以外。

There is no life on the moon.	名 月には生物がいない [生命]

◆animal life　「動物」⇔ plant life「植物」

57
□ **care** [kéər]
☆「注意（する）」以外。

1. I *don't* care what you say.	動君が何と言おうと気にしない
2. A baby requires constant care.	名赤ちゃんはつねに世話が必要だ

◆care about A 「Aを気にする」
◆care for A 「①Aの世話をする ②Aを好む」
◆medical care 「医療」
◇cáreless 形不注意な

58
□ **class** [klǽs]
☆「クラス」以外。

1. middle-class families	名中流階級の家庭
2. sleep *in* class	名授業中にいねむりする

59
□ **natural** [nǽtʃərəl]
☆「自然の，当然の」以外。

his natural abilities	形彼の生まれながらの才能

60
□ **free** [fríː]
☆「自由な，ひまな，ただの」以外。

1. a life free *from* stress	形ストレスの無い生活
2. free them *from* work	動彼らを労働から解放する

◆free of charge 「無料」
◇fréedom 名自由
◇cárefree 形悩みの無い

Q a car-free zone とはどんな区域？
A 「自動車乗り入れ禁止区域」 A-free は「Aが無い，A禁止の」だ。

61
□ **head** [héd]

1. head straight *for* Paris	動まっすぐパリに向かう
2. a team headed by a woman	動女性に率いられたチーム

◇héading 名見出し，表題

62
□ **deal** [díːl]
（deal; dealt; dealt）

1. deal *with* the problem	動問題を処理する［あつかう］
2. *a great* deal of data	名大量のデータ
3. *make* a deal *with* Microsoft	名マイクロソフトと取引する

4 多義

63
□ view [vjúː]
☆「ながめ，景色」以外。

1. my view *of* education	名教育に関する私の見解
2. view Japan *as* a safe society	動日本を安全な社会と考える

◇víewpoint　名視点，見地(＝point of view)
◆with a view to Ving　「Vする目的で」

64
□ chance [tʃǽns]
☆「機会」以外。

the chance *of* making them angry	名彼らを怒らせる可能性

◆by chance　「偶然に」
◆(The) chances are (that) ～「たぶん～だろう」

65
□ close 形[klóus]　名動[klóuz]
☆「閉める；閉まる」以外。

1. very close *to* the city	形都市にとても近い［副近くに］
2. a close friend	形親しい友達
3. a close examination	形綿密な検査

66
□ interest [íntərəst]
☆「関心」以外。

1. protect workers' interests	名労働者の利益を守る
2. lend money at high interest rates	名高い利率で金を貸す(まれ)

67
□ fail [féil]
☆「失敗する」とは限らない。

fail *to* understand him	動彼を理解できない

◆never fail to V　「いつもVする」＝always V
◆without fail　「必ず」
◇fáilure　名失敗(者)；故障；不実行
◆heart failure　「心不全」

68
□ major　発音?
☆発音は[méidʒər]。measure[méʒər]と区別。

1. a major problem	形主要な問題(⇔minor)
2. major *in* economics	動経済学を専攻する(= specialize)

◇majórity　名大多数，大部分(⇔minority)

69
□ agree　[əgríː]
☆前置詞に注意しよう。

1. agree *to* his proposal	動彼の提案に同意する(= consent)
2. I agree *with* you.	動私も君と同じ考えである

★agree with は人，人の考え(opinion, view, etc.)と同感だという意味。agree to は提案，計画などを承諾するという意味。

◆agree to V　「Vすることに同意する」

70
□ rule　[rúːl]
☆1は動詞としても使う。

1. British colonial rule	名イギリスの植民地支配
2. Small families are *the* rule in Japan.	名日本では小家族が普通だ(⇔exception)

(例) the ruling party　「与党」(=支配する党)

◆rule A out　「Aを除外する」

71
□ process　[práses]

1. the process of thought	名思考の過程
2. how to process meat	動肉を加工する方法
3. process data with a computer	動コンピュータでデータを処理する

72
□ amount　[əmáunt]

1. a large amount of water	名大量の水[金額，合計]
2. The expenses amount *to* $90.	動経費は合計90ドルになる
3. This act amounts *to* stealing.	動この行為は盗みに等しい

73
□ long　[lɔ́ŋ]
☆時間を長く感じることから。

long *for* world peace	動世界平和を切望する

4 多義

74 □ line [láin]

☆ 3は「1行」の意味から。

1. The line is busy.	名電話が話し中だ
2. wait *in* line	名 1列に並んで待つ
3. *drop* him a line	名彼に短い手紙を書く
4. this line *of business*	名こういう種類の仕事

★ Hold the line.「切らないで待て」, He is on the line.「彼が電話に出ている」などの表現にも注意。

75 □ letter [létər]

☆「手紙」に書いてあるのは何？

a word of six letters	名 6文字の単語

★ letter は表音文字。character は表意文字。

76 □ subject [sʌ́bdʒikt]

1. People are subject *to* the law.	形人は法に支配される
2. I am subject *to* illness.	形私は病気にかかりやすい
3. Let's change the subject.	名話題を変えよう
4. My favorite subject is math.	名好きな学科は数学です
5. the subject of the experiment	名その実験の被験者

77 □ rest [rést]

1. *the* rest of his life	名彼の残りの人生 ★常に the 付。
2. Let's take a rest.	名休息をとろう

78 □ fine [fáin]

☆「良い, 晴れだ, 元気だ」以外。

1. the fine *for* speeding	名スピード違反の罰金
2. be fined $60	動 60 ドルの罰金を科される
3. fine sand on the beach	形海岸の細かい砂（まれ）

79 □ wear [wéər]

☆「身に着けている」以外。

My shoes have worn thin.	動靴がすり減って薄くなった

◆ be worn out 「すり減っている；疲れ果てている」

80
□ remember [rimémbər]

1. Please remember me *to* your wife.	動奥さんによろしく伝えてください
2. remember *to* lock the door	動忘れずにドアにカギをかける

★ remember + Ving は「Vしたことを覚えている」だ。

81
□ cover [kʌ́vər]

☆ 2はマスコミ関係でよく使う。

1. The insurance covers the cost.	動保険で費用をまかなう
2. cover the big news	動大ニュースを報道［取材］する
3. cover 120 miles an hour	動1時間に120マイル進む

82
□ book [búk]

☆動詞のときはどんな意味？

book a flight	動飛行機を予約する（=reserve）
◇bóoking	名予約（=reservation）

83
□ store [stɔ́:r]

☆「店」だけじゃない。

store information in a computer	動コンピュータに情報を蓄える
◇stórage	名貯蔵，保管

84
□ save [séiv]

☆「～を救う」以外には？

1. save money for a new house	動新しい家のためお金を蓄える
2. save time and trouble	動時間と手間を省く
3. answer all the questions save one	前1つを除きすべての質問に答える
◇sávings	名貯金

85
□ serve [sə́:rv]

1. serve good food	動うまい料理を出す
2. serve many purposes	動多くの目的に役立つ
3. serve the king	動王に仕える
◇sérvant	名召使い，家来
◆First come, first served.	「早い者勝ち；先着順」

4 多義

86
□ **account** [əkáunt] ☆ account for をマスターすべし。

1. Black people account *for* 10% of the population.	動黒人が人口の10%を占める
2. This accounts *for* the failure.	動これが失敗の原因だ
3. account *for* the difference	動違いを説明する [名説明]

◆on account of A 「Aが原因で」
◆take A into account 「Aを考慮に入れる」 = take account of A
◆bank account 「銀行預金口座」

87
□ **art** [ɑ́:rt] ☆芸術，美術よりも広い意味では？

the art of writing	名書く技術 [コツ]

88
□ **fire** [fáiər]

1. He was fired *from* his job.	動彼は仕事をクビになった
2. fire into the crowd	動群衆に向かって発砲する

★「おまえはクビだ！」は You're fired!

89
□ **object** 名 [ɑ́bdʒikt] 動 [əbdʒékt] ☆「目的（語）」以外。

1. a strange flying object	名奇妙な飛行物体
2. an object of study	名研究の対象
3. object *to* his drink*ing*	動彼が酒を飲むのに反対する [嫌がる]

◇objéction 名反対，異議

90
□ **manage** [mǽnidʒ] ☆ manage to V の意味は？

1. manage *to* catch the train	動なんとか列車に間に合う
2. manage a big company	動大会社を経営する [～を管理する]

★ manage to V で「なんとか [うまく] Vする」。

91
□ **ground** [gráund]

On what grounds do you say that?	名どんな根拠でそう言うのか

92
□ assume [əsjúːm]

1. assume that money can buy happiness	動金で幸福が買えると思い込む
2. assume responsibility	動責任を引き受ける (= take)
◇assúmption	名①考え, 仮定, 前提 ②引き受けること

93
□ direct [dirékt]

1. direct contact	形直接の接触
2. direct his attention *to* the fact	動その事実に彼の注意を向ける
3. direct her *to* the station	動彼女に駅への道を教える
4. direct the workers	動労働者たちに指図する
◇diréction	名①方向 ②指示
◆in the direction of A	「Aの方向へ」 ★このinは注意！

94
□ fault [fɔ́ːlt]

1. If he fails, it'll be *my* fault.	名彼が失敗したら私の責任だ [過失]
2. He has a lot of faults.	名彼は欠点が多い
◆find fault with A	「Aにけちをつける」

95
□ due [djúː]

☆ due to だけではない。

1. He is tired due *to* lack of sleep.	形彼は睡眠不足のせいで疲れている
2. pay due respect	形十分な敬意を払う
3. The train is due *to* arrive at ten.	形その列車は10時に着く予定だ
4. The report is due next Wednesday.	形レポートは水曜が期限だ

96
□ manner [mǽnər]

1. *in* a scientific manner	名科学的な方法で (= way)
2. her friendly manner	名彼女の好意的な態度
3. It's bad manners to spit.	名つばを吐くのは行儀が悪い

★ 3は常に複数形。「テーブルマナー」は table manners が正しい。

4 多義

97
□ **pretty** [príti] ☆「きれいな」でなく副詞。

a pretty long time	副かなり長い間

98
□ **strike** [stráik] (strike; struck; struck) ☆「たたく」「ストライキ」もある。

1. The man struck me *as* strange.	動その男は私に奇妙な印象を与えた
2. Suddenly an idea struck him.	動突然彼にある考えが浮かんだ
3. The typhoon struck Osaka.	動その台風は大阪を襲った
◇stríking	形印象的な，目立つ

99
□ **exercise** [éksərsaiz] ☆「練習」以外。

1. *get* regular exercise	名規則的に運動する[動運動する]
2. exercise power over people	動人々に対し権力を用いる[名行使]

100
□ **maintain** [meintéin]

1. maintain health	動健康を維持する
2. maintain that he is innocent	動彼の無罪を主張する
◇máintenance	名維持，管理

101
□ **firm** [fə́:rm]

1. work for a big firm	名大きな会社に勤める(= company)
2. a firm belief	形堅い信念

102
□ **article** [á:rtikl] ☆他に「冠詞」の意味もある。

1. a newspaper article	名新聞の記事(= item)
2. an article for sale	名販売用の品物(= item)

103
□ **count** [káunt] ☆「数える」以外。

That's what counts.	動それが重要なことだ
◆count on A	「Aを頼る，当てにする」= depend on

104
□ appreciate [əpríːʃieit]
☆基本義は「～の価値を認識する」。

1. appreciate his talent	動彼の才能を高く評価する(= value)
2. appreciate music	動音楽を鑑賞する(= like, admire)
3. I appreciate your help.	動君の助けに感謝する

★ 3では〈人〉は目的語にならないことに注意。×I appreciate you.

◇appreciátion　名評価；鑑賞；感謝

105
□ measure [méʒər]
☆「物差し」「測る」以外。2は盲点。

1. take strong measures	名強硬な手段を用いる［対策］
2. a measure of respect	名ある程度の尊敬

106
□ command [kəmǽnd]
☆「命令(する)」の他に？

1. have a good command of English	名英語をうまくあやつる能力がある
2. The hill commands a fine view.	動丘からいい景色を見わたせる
3. command great respect	動大いに尊敬を集める

107
□ bear [béər]
☆「クマ」ではなく，動詞の方だ。

1. bear the pain	動痛みに耐える(= endure, stand)
2. bear a child	動子供を産む
3. bear relation to the matter	動その問題に関係を持つ

★変化形はbear; bore; borneだ。bornもbearの過去分詞の1つ。

◆bear A in mind　「Aを心に留める」

108
□ stick [stík]
(stick; stuck; stuck)

1. stick *to* the schedule	動予定を守る
2. get stuck on a crowded train	動混んだ列車で動けなくなる
3. stick out the tongue	動舌を突き出す
4. The song stuck in my mind.	動その歌は私の心に残った

★「突き刺す」は入試ではまれ。

4 多義

109
□ fix [fíks]

☆ 2と3はアメリカ口語では重要。

1. a fixed point	動固定された点
2. fix a broken car	動壊れた車を修理する (= repair)
3. I'll fix you a drink.	動飲み物を作ってあげる

★ repairは「修理する」の意味では最も一般的でやや堅い語。fixは《米》で好まれるややくだけた語で,《英》では主に機械修理などに用いる。

110
□ fashion [fǽʃən]

☆「流行」の他には?

1. *in* a similar fashion	名同じようなやり方で (= way)
2. fashion a new world	動新しい世界を作る
◇óld-fáshioned	形時代おくれの

111
□ charge [tʃá:rdʒ]

1. free of charge	名料金不要で
2. charge a high price	動高い代金を請求する
3. He is *in* charge *of* the case.	名彼がその事件の担当だ [責任, 監督]
4. be charged *with* murder	動殺人で告訴される [名容疑, 非難]
◆take charge of A	「Aを担当する, 引き受ける」

112
□ observe [əbzə́:rv]

1. observe the comet	動彗星を観察する
2. observe that prices would fall	動物価は下がると述べる
3. observe the rule	動規則を守る
◇observátion	名観察

113
□ conduct 名[kándʌkt] 動[kəndʌ́kt]

☆「導く, 指揮する」は意外にまれ。

1. conduct an experiment	動実験を行う
2. the standards of conduct	名行動の基準
3. conduct electricity	動電気を伝える (少数)
◇condúctor	名①車掌　②指揮者

114
□ **word** [wə́ːrd] ☆言葉は言葉でも？

1. I'll keep *my* word.	名私は約束を守る
2. Could I *have a* word *with* you?	名ちょっと話があるんですが

（例）a man of his word 「約束を守る人」
★ A's word で「Aの約束」の意。A's words は単に「Aの言うこと」だから注意。

115
□ **touch** [tʌ́tʃ] ☆「触る」だけではない。

1. *get in* touch *with* him by phone	名電話で彼に連絡をとる
2. The story touched him deeply.	動その話は彼を深く感動させた
3. add *a* touch *of* spice	名スパイスを少し加える

116
□ **degree** [digríː]

1. agree *to* some degree	名ある程度まで同意する
2. get a master's degree	名修士の学位を取る

117
□ **lesson** [lésn] ☆「レッスン」以外に？

learn a lesson from the failure	名失敗から教訓を学ぶ

118
□ **deny** [dinái]

1. deny the existence of God	動神の存在を否定する
2. deny them their civil rights	動彼らに市民権を与えない

◆deny A B 「AにBを与えない」＝deny B to A
◇deníal 名否定

119
□ **break** [bréik] ☆名詞の意味に注意！

take a break for a cup of tea	名一休みしてお茶を飲む［中断］

◆Give me a break! 「冗談はやめてよ」★あきれた時に用いる。

120
□ **nature** [néitʃər] ☆「自然」以外。

the nature of language	名言語の本質［性質］

★「自然」の意味の nature は無冠詞で使う。the nature of A の形では普通「本質，性質」。
（human nature「人間の性質」のような例もある）

4 多義

121
□ address [ədrés]
☆「住所」以外の意味。

1. a letter addressed to him	動彼に宛てられた手紙
2. address climate change	動気候変動に取り組む
3. address the audience	動聴衆に呼びかける
4. the opening address	名開会の演説

122
□ press [prés]

1. the freedom of *the* press	名出版の自由 [マスコミ，報道陣]
2. be pressed for time	動時間が切迫している

★ 1は「印刷機」の意味から来た。

◇préssing 形差し迫った

123
□ item [áitəm]

1. an expensive item	名高価な品物
2. the top news item	名トップニュースの記事 [項目]

124
□ pity [píti]

1. feel pity *for* the victims	名犠牲者に同情する
2. It's *a* pity that he can't come.	名彼が来られないのは残念なことだ

125
□ beat [bí:t]
☆「～を打つ」が発展すると？

beat the champion	動チャンピオンに勝つ (= defeat)

★目的語は敵・相手。cf. win the game「試合に勝つ」

126
□ point [pɔ́int]

1. point *out* that it is wrong	動それは誤りだと指摘する
2. There's no point *in* writing it.	名それを書く意味はない [利点]
3. prove his point	名彼の主張を証明する [論点]

◆point of view 「観点，見地」
◆there is no point (in) Ving 「Vするのは無駄だ」

127
☐ **once** [wʌ́ns] ☆「一度」以外に？

1. I lived there once.	副私はかつてそこに住んでいた
2. Once she arrives, we can start.	接彼女が来るとすぐ我々は出発できる (= when) [いったん〜すると]

◆at once 「すぐに，同時に」
◆at once A and B 「Aと同時にB」
◆once in a while 「時々」

128
☐ **diet** [dáiət] ☆「やせる」ことではない！

1. a healthy diet	名健康的な食事
2. She is *on* a diet.	名彼女は食事制限をしている
3. a member of *the* Diet	名国会議員 ▶ p. 289 congress

◇díetary 形食事の

129
☐ **paper** [péipər] ☆「紙，新聞」の他に。

write a paper on economics	名経済学の論文を書く

◆term paper 「学期末レポート」

130
☐ **check** [tʃék] ☆「調べる」の他に。

1. cash a check	名小切手を現金に換える
2. a dinner check	名ディナーの勘定書
3. check bags at the airport	動空港でバッグを預ける

◆check in 「①チェックインする ②〈荷物〉を預ける」
◆check out 「①チェックアウトする ②〈本など〉を借り出す ③〜を調べる」

131
☐ **bright** [bráit] ☆「明るい」以外。

Meg is a bright girl.	形メグは賢い子だ (= clever)

132
☐ **sort** [sɔ́:rt]

1. a sort of bird	名一種の鳥 (= kind)
2. sort papers by date	動日付で書類を分類する

133
□ **court** [kɔ́ːrt]　☆テニスなどの「コート」以外。

The case went to **court**.　名その事件は**裁判**になった［法廷］

◆the Supreme Court　「最高裁判所」

134
□ **bound** [báund]　（bind; bound; bound）

1. He *is* **bound** *to* fail.　形彼は**きっと**失敗する（= sure）
2. The plane *is* **bound** *for* Guam.　形その飛行機はグアム**行きだ**
3. be **bound** by the law　動法律に**縛られる**

135
□ **flat** [flǽt]

1. a **flat** surface　形**平らな**表面
2. live in a **flat** in London　名ロンドンの**アパート**に住む

◆have a flat tire　「タイヤがパンクする」

136
□ **spare** [spéər]

1. have no **spare** money　形**余分な**お金はない［予備の］
2. **spare** him a few minutes　動彼のために少し時間**を割く**
3. **spare** him the trouble　動彼の面倒**を省く**
4. **spare** *no* effort to help her　動彼女を助ける努力**を惜しまない**

◆spare time　「余暇」＝time to spare

137
□ **capital** [kǽpitl]　☆語源に秘密がある。

1. the **capital** of Australia　名オーストラリアの**首都**（＝国の頭）
2. labor and **capital**　名労働と**資本**（＝事業の頭金）

◆capital letter　「大文字」（＝文の頭に使う字）
◆capital punishment　「死刑」（＝頭を切る罰）
◇cápitalism　名資本主義
◇cápitalist　名資本主義者，資本家

★ caput「頭」が語源と知ればナットク！

138
□ **tongue** [tʌ́ŋ]　☆「舌」の意味から発展。

speak in a foreign **tongue**　名外国の**言葉**でしゃべる

◆mother tongue　「母語」

139
□ credit [krédit] ☆「信用，クレジット」以外。

credit for the discovery	名その発見の功績［名誉，手柄］

140
□ succeed [səksíːd] ☆「成功する」以外には？

succeed *to* the crown	動王位を受け継ぐ

◇succéssion 名継続，継承 ★success と区別しよう。
◇succéssive 形連続する
◇succéssful 形〈人が〉成功した，出世した

141
□ settle [sétl]

1. **settle** the dispute	動紛争を解決する
2. **settle** in America	動アメリカに定住する
3. get married and **settle** *down*	動結婚して落ち着く

◇séttlement 名①解決　②入植地；定住
◇séttler 名移民

142
□ vision [víʒən] ☆「見ること」が語源だが…。

1. a **vision** of the city	名その都市の未来像
2. a leader of **vision**	名先見の明のある指導者
3. have poor **vision**	名視力が弱い

143
□ but [bʌ́t]

1. I have **but** one question.	副1つだけ質問がある（= only）
2. They *all* went out **but** me.	前私を除いて皆出かけた（= except）

◆nothing but A 「Aのみ，Aにすぎない」= only A

144
□ given [gívn] ☆元はgiveの過去分詞だが…。

1. in a **given** situation	形ある特定の状況で［一定の］
2. **given** the present conditions	前現状を考慮すると［～が与えられれば］
3. **given** *that* you are young	接君が若いことを考慮すると

145
□ **pay** [péi]　☆「支払う」の他に。

1. equal pay for equal work　名同じ仕事に対する同じ給料
2. Honesty doesn't always pay.　動正直は割に合うとは限らない［採算がとれる］

146
□ **good** [gúd]

1. a good many people　形かなり多くの人［十分な］
2. work for the public good　名公共の利益のために働く

★「多くのよい人」は many good people だ。

147
□ **discipline** [dísiplin]　☆発音も注意。

1. teach students discipline　名学生に規律を教える［しつけ，訓練］
2. scientists of many disciplines　名いろんな分野の科学者たち

◇self-díscipline　名自制心

148
□ **bill** [bíl]

1. an electricity bill　名電気代の請求書
2. a ten dollar bill　名10ドル紙幣　★《英》は note。
3. pass a bill　名法案を可決する

149
□ **relief** [rilí:f]

1. breathe a sigh of relief　名安心してため息をつく
2. relief from poverty　名貧困に対する救済
3. relief from stress　名ストレスの除去

◇relíeve　動〈不安・苦痛など〉を取り除く，～を安心させる

150
□ **board** [bɔ́:rd]　☆「板」以外。動詞に注意。海外旅行必修！

1. board a plane　動飛行機に乗り込む
2. the school board　名教育委員会

◇abóard　副〈乗り物に〉乗って（＝on board）

151
□ mad [mǽd]

☆「狂った」とは限らない。

She *got* mad at me.	形彼女は私に腹を立てた

★「狂った」よりはるかに頻度が高い。

152
□ yield [jíːld]

1. yield food and wood	動食料や木材を産出する (= produce)
2. yield *to* pressure	動圧力に屈する
3. Radio yielded *to* television.	動ラジオはテレビに取って代わられた

★熟語で言い換える問題が頻出。2 = give in to, 3 = give way to。

153
□ rear [ríər]

1. a rear seat	名後部座席 [後ろ]
2. rear three children	動3人の子供を育てる (= raise, bring up)

154
□ fancy [fǽnsi]

☆ 2はまれ。

1. fancy restaurant	形高級レストラン
2. fancy myself a novelist	動自分が小説家だと想像する [名空想]

155
□ shame [ʃéim]

1. feel no shame	名恥と思わない
2. What *a* shame!	名なんと残念なことか

◆it is a shame that～ 「～とは残念なことだ」 = it is a pity that～

156
□ waste [wéist]

1. waste money	動お金を浪費する [名浪費]
2. industrial waste	名産業廃棄物

4 多義

157
□ **drive** [dráiv] (drive; drove; driven)

1. drive the dog *away*	動犬を追い払う［～を追いやる］
2. be driven by curiosity	動好奇心に駆りたてられる
3. my strong drive to succeed	名成功したいという強い欲求［衝動］

158
□ **accent** [ǽksent] ☆「アクセント」以外。

English with an Italian accent	名イタリアなまりの英語

159
□ **make** [méik]

He will make a good teacher.	動彼はよい教師になるだろう

★ become に比べて，素質や努力などを含意。

160
□ **late** [léit] ☆「遅い」だけではない。

1. in his late thirties	形彼の30代の終わりごろに
2. *the* late Mr. Ford	形故フォード氏

★ 1は38，39歳ごろのこと。

161
□ **soul** [sóul]

1. her body and soul	名彼女の肉体と魂
2. There was *not a* soul there.	名そこには1人もいなかった（まれ）

★ 2は否定文で用いる。

162
□ **arms** [á:rmz] ☆「うで」以外。つねにsがつく。

arms control	名軍備制限［兵器，武力］

◇armed 形武装した

163
□ **vice** [váis]

1. virtue and vice	名美徳と悪徳
2. vice president	形副大統領

◆vice versa 「逆もまた同様」
◇vícious 形悪意のある

164
□ **story** [stɔ́:ri]

a five-story building	名 5階建ての建物

165
□ **move** [mú:v]

☆「動く，動かす，引っ越す」以外。

She was moved by my story.	動 彼女は私の話に感動した

166
□ **lot** [lát]

a parking lot	名 駐車場［土地，一区画］

167
□ **trick** [trík]

☆中核的意味は「巧妙な行為」だ。

1. teach the dolphin new tricks	名 イルカに新しい芸を教える［手品］
2. a trick for memorizing words	名 単語を覚えるコツ
3. *play* a trick *on* the teacher	名 先生にいたずらする
4. trick him *into* buying the pot	動 彼をだましてそのつぼを買わせる
5. a clever trick	名 巧妙なたくらみ［策略］

168
□ **spring** [spríŋ]

☆「春；泉」だけではない！

New companies will spring up there.	動 そこに新しい会社が出現するだろう

◆hot spring 「温泉」 ★ 普通 ～s。

★ **spring** は **come** と同じように「出現する，生じる」という意味が多い。また，熟語でも，**spring to life** = **come to life**「活気づく」，**spring to mind** = **come to mind**「心に浮かぶ」など，**spring** = **come** が多い。(**spring** ; **sprang** ; **sprung**)

169
□ **pose** [póuz]

☆「ポーズ，姿勢」以外に？

1. pose a problem	動 問題を引き起こす（= cause）
2. pose a question	動 疑問を提起する

4 多義

170
□ fit [fít]

☆「～に合う」以外。

1. The water is fit *to* drink.	形その水は飲むのに適する
2. go to the gym to keep fit	形健康でいるためにジムに通う

◇fítness 名健康

171
□ note [nóut]

1. take notes on what you hear	名聞くことをメモする
2. He noted that America is a big country.	動アメリカは大国だと彼は書いた［指摘する］
3. Note that the book is non-fiction.	動その本は実話だということに注意しなさい
4. He is noted *for* his intelligence.	形彼は知的なことで有名だ
5. a ten-pound note	名10ポンド紙幣《英》

★「1冊のノート」は a notebook だ。memo は「連絡票」。

◆a thank-you note 「礼状」

172
□ control [kəntróul]

(～led; ～ling)

1. gun control laws	名銃規制法
2. control group	名実験の対照群

173
□ authority [ɔːθɔ́rəti]

1. the school authorities	名学校当局（複数形で）
2. the authority of the state	名国家の権力（= power）［権限］
3. an authority *on* biology	名生物学の権威（= expert）［専門家］

174
□ say [séi]

1. Consider a fruit, say, an orange.	フルーツ，たとえばオレンジを考えよ
2. Let's say you have a million dollars.	君が100万ドル持っていると仮定しよう
3. What do you say to go*ing* on a trip?	旅に出かけたらどうですか

★ 3 は勧誘で，How about Ving? とほぼ同意。

● 教育　ジャンル別 16

□ **admission** [ədmíʃən]	入学
□ **applicant** [ǽplikənt]	志願者，応募者 ◆successful～「合格者」
□ **bachelor** [bǽtʃələr]	学士
□ **credit** [krédit]	単位
□ **curriculum** [kəríkjələm]	カリキュラム
□ **degree** [digríː]	学位
□ **department** [dipάːrtmənt]	学部
□ **diploma** [diplóumə]	（高校・大学の）卒業証書
□ **dorm** [dɔ́ːrm]	寮 = dormitory
□ **enrollment** [enróulmənt]	入学，登録
□ **freshman** [fréʃmən]	新入生
□ **graduate** [grǽdʒuət]	大学卒業生，学士；大学院生
□ **handout** [hǽndaut]	プリント
□ **lecture** [léktʃər]	講義
□ **major** [méidʒer]	専攻
□ **material** [mətíəriəl]	資料
□ **office hours**	（教員の）研究室在室時間
□ **photocopy** [fóutoukαpi]	（コピー機で複写した）コピー ◇copy 名写し，コピー
□ **qualified** [kwάləfaid]	資格のある，必要条件を満たした
□ **quiz** [kwíz]	小テスト
□ **recommendation** [rekəmendéiʃən]	推薦（状）
□ **requirement** [rikwáiərmənt]	必要条件，必要資格
□ **scholarship** [skάlərʃip]	奨学金
□ **semester** [səméstər]	（2学期制の）学期
□ **sophomore** [sάfəmɔːr]	（大学・高校の）2年生 ★junior「高校・大学の最終学年の1つ下の学年制」，senior「最上級生」。
□ **syllabus** [síləbəs]	シラバス，講義概要，時間割
□ **term** [tə́ːrm]	（3学期制の）学期
□ **tuition** [tʃu(ː)íʃən]	授業（料）
□ **tutor** [tʃúːtər]	個別指導教員
□ **undergraduate** [ʌndərgǽdʒuət]	大学生，学部生

4 多義

INDEX

見出しの語は黒の太字で示した。

A

□**abandon** 133
□**ability** 56
□able 56
□abnormal 18
□aboard 340
□abound 304
□**above** 19
□**abroad** 101
□absence 94
□**absent** 94
□absolute 309
□**absolutely** 309
□**absorb** 185
□absorption 185
□**abstract** 255, 300
□abundance 304
□**abundant** 304
□**abuse** 252
□**accent** 342
□**accept** 129, 177
□acceptable 177
□acceptance 177
□**access** 158
□accessible 158
□**accessory** 20
□**accident** 56
□accidental 215
□**accidentally** 215
□**accompany** 219
□**accomplish** 265
□accomplished 265
□accomplishment 265
□**accordingly** 263
□**account** 330
□**accountant** 108
□accuracy 210
□**accurate** 210
□accusation 227
□**accuse** 227
□**accustomed** 253
□ache 73
□**achieve** 180
□achievement 180
□**acid** 307
□acknowledge 122
□**acquaintance** 246
□**acquire** 124
□acquired 124
□acquisition 124
□**act** 38
□action 38
□**active** 96, 257
□activist 96
□activity 96
□**actor** 65
□actress 65
□actual 98
□**actually** 98
□**adapt** 135
□adaptable 135
□adaptation 135
□**add** 178
□addition 178
□**address** 336
□**adequate** 300
□**adjust** 140
□adjustment 140
□administer 247
□**administration** 247
□administrative 247
□administrator 247
□admirable 132
□admiration 132
□**admire** 132
□admission 122, 345
□**admit** 122
□adolescence 306
□**adolescent** 306
□**adopt** 130
□adoption 130
□adulthood 13
□**advance** 146
□advanced 146
□advancement 146
□**advantage** 190
□advantageous 190
□adventure 248
□advertise 204
□advertisement 204
□**advertising** 204
□advice 182
□**advise** 182
□**affair** 275
□**affect** 179
□**affection** 282
□affectionate 282
□**afford** 126
□affordable 126
□**afraid** 85
□**afterward** 171
□**age** 52, 168
□**aged** 52, 168
□**agency** 157
□agent 157
□aggression 302
□**aggressive** 302
□**agree** 327
□agricultural 203
□**agriculture** 203
□**ahead** 101
□**aid** 71
□**aim** 126
□aircraft 250
□**alarm** 140
□alarmed 140
□alarming 140
□**album** 20
□**alcoholic** 303
□**alien** 258
□alienate 258
□**alike** 167
□alive 89, 304
□**allow** 112
□**almost** 98

- □**alone** 84
- □aloud 93
- □**alphabet** 20
- □**already** 104
- □**also** 105
- □**alter** 264
- □alteration 264
- □alternate 157
- □**alternative** 157
- □**although** 107
- □**altogether** 262
- □**amateur** 20
- □**amaze** 137
- □amazed 137
- □amazing 137
- □**ambition** 281
- □ambitious 281
- □**amount** 327
- □**amuse** 134
- □amused 134
- □amusement 134
- □amusing 134
- □**analysis** 202
- □analyst 202
- □analyze 202
- □**ancestor** 201, 206
- □ancestry 201
- □**ancient** 201, 206
- □anger 88
- □**angle** 297
- □**angry** 88
- □**animal** 176
- □**ankle** 290, 311
- □**announce** 186
- □announcement 186
- □**annoy** 181
- □annoyance 181
- □annoyed 181
- □annoying 181
- □**annual** 253
- □annually 253
- □**another** 91
- □**ant** 216
- □**anthropologist** 287
- □anthropology 287
- □**antibiotic** 287
- □antibody 287
- □anxiety 168
- □**anxious** 168
- □**anybody** 78
- □**anything** 78
- □**anytime** 104
- □**anyway** 104
- □**anywhere** 105
- □**apart** 102
- □**apartment** 312
- □**ape** 296
- □**apologize** 183
- □apology 183
- □apparent 214
- □**apparently** 214
- □**appeal** 135
- □appealing 135
- □**appear** 37, 150
- □**appearance** 37, 150
- □**appetite** 283
- □appliance 200
- □**applicant** 120, 345
- □application 120
- □**apply** 120
- □**appoint** 150, 229
- □**appointment** 150, 229
- □**appreciate** 333
- □appreciation 333
- □**approach** 122
- □**appropriate** 208
- □approval 141
- □**approve** 141
- □approximate 215
- □**approximately** 215
- □**April** 8
- □**aquarium** 312
- □architect 285
- □architectural 285
- □**architecture** 285
- □**area** 76
- □**argue** 123
- □argument 123
- □**arise** 264
- □armed 342
- □**arms** 342
- □**army** 69
- □**arrange** 133
- □arrangement 133
- □**arrest** 223
- □arrival 37
- □**arrive** 37
- □**art** 330
- □**article** 332
- □**artificial** 209
- □ascend 232
- □**ashamed** 301
- □**asleep** 92
- □**aspect** 278
- □**assert** 272
- □assertion 272
- □assertive 272
- □**assign** 230
- □assignment 230
- □**assist** 140
- □assistance 140
- □assistant 140
- □**associate** 129
- □association 129
- □**assume** 331
- □assumption 331
- □**assure** 223
- □**astonish** 227
- □astonished 227
- □astonishing 227
- □astronaut 292
- □astronomer 292
- □**astronomy** 292
- □**athlete** 192
- □athletic 192
- □athletics 192
- □**atmosphere** 155
- □atmospheric 155
- □atom 296
- □atomic 296
- □**attach** 221
- □attachment 221
- □**attack** 16
- □**attempt** 147
- □**attend** 316
- □attendance 316
- □**attendant** 78, 108
- □**attention** 12
- □attentive 316
- □**attitude** 189
- □**attract** 130
- □attraction 130
- □attractive 130
- □**attribute** 228

□ **audience** …… 154
□ **August** …… 8
□ **author** …… 190
□ **authority** …… 344
□ **available** …… 160
□ avenue …… 200
□ **average** …… 56
□ **avoid** …… 178
□ **awake** …… 168
□ awaken …… 168
□ **award** …… 249
□ **aware** …… 206
□ awareness …… 206
□ awe …… 255
□ **awful** …… 255
□ awfully …… 255
□ **awkward** …… 259

B

□ **bachelor** …… 345
□ **background** …… 156
□ **backyard** …… 312
□ **badly** …… 102
□ **balance** …… 76
□ balanced …… 76
□ **bamboo** …… 187
□ **ban** …… 218
□ **bank** …… 312
□ **barber** …… 108
□ bare …… 262
□ barefoot …… 262
□ **barely** …… 262
□ **bark** …… 46
□ **barrier** …… 275
□ **base** …… 115
□ basement …… 115
□ basic …… 115
□ **basis** …… 247
□ **bat** …… 176
□ **bath** …… 66
□ bathe …… 66
□ bathing …… 66
□ bathroom …… 66
□ **battle** …… 69
□ **bay** …… 289
□ beach …… 68
□ **bean** …… 170
□ **bear** …… 39, 333
□ **beard** …… 311
□ **beat** …… 336
□ **bee** …… 216
□ **beetle** …… 216
□ **beg** …… 268
□ beggar …… 268
□ **begin** …… 50
□ behave …… 189
□ **behavior** …… 189
□ **belief** …… 58
□ believe …… 58
□ **belong** …… 124
□ belongings …… 124
□ **below** …… 19
□ **bend** …… 271
□ **beneath** …… 263
□ beneficial …… 151
□ **benefit** …… 151
□ **beside** …… 19
□ **besides** …… 173, 174
□ **bet** …… 220
□ **beyond** …… 173
□ **bike** …… 70
□ **bilingual** …… 160
□ **bill** …… 340
□ **billion** …… 198
□ biodiversity …… 290
□ **biological** …… 212
□ biologist …… 212
□ biology …… 212
□ birth …… 39
□ **bit** …… 58
□ **bite** …… 50, 149
□ **bitter** …… 257
□ **blackboard** …… 15
□ **blame** …… 131
□ **blank** …… 65
□ **blanket** …… 311
□ bleed …… 58
□ **blind** …… 96, 307
□ **block** …… 66
□ **blood** …… 58
□ **blossom** …… 277
□ **blow** …… 45
□ **board** …… 340
□ **boil** …… 50
□ **bomb** …… 283
□ bombing …… 283
□ **bond** …… 291
□ **bone** …… 311
□ **book** …… 329
□ booking …… 329
□ **border** …… 242
□ **bore** …… 123
□ bored …… 123
□ boredom …… 123
□ boring …… 123
□ **born** …… 39
□ **borrow** …… 47, 182
□ **boss** …… 108
□ **botanical garden** …… 312
□ **both** …… 105
□ **bother** …… 134
□ **bottom** …… 72
□ bough …… 158
□ **bound** …… 338
□ **boundary** …… 281
□ **bow** …… 225
□ **bowel** …… 311
□ **box** …… 20
□ **brain** …… 155
□ brainstorm …… 155
□ **branch** …… 158
□ **brave** …… 302
□ breadth …… 97
□ **break** …… 335
□ **breast** …… 237, 311
□ breath …… 184
□ **breathe** …… 184
□ **breed** …… 225
□ **brief** …… 211
□ **bright** …… 91, 337
□ **brilliant** …… 259
□ **broad** …… 97
□ **broadcast** …… 267
□ broaden …… 97
□ **brow** …… 311
□ **budget** …… 283
□ **bug** …… 216
□ **build** …… 16
□ **bull** …… 176
□ bully …… 294
□ **bullying** …… 294

- **burden** ……246
- burial ……265
- **burn** ……16
- **burst** ……225
- **bury** ……265
- **business** ……15
- **busy** ……85
- **but** ……339
- **butcher** ……108
- **butterfly** ……216
- **button** ……14
- by-product ……177

C

- **cabbage** ……170
- **cactus** ……187
- **cafeteria** ……15
- **cage** ……78
- **calculate** ……267
- calculation ……267
- **calm** ……165
- **camel** ……176
- **camera** ……20
- **camp** ……20
- **campaign** ……283
- **canary** ……216
- **cancer** ……285
- **candidate** ……282
- **candle** ……20
- capability ……163
- **capable** ……163
- **capacity** ……157
- **capital** ……338
- capitalism ……338
- capitalist ……338
- **captain** ……20
- captive ……231
- captivity ……231
- **capture** ……231
- carbohydrate ……295
- **carbon** ……190
- **care** ……325
- **career** ……195
- carefree ……325
- **careful** ……89
- carefully ……89
- careless ……89, 325
- **carpenter** ……108
- **carry** ……17
- **cartoon** ……195
- **case** ……315
- **cash** ……67
- **cashier** ……108
- **cast** ……228
- **castle** ……288
- **casual** ……255
- **category** ……275
- **caterpillar** ……216
- **cattle** ……297
- **cause** ……323
- **cave** ……73
- **cease** ……218
- ceaseless ……218
- **cedar** ……187
- **ceiling** ……312
- **celebrate** ……142
- celebrated ……142
- celebration ……142
- celebrity ……142
- **cell** ……204
- **cell phone** ……78
- center ……90
- **central** ……90
- **century** ……52
- **ceremony** ……54
- **certain** ……315
- certainly ……315
- certainty ……315
- **chairman** ……108
- chalk ……15
- **challenge** ……317
- challenging ……317
- **chamber** ……312
- **chance** ……326
- **change** ……324
- **character** ……319
- **characteristic** ……152
- characterize ……319
- **charge** ……334
- charitable ……194
- **charity** ……194
- **charm** ……247
- charming ……247
- **chase** ……234
- **chat** ……269
- chatter ……269
- **cheap** ……90
- **cheat** ……233
- **check** ……337
- **cheek** ……311
- **cheer** ……116
- cheerful ……116
- **chemical** ……164
- chemist ……164
- chemistry ……164
- **chest** ……237, 311
- **chestnut** ……187
- chew ……149
- **chief** ……93
- chiefly ……93
- **childhood** ……13
- choice ……36
- **choose** ……36
- **chopstick(s)** ……79, 308
- **chorus** ……20
- **church** ……312
- **cicada** ……216
- cigar ……15
- cigarette ……15
- **circle** ……297
- circuit ……249
- circular ……249
- circulate ……249
- **circulation** ……249
- **circumstance** ……280
- **citizen** ……195
- citizenship ……195
- **civil** ……169
- civilian ……169
- **civilization** ……276
- civilized ……276
- **claim** ……121
- **clap** ……225
- **class** ……325
- classification ……272
- **classify** ……272
- clean ……94
- **clear** ……96
- clearly ……96
- clerk ……79
- **clever** ……93

□**client** 250
□**climate** 154
□**climb** 42
□**close** 326
□**closet** 154, 312
□cloth 72
□**clothes** 72
□clothing 72
□**clue** 280
□**coal** 70
□**coast** 68, 74
□**cockroach** 216
□**cod** 310
□**code** 293
□coexist 177
□cognition 308
□**cognitive** 308
□**collapse** 226
□**collar** 311
□**colleague** 202
□**collect** 43
□collection 43
□collector 43
□**college** 312
□**colony** 278
□color (-) blind 96
□**colorful** 20
□combination 135
□**combine** 135
□comedy 287
□comfort 207
□**comfortable** 207
□**command** 333
□**comment** 46
□commentator 46
□**commercial** 91
□commission 219
□**commit** 219
□commitment 219
□**committee** 282
□**common** 159
□commonplace 159
□**communicate** 40
□communication 40
□**community** 56
□**companion** 280
□**company** 315
□comparable 119
□comparatively 119, 214
□**compare** 119
□comparison 119
□compassion 276
□**compete** 186
□competition 186
□competitive 186
□competitor 186
□**complain** 180
□complaint 180
□**complete** 205
□completely 205
□**complex** 162
□complexity 162
□**complicated** 299
□complication 299
□**component** 287
□**compose** 221
□composer 221
□composition 221
□**computer** 20
□conceive 297
□**concentrate** 134
□concentration 134
□**concept** 297
□conception 297
□**concern** 320
□concerning 320
□**conclude** 266
□conclusion 266
□**concrete** 255, 300
□**condition** 15
□**conduct** 334
□conductor 334
□**cone** 297
□**conference** 274
□**confidence** 199
□confident 199
□confidential 199
□**confirm** 266
□**conflict** 279
□**confront** 222
□confrontation 222
□**confuse** 126
□confused 126
□confusing 126
□confusion 126
□**congress** 289
□**connect** 128
□connection 128
□**conquer** 270
□conquest 270
□**conscious** 165
□**consequence** 203
□consequently 203
□**conservation** 293
□conservationist 293
□**conservative** 302
□conserve 293
□**consider** 110
□**considerable** 209
□considerably 209
□considerate 110
□consideration 110
□considering 110
□**consist** 131
□consistency 260
□**consistent** 260
□**constant** 91
□constantly 91
□**constitute** 229
□**constitution** 247
□construct 199
□**construction** 199
□constructive 199
□**consult** 223
□consultant 223
□**consume** 186
□consumer 186
□consumption 186
□**contact** 58
□**contain** 179
□container 179
□**contemporary** 253
□**content** 322
□**contest** 20
□**context** 243
□**continent** 274
□continental 274
□continual 111
□**continue** 111
□continuity 111
□continuous 111
□**contract** 237
□contraction 237
□**contrary** 172

- **contrast** ... 193
- **contribute** ... 128
- contribution ... 128
- **control** ... 76, 344
- **controversial** ... 305
- controversy ... 305
- convenience ... 209
- **convenient** ... 209
- **convention** ... 250
- conventional ... 250
- **conversation** ... 55
- **convert** ... 229
- **convey** ... 268
- conviction ... 129
- **convince** ... 129
- convincing ... 129
- **cooperate** ... 269
- cooperation ... 269
- cooperative ... 269
- **cope** ... 265
- **copy** ... 20
- **core** ... 251
- **corn** ... 20
- corporate ... 278
- **corporation** ... 278
- **correct** ... 160
- correlation ... 119
- **correspond** ... 227
- correspondence ... 227
- corresponding ... 227
- **corridor** ... 312
- **cortex** ... 311
- **cosmetics** ... 311
- **cost** ... 114
- costly ... 114
- **cotton** ... 311
- **cough** ... 284
- **council** ... 295
- counselor ... 282
- **count** ... 332
- **couple** ... 20
- **courage** ... 276
- courageous ... 276
- **course** ... 15
- **court** ... 338
- **cover** ... 329
- **cow** ... 176
- **coworker** ... 108
- **craft** ... 250
- craftsman ... 250
- **crash** ... 223
- **crazy** ... 94
- **create** ... 36, 194
- creation ... 36
- creative ... 36
- creativity ... 36
- **creature** ... 194
- **credit** ... 339, 345
- **crew** ... 274
- **crime** ... 201
- criminal ... 201
- **crisis** ... 200
- critic ... 184
- critical ... 200
- criticism ... 184
- **criticize** ... 184
- **crop** ... 200
- cross-border ... 242
- **crow** ... 216
- **crowd** ... 191
- crowded ... 191
- **crucial** ... 303
- **cruel** ... 303
- cruelty ... 303
- **cube** ... 73, 297
- **cuckoo** ... 216
- **cucumber** ... 170
- **cultivate** ... 224
- cultivation ... 224
- cultural ... 52
- **culture** ... 52
- cupboard ... 154
- **cure** ... 139
- curiosity ... 169
- **curious** ... 169
- currency ... 162
- **current** ... 162
- **curriculum** ... 287, 345
- **custom** ... 148
- customary ... 148
- **customer** ... 79, 148
- **cute** ... 20
- **cycling** ... 20

D

- **dad** ... 108
- **daily** ... 87
- **damage** ... 62, 157
- danger ... 86, 235
- **dangerous** ... 86, 235
- **dark** ... 89
- darkness ... 89
- **date** ... 59
- **dawn** ... 240
- **dead** ... 89
- **deaf** ... 307
- **deal** ... 325
- death ... 89
- **debate** ... 201
- **debt** ... 287
- **decade** ... 192
- deceit ... 268
- **deceive** ... 268
- **December** ... 8
- deception ... 268
- **decide** ... 111
- decision ... 111
- decisive ... 111
- declaration ... 264
- **declare** ... 264
- **decline** ... 126
- **decorate** ... 143
- decoration ... 143
- decrease ... 110
- **deep** ... 85
- deepen ... 85
- **deer** ... 176
- **defeat** ... 14, 264
- **defend** ... 266
- defense ... 266
- **define** ... 268
- defining ... 268
- definite ... 215, 268
- **definitely** ... 215
- definition ... 268
- **degree** ... 335, 345
- **delay** ... 135
- deliberate ... 263

□ **deliberately** 263
□ **delicate** 254
□ **delicious** 95
□ **delight** 155
□ delighted 155
□ delightful 155
□ **deliver** 138
□ delivery 138
□ **demand** 114
□ demanding 114
□ demerit 279
□ **democracy** 238
□ democrat 238
□ democratic 238
□ **demonstrate** 220
□ demonstration 220
□ denial 335
□ dense 297
□ **density** 297
□ **dentist** 108
□ **deny** 335
□ **department** ... 152, 345
□ **depend** 114
□ dependence 114
□ dependent 114
□ **depress** 223
□ depressed 223
□ depressing 223
□ depression 223
□ **deprive** 227
□ depth 85, 194
□ **derive** 271
□ **descend** 232
□ descendant 201, 232
□ descent 232
□ **describe** 117
□ description 117
□ **desert** 156
□ deserted 156
□ **deserve** 273
□ **design** 15
□ **designer** 20
□ desirable 191
□ **desire** 191
□ **desperate** 259
□ desperately 259
□ **despite** 215
□ **dessert** 308
□ **destination** 277
□ **destroy** 120
□ destruction 120
□ destructive 120
□ **detail** 191
□ detailed 191
□ **detect** 234
□ detective 234
□ determination 179
□ **determine** 179
□ **develop** 111
□ development 111
□ **device** 200
□ devise 200
□ **devote** 233
□ devoted 233
□ devotion 233
□ **dialect** 291
□ **diary** 15
□ **dictionary** 79
□ die 89
□ **diet** 337
□ the Diet 289
□ dietary 337
□ **differ** 82, **181**
□ difference 82, 181
□ **different** **82**, 181
□ differentiate 181
□ **difficult** 82
□ difficulty 82
□ **dig** 46
□ **digital** 18
□ **dimension** 245
□ **diminish** 235
□ **dinosaur** 294
□ **diploma** 345
□ **direct** 331
□ **director** 108
□ direction 331
□ **dirty** 94
□ **disability** 251
□ disabled 56, 251
□ disadvantage 190
□ **disagree** 50
□ disappear 37, 150
□ **disappoint** 132
□ disappointed 132
□ disappointing 132
□ disappointment 132
□ disapprove 141
□ **disaster** 295
□ disastrous 295
□ **discipline** 340
□ discomfort 207
□ **discount** 14
□ discourage 118
□ **discover** 38
□ discovery 38
□ discriminate 290
□ **discrimination** 290
□ **discuss** 179
□ discussion 179
□ **dish** 308
□ dishonest 92
□ **dislike** 45
□ **dismiss** 225
□ dismissal 225
□ disorder 319
□ **display** 134
□ **dispute** 277
□ **distance** 191
□ distant 191
□ distinct 265
□ distinction 265
□ distinctive 265
□ **distinguish** 265
□ distinguished 265
□ **distress** 249
□ **distribute** 269
□ distribution 269
□ **district** 280
□ distrust 183
□ **disturb** 133
□ disturbance 133
□ disturbing 133
□ diverse 290
□ **diversity** 290
□ **divide** 181
□ division 181
□ **divorce** 245
□ **do** 318
□ **document** 197
□ **dolphin** 310
□ **domestic** 167
□ domesticated 167
□ dominant 266

- **dominate** 266
- **donkey** 176
- **dorm** 345
- **dormitory** 312
- **double** 17
- **doubt** 59
- doubtful 59
- **dove** 216
- **downstairs** 73, 103, 312
- **downtown** 103
- **dozen** 286
- **draw** 121
- **drawer** 121, 312
- **dream** 54
- **dress** 40
- dressing 40
- **drive** 16, 342
- **drop** 40
- **drown** 231
- **drug** 62
- **dry** 17
- **duck** 216
- **due** 331
- **dull** 254
- durable 266
- **during** 106
- dusk 240
- **duty** 153
- duty-free 153
- **dye** 311

E

- **eager** 167
- eagerly 167
- **eagle** 216
- **earn** 126
- **earth** 15
- **earthquake** 200
- **ease** 69
- easy 69
- **ecological** 308
- ecologist 308
- ecology 308
- economic 148
- economical 148
- **economy** 148
- ecosystem 308
- ecotourism 277
- **edge** 199
- edit 286
- edition 286
- **editor** 286
- editorial 286
- **educate** 181
- educated 181
- education 181
- educational 181
- **effect** 145
- effective 145
- efficiency 166
- **efficient** 166
- **effort** 188
- **egg plant** 170
- **either** 100
- **elaborate** 307
- **elbow** 72, 311
- **elderly** 211
- **elect** 230
- election 230
- electric 202
- electrical 202
- **electricity** 202
- electronic 202
- elegance 95
- **elegant** 95
- **element** 154
- elementary 154
- **elephant** 176
- elevate 312
- **elevator** 312
- **eliminate** 219
- elimination 219
- **else** 100
- e-mail 61
- **embarrass** 141
- embarrassed 141
- embarrassing 141
- embarrassment 141
- **embrace** 236
- **emerge** 233
- emergence 233
- **emergency** 233, 238
- emigrate 239
- **emission** 296
- emit 296
- **emotion** 198
- emotional 198
- emperor 285
- emphasis 273
- **emphasize** 273
- **empire** 285
- **employ** 133
- employee 133
- employer 133
- employment 133
- **empty** 208
- **enable** 180
- **encounter** 134
- **encourage** 118, 276
- encouragement 118
- **end** 323
- **endanger** 235
- endurance 266
- **endure** 266
- enduring 266
- **enemy** 199
- **energy** 12
- energetic 12
- **engage** 133
- engagement 133
- **engine** 20
- **engineer** 79
- engineering 79
- **enhance** 269
- **enjoy** 36
- enjoyable 36
- **enormous** 209
- **enrollment** 345
- **ensure** 218
- **enter** 47
- **enterprise** 243
- **entertain** 266
- entertainment 266
- **enthusiasm** 240
- enthusiastic 240
- **entire** 207
- entirely 207
- entrance 47
- entry 47
- **envelope** 193
- envious 234

- **environment** 189
- environmental 189
- environmentalist 189
- **envy** 234
- **equal** 85
- equality 85
- **equip** 196, 232
- **equipment** 196, 232
- **equivalent** 241
- **era** 277
- **error** 65
- **escalator** 312
- **escape** 125
- **especially** 99
- **essay** 13
- essence 206
- **essential** 206
- **establish** 118
- establishment 118
- **estimate** 126
- **ethic** 252
- ethical 252
- **ethnic** 258
- **evaluate** 271
- evaluation 271
- **even** 320
- evenly 320
- **event** 14
- **eventually** 213
- **ever** 105
- everyday 87
- **everywhere** 105
- **evidence** 203
- evident 203
- **evil** 168
- **evolution** 275
- evolve 275
- exact 171
- **exactly** 171
- **exaggerate** 270
- exaggeration 270
- examination 127
- **examine** 127
- **exceed** 269, 301
- excel 208, 224
- excellence 208
- **excellent** 208
- **except** 174
- **exception** 275
- exceptional 275
- excess 301
- **excessive** 301, 306
- **exchange** 180
- excite 87
- excited 87
- excitement 87
- **exciting** 87
- exclude 111
- **excuse** 148
- **executive** 280
- **exercise** 332
- exhaust 255
- **exhausted** 255
- exhausting 255
- exhaustion 255
- **exhibit** 142
- exhibition 142
- **exist** 177
- existence 177
- existing 177
- **expand** 132
- expansion 132
- **expect** 110
- expectation 110
- expenditure 206
- expense 206
- **expensive** 90, 206
- **experience** 77
- experienced 77
- **experiment** 192
- experimental 192
- **expert** 108
- **explain** 177
- explanation 177
- explode 288
- exploration 185
- **explore** 185
- **explosion** 288
- explosive 288
- export 136
- **expose** 139
- exposure 139
- **express** 178
- expression 178
- expressive 178
- **extend** 131
- extension 131
- extensive 131
- **extent** 131, 204
- external 254
- extinct 288
- **extinction** 288
- **extraordinary** 89, 300
- extreme 214, 306
- **extremely** 214
- eyebrow 311

F

- **face** 315
- facilitate 238
- **facility** 238
- **fact** 51
- **factor** 290
- **factory** 312
- **faculty** 245
- **fade** 268
- **fail** 326
- failure 326
- **fair** 92
- **fairly** 102
- **faith** 240
- faithful 240
- **fall** 16
- **false** 86, 261
- fame 84
- **familiar** 160
- familiarity 160
- **famine** 288
- **famous** 84
- **fan** 20
- **fancy** 341
- **fantastic** 161
- fantasy 161
- **far** 104
- **fare** 287
- **farm** 62
- farmer 62
- **farming** 62
- **fascinate** 136
- fascinated 136
- fascinating 136

☐ fascination ……… 136
☐ **fashion** ……… 334
☐ fat ……… 295
☐ fatal ……… 284
☐ **fate** ……… 284
☐ **fault** ……… 331
☐ **favor** ……… 150
☐ favorable ……… 150
☐ **favorite** ……… 150, 207
☐ **fear** ……… 56
☐ fearful ……… 56
☐ **feather** ……… 311
☐ **feature** ……… 144
☐ **February** ……… 8
☐ **federal** ……… 305
☐ **fee** ……… 145
☐ **feed** ……… 125
☐ **feel** ……… 16
☐ feeling ……… 16
☐ **fellow** ……… 253
☐ female ……… 163
☐ **fence** ……… 20
☐ **fever** ……… 192
☐ **fiction** ……… 197
☐ fictional ……… 197
☐ **fight** ……… 39
☐ fighter ……… 39
☐ **figure** ……… 318
☐ **fill** ……… 16
☐ **film** ……… 15
☐ final ……… 100
☐ **finally** ……… 100
☐ finance ……… 209
☐ **financial** ……… 209
☐ **finding** ……… 292
☐ **fine** ……… 328
☐ **fire** ……… 330
☐ **firm** ……… 332
☐ **fisherman** ……… 108
☐ fist ……… 290
☐ **fit** ……… 344
☐ fitness ……… 344
☐ **fix** ……… 334
☐ **flag** ……… 14
☐ **flat** ……… 338
☐ **flavor** ……… 294
☐ **flea** ……… 216
☐ flexibility ……… 304
☐ **flexible** ……… 304
☐ **flight** ……… 61
☐ **float** ……… 185
☐ **flood** ……… 194
☐ **flow** ……… 63
☐ fluency ……… 307
☐ **fluent** ……… 307
☐ fluently ……… 307
☐ **fly** ……… 216
☐ **focus** ……… 128
☐ **fog** ……… 79, 175
☐ **fold** ……… 272
☐ **folk** ……… 288
☐ folklore ……… 288
☐ **follow** ……… 110
☐ following ……… 110, 165
☐ **fond** ……… 261
☐ **fool** ……… 70
☐ foolish ……… 70
☐ foot ……… 72
☐ **forbid** ……… 112, 267
☐ **force** ……… 112
☐ **forecast** ……… 282
☐ forefinger ……… 290
☐ **forehead** ……… 311
☐ **foreign** ……… 83
☐ foreigner ……… 83
☐ **forest** ……… 55
☐ **forever** ……… 18
☐ **forget** ……… 38
☐ forgetful ……… 38
☐ **forgive** ……… 143
☐ **form** ……… 323
☐ formal ……… 255, 323
☐ formation ……… 323
☐ **former** ……… 164
☐ formerly ……… 164
☐ **forth** ……… 103
☐ fortunate ……… 102, 323
☐ fortunately ……… 102, 323
☐ **fortune** ……… 323
☐ **forward** ……… 101
☐ **fossil** ……… 284
☐ **foster** ……… 235
☐ **found** ……… 224
☐ foundation ……… 224
☐ **fox** ……… 176
☐ **frame** ……… 242
☐ framework ……… 242
☐ **free** ……… 325
☐ **freedom** ……… 80, 325
☐ **freeze** ……… 140
☐ frequency ……… 213
☐ frequent ……… 213
☐ **frequently** ……… 213
☐ **freshman** ……… 345
☐ **Friday** ……… 7
☐ **friendly** ……… 90
☐ friendship ……… 90
☐ **frighten** ……… 137
☐ frightened ……… 137
☐ frightening ……… 137
☐ frigid ……… 298
☐ **frog** ……… 16
☐ **front** ……… 12
☐ **frontier** ……… 251
☐ **frost** ……… 79, 175
☐ frozen ……… 140
☐ **frustrate** ……… 227
☐ frustrated ……… 227
☐ frustrating ……… 227
☐ frustration ……… 227
☐ **fry** ……… 50
☐ **fuel** ……… 201
☐ **fulfill** ……… 224
☐ fulfillment ……… 224
☐ **full** ……… 17
☐ **fun** ……… 60
☐ **function** ……… 193
☐ **fund** ……… 281
☐ **fundamental** ……… 166
☐ funny ……… 60
☐ **fur** ……… 311
☐ furnish ……… 154
☐ **furniture** ……… 154
☐ further ……… 104
☐ furthermore ……… 214
☐ **future** ……… 53

G

☐ **gain** ……… 120
☐ **gallery** ……… 312
☐ **gap** ……… 68

□**garage** 312
□**garbage** 204
□**garlic** 170
□**gas** 61
□**gasoline** 20
□**gate** 312
□**gather** 43
□**gaze** 271
□**gender** 295
□**gene** 203
□**general** 165, 205
□generalization 205
□generalize 205
□generally 205
□**generate** 187
□**generation** 187, 191
□generosity 298
□**generous** 298
□genetic 203
□genetics 203
□**genius** 279
□**gentle** 95
□gently 95
□**genuine** 256
□geographical 290
□**geography** 290
□**gesture** 13
□**ghost** 14
□**ginger** 170
□**giraffe** 176
□**given** 339
□**glad** 90
□**glance** 267
□**global** 83
□globalization 83
□globe 83
□**glove** 14
□**goal** 60
□**goat** 176
□**god** 12
□**gold** 20
□**golden** 20
□**good** 340
□**goods** 194
□**goose** 216
□govern 188
□**government** 188
□governor 188
□**grab** 272
□**grade** 77
□gradual 214
□**gradually** 214
□**graduate** 127, 345
□graduation 127
□**grain** 243
□**grand** 17
□**grandchild** 17, 108
□**grandparents** 108
□**grant** 124
□**grasp** 226
□**grass** 67, 187
□**grateful** 304
□gratitude 304
□gravitational 252
□**gravity** 252
□greenhouse 296
□**greet** 266
□greeting 266
□**grocer** 108
□**grocery** 291
□**ground** 330
□**group** 20
□**grow** 35
□grown-up 35
□growth 35
□**guarantee** 266
□**guard** 68
□**guess** 179
□**guest** 63, 79
□guidance 63
□**guide** 63
□guilt 253
□**guilty** 253, 258
□**guitar** 20
□**gull** 216
□**gun** 20
□**guy** 71

H

□**habit** 190
□**habitat** 294
□habitual 190
□**hail** 175
□**halfway** 106
□**hall** 312
□**handkerchief** 20
□**handle** 184
□**handout** 345
□**hang** 38
□**happen** 17
□**hardly** 213
□**hare** 176
□**harm** 157
□harmful 157
□harmless 157
□harmonious 76
□**harmony** 76
□**harsh** 306
□**harvest** 286
□**hate** 16
□**hawk** 216
□**head** 325
□**headache** 73
□heading 325
□**heal** 233
□healing 233
□**health** 53
□healthy 53
□**heart** 20
□**heat** 76
□**heaven** 281
□**heavy** 86
□**height** 245
□heightened 245
□hell 281
□**help** 34, 321
□helpful 34
□**hemisphere** 286
□**hen** 216
□**heritage** 290
□**hero** 68
□heroic 68
□heroine 68
□hesitant 265
□**hesitate** 265
□hesitation 265
□**hide** 41
□**highly** 101
□**hippopotamus** 176
□**hire** 115
□historian 53

□historic ······ 53
□historical ······ 53
□**history** ······ 53
□**hobby** ······ 13
□**hold** ······ 34, 323
□**hole** ······ 14
□**homework** ······ 66
□**honest** ······ 92
□honesty ······ 92
□**honor** ······ 242
□honorable ······ 242
□**hope** ······ 48
□**horizon** ······ 246
□horizontal ······ 246
□horrible ······ 198
□horrify ······ 198
□**horror** ······ 198
□**hospital** ······ 312
□**host** ······ 63, 67
□hostess ······ 67
□**hotel** ······ 20
□**household** ······ 199
□**housewife** ······ 108
□**however** ······ 18
□**huge** ······ 206
□human ······ 57
□**human being** ······ 57
□**humanity** ······ 323
□**humor** ······ 67
□humorous ······ 67
□**hungry** ······ 17
□hunger ······ 17
□**hunt** ······ 41
□hunting ······ 41
□hurricane ······ 15
□**hurry** ······ 64
□**hurt** ······ 131
□**husband** ······ 80
□hydrogen ······ 281
□**hypothesis** ······ 286

I

□**idea** ······ 20
□**ideal** ······ 208
□identical ······ 138
□identification ······ 138
□**identify** ······ 138
□identity ······ 138
□ignorance ······ 308
□**ignorant** ······ 308
□**ignore** ······ 179
□**ill** ······ 17
□illegal ······ 169
□illiterate ······ 309
□**illness** ······ 14
□**illustrate** ······ 222
□illustration ······ 222
□image ······ 48
□**imaginable** ······ 305
□**imaginary** ······ 48, 305
□imagination ······ 48
□**imaginative** ······ 48, 305
□**imagine** ······ 48
□**imitate** ······ 273
□imitation ······ 273
□immature ······ 255
□immediate ······ 213
□**immediately** ······ 213
□**immigrant** ······ 239
□immigration ······ 239
□**immune** ······ 303
□**impact** ······ 156
□impartial ······ 318
□impatient ······ 150
□imperial ······ 285
□implication ······ 230
□**imply** ······ 230
□impolite ······ 210
□**import** ······ 136
□**important** ······ 18
□importance ······ 18
□**impose** ······ 229
□**impossible** ······ 87
□impress ······ 195
□**impression** ······ 195
□impressive ······ 195
□imprison ······ 280
□improper ······ 163
□**improve** ······ 115
□improvement ······ 115
□**in spite of** ······ 175
□inadequate ······ 300
□inappropriate ······ 208
□incapable ······ 163
□**incident** ······ 289
□incidental ······ 289
□inclination ······ 259
□**inclined** ······ 259
□**include** ······ 111
□including ······ 111
□**income** ······ 195
□incomplete ······ 205
□inconsistent ······ 260
□incorrect ······ 160
□**increase** ······ 110
□increasingly ······ 110
□**incredible** ······ 307
□incredibly ······ 307
□**indeed** ······ 100
□indefinitely ······ 215
□independence ······ 163
□**independent** ······ 163
□**indicate** ······ 124
□indication ······ 124
□indifference ······ 301
□**indifferent** ······ 301
□**individual** ······ 145
□individualism ······ 145
□individuality ······ 145
□industrial ······ 147
□industrialized ······ 147
□industrious ······ 147
□**industry** ······ 147
□**inevitable** ······ 301
□inevitably ······ 301
□inexpensive ······ 206
□infancy ······ 203
□**infant** ······ 203
□**infect** ······ 236
□infection ······ 236
□infectious ······ 236
□inferior ······ 165
□**influence** ······ 145
□influential ······ 145
□**inform** ······ 183
□informal ······ 323
□**information** ······ 52, 183
□infrastructure ······ 194
□**ingredient** ······ 286
□inhabit ······ 284
□**inhabitant** ······ 284

□**inherit** 269
□inheritance 269
□**initial** 303
□initially 303
□initiate 303
□**injure** 143
□injury 143
□**inner** 260
□innocence 258
□**innocent** 258
□**innovation** 295
□innovative 295
□input 250
□inquire 248
□**inquiry** 248
□**insect** 202
□inside 97
□**insight** 284
□**insist** 127
□inspiration 224
□**inspire** 224
□**instance** 191
□instant 214
□**instantly** 214
□**instead** 99
□**instinct** 285
□instinctive 285
□institute 156
□**institution** 156
□instruct 200
□**instruction** 200
□instructive 200
□instructor 200
□**instrument** 200
□insufficient 211
□**insult** 284
□**insurance** 274
□insure 274
□intellect 210
□**intellectual** 210
□intelligence 97, 210
□**intelligent** 97
□**intend** 180
□**intense** 302
□intensify 302
□intensity 302
□intensive 302
□intention 180
□intentional 180
□interact 157
□**interaction** 157
□interactive 157
□**interest** 326
□**interfere** 235
□interference 235
□**internal** 254
□**interpret** 218
□interpretation 218
□interpreter 218
□**interrupt** 222
□interruption 222
□**interview** 64
□intimacy 256
□**intimate** 256
□**introduce** 46
□introduction 46
□**invade** 270
□invaluable 145
□invariably 127
□invasion 270
□invasive 270
□**invent** 182
□invention 182
□inventive 182
□inventor 182
□**invest** 226
□**investigate** 264
□investigation 264
□investment 226
□invitation 42
□**invite** 42
□involve 161
□**involved** 161
□involvement 161
□irrational 303
□irrelevant 259
□irresistible 219
□irresponsible 192
□**irritate** 232
□irritated 232
□irritating 232
□isolate 298
□**isolated** 298
□isolation 298
□**issue** 317
□**item** 336
□**ivy** 187

J

□jail 280
□**jam** 153
□**January** 8
□**jaw** 311
□**jelly fish** 310
□**job** 51
□**jogging** 20
□**join** 42
□joint 42
□**joke** 64
□**journal** 75
□journalism 75
□**journey** 66
□**joy** 74
□joyful 74
□**judge** 122
□judgment 122
□**juice** 20
□**July** 8
□**June** 8
□junior 170
□Jupiter 197
□**justice** 280
□justification 280
□justify 280

K

□**keen** 254
□**kettle** 308
□**kick** 20
□**kid** 235
□**kidney** 311
□**kindergarten** 80
□**kingdom** 241
□**kinship** 108
□**kitten** 176
□**knee** 72, 311
□kneel 72
□**knock** 47

□ **knowledge** 188

L

□ **label** 71
□ **labor** 282
□ **laboratory** 274
□ laborious 282
□ **lack** 189
□ **ladder** 198
□ lake 13
□ **land** 53
□ landlord 250
□ landmine 250
□ **landscape** 277
□ **largely** 215
□ **last** 314
□ lasting 314
□ **late** 342
□ **lately** 262
□ **later** 103, 257
□ **latest** 212
□ **latter** 257
□ **laughter** 146
□ **launch** 235
□ **law** 54
□ lawn 67
□ lawyer 54
□ **lay** 42
□ **layer** 279
□ layout 42
□ **lazy** 261
□ **lead** 324
□ **leaf** 74, 187
□ **league** 20
□ **lean** 221
□ **leap** 270
□ lease 137
□ **least** 83
□ **leather** 311
□ **leave** 320
□ **lecture** 199, 345
□ **left** 105
□ leg 72
□ **legal** 169
□ **legend** 285
□ legendary 285
□ **leisure** 204
□ **lemon** 21
□ **lend** 47, 182
□ length 194
□ **leopard** 176
□ **lesson** 335
□ **let** 35
□ **letter** 328
□ **lettuce** 170
□ **liberal** 306
□ liberate 306
□ liberation 306
□ liberty 306
□ **license** 71
□ **lid** 308
□ **lie** 37
□ **life** 324
□ **lift** 45
□ **light** 51
□ likelihood 159
□ **likely** 159
□ likewise 167, 205
□ **lily** 187
□ **limit** 45
□ limitation 45
□ **line** 328
□ linguist 303
□ **linguistic** 303
□ linguistics 303
□ **link** 43
□ **lipstick** 311
□ liquid 212
□ literacy 309
□ **literal** 309
□ **literally** 309
□ **literary** 309
□ **literate** 309
□ **literature** 196
□ live 89
□ **lively** 304
□ **liver** 292, 311
□ **living** 52, 89
□ **lizard** 176
□ **load** 243
□ **loan** 72
□ **local** 92
□ **locate** 138
□ location 138
□ **logic** 285
□ logical 285
□ lone 95
□ **lonely** 95
□ **long** 327
□ **loose** 254
□ **lord** 250
□ lose 192
□ **loss** 192
□ lost 192
□ **lot** 343
□ **loud** 93
□ loudly 93
□ **lovely** 96
□ lower 93
□ **loyal** 298
□ loyalty 298
□ **luck** 21, 80
□ luckily 80
□ **lucky** 21, 80
□ lunar 302
□ **lung** 292
□ luxurious 281
□ **luxury** 281

M

□ **machine** 21
□ **mad** 341
□ **magazine** 14
□ **magic** 21
□ **mail** 61
□ **main** 84
□ mainly 84
□ **maintain** 332
□ maintenance 332
□ **Majesty** 108
□ **major** 196, 207, 327, 345
□ **majority** 196, 327
□ **make** 342
□ **male** 163
□ **mammal** 293
□ **manage** 330
□ **manager** 21
□ **mankind** 277

□ **manner** ……… 331
□ **manual** ……… 303
□ **manufacture** ……… 139
□ manufacturer ……… 139
□ **maple** ……… 187
□ **marathon** ……… 21
□ **March** ……… 8
□ **marital** ……… 108
□ **mark** ……… 47
□ marked ……… 47
□ marriage ……… 178
□ married ……… 178
□ **marry** ……… 178
□ Mars ……… 197
□ **mass** ……… 153
□ massive ……… 153
□ **match** ……… 128
□ **mate** ……… 194
□ **material** ……… 147, 345
□ materialism ……… 147
□ mathematical ……… 65
□ mathematician ……… 65
□ **mathematics** ……… 65
□ **matter** ……… 322
□ **mature** ……… 255
□ maturity ……… 255
□ maximum ……… 257
□ **May** ……… 8
□ **maybe** ……… 18
□ **meal** ……… 60
□ **mean** ……… 320
□ meaning ……… 320
□ **means** ……… 322
□ **meanwhile** ……… 262
□ **measure** ……… 333
□ **meat** ……… 13
□ mechanic ……… 287
□ mechanical ……… 287
□ mechanics ……… 287
□ **mechanism** ……… 287
□ **medal** ……… 21
□ **medical** ……… 206
□ medication ……… 206
□ **medicine** ……… 14, 206
□ **medieval** ……… 307
□ **medium** ……… 153
□ **meet** ……… 314
□ **melt** ……… 270
□ memorial ……… 57
□ memorize ……… 57
□ **memory** ……… 57
□ mend ……… 135
□ **mental** ……… 208
□ mentality ……… 208
□ **mention** ……… 122
□ **menu** ……… 21
□ merchandise ……… 289
□ **merchant** ……… 289
□ Mercury ……… 197
□ mere ……… 309
□ **merely** ……… 309
□ **merit** ……… 279
□ **message** ……… 15
□ **metal** ……… 21
□ **method** ……… 190
□ microscope ……… 293
□ microwave ……… 75
□ **midnight** ……… 74
□ **mild** ……… 18
□ **military** ……… 212
□ millennium ……… 52
□ **million** ……… 12, 198
□ mimic ……… 273
□ **mind** ……… 321
□ **mine** ……… 250
□ miner ……… 250
□ mineral ……… 250
□ minimal ……… 257
□ **minimum** ……… 257
□ **minister** ……… 158
□ ministry ……… 158
□ **minor** ……… 207
□ minority ……… 196, 207
□ **mirror** ……… 21
□ **miserable** ……… 261
□ misery ……… 261
□ **miss** ……… 316
□ missing ……… 316
□ **mission** ……… 248
□ missionary ……… 248
□ **mist** ……… 79, 175
□ **mistake** ……… 117
□ mistaken ……… 117
□ **mix** ……… 44
□ **mobile** ……… 212
□ mobility ……… 212
□ **moderate** ……… 306
□ **modern** ……… 18
□ **modest** ……… 256
□ modification ……… 270
□ **modify** ……… 270
□ **mole** ……… 176
□ molecular ……… 296
□ **molecule** ……… 296
□ **mom** ……… 108
□ **moment** ……… 55
□ **Monday** ……… 7
□ monk ……… 291
□ monolingual ……… 160
□ **monster** ……… 21
□ **monthly** ……… 18
□ **moral** ……… 167
□ morality ……… 167
□ **moreover** ……… 214
□ **mosquito** ……… 216
□ **moss** ……… 187
□ **most** ……… 321
□ **mostly** ……… 215
□ **moth** ……… 216
□ **motion** ……… 12
□ motivate ……… 284
□ motivation ……… 284
□ **motive** ……… 284
□ **mouse** ……… 176
□ **move** ……… 12, 81, 343
□ **movement** ……… 81
□ **mug** ……… 308
□ multilingual ……… 160
□ **murder** ……… 277
□ **muscle** ……… 278
□ muscular ……… 278
□ **museum** ……… 312
□ **musician** ……… 21
□ **mutual** ……… 300
□ mysterious ……… 70
□ **mystery** ……… 70
□ **myth** ……… 289
□ mythology ……… 289

N

□ **narrow** ……… 87, 166

□ narrowly ………… 166
□ **nation** ………… **188**
□ national ………… 188
□ nationalism ………… 188
□ nationality ………… 188
□ nationwide ………… 188
□ **native** ………… **162**
□ **natural** ………… **209, 325**
□ **naturally** ………… **102**
□ **nature** ………… **335**
□ navy ………… 69
□ **nearly** ………… **171**
□ **necessary** ………… **84**
□ necessity ………… 84
□ **negative** ………… **163, 167**
□ **neglect** ………… **228**
□ negligent ………… 228
□ **neighbor** ………… **77**
□ neighborhood ………… 77
□ neighboring ………… 77
□ **neither** ………… **100**
□ nerve ………… 166
□ **nervous** ………… **166**
□ nest ………… 202
□ **nevertheless** ………… **214**
□ nitrogen ………… 281
□ **noble** ………… **258**
□ nobody ………… 78
□ **nod** ………… **230**
□ **noise** ………… **61**
□ noisy ………… 61
□ **none** ………… **61**
□ nonetheless ………… 214
□ **nonsense** ………… **21**
□ nonverbal ………… 304
□ **nor** ………… **174**
□ **normal** ………… **18**
□ **note** ………… **344**
□ **notice** ………… **116**
□ noticeable ………… 116
□ **notion** ………… **201**
□ novelist ………… 74
□ **November** ………… **8**
□ nowadays ………… 170
□ **nuclear** ………… **169**
□ **numerous** ………… **299**
□ **nurse** ………… **63, 294**
□ nursery ………… 294
□ **nursing** ………… **294**
□ nutrient ………… 295
□ **nutrition** ………… **295**

O

□ **oak** ………… **187**
□ obedience ………… 219
□ obedient ………… 219
□ **obey** ………… **219**
□ **object** ………… **330**
□ objection ………… 330
□ **objective** ………… **241**
□ obligation ………… 226
□ **oblige** ………… **226**
□ observation ………… 334
□ **observe** ………… **334**
□ **obstacle** ………… **283**
□ **obtain** ………… **181**
□ **obvious** ………… **162**
□ obviously ………… 162
□ **occasion** ………… **152**
□ occasional ………… 172
□ **occasionally** ………… **172**
□ **occupation** ………… **241**
□ **occupy** ………… **139**
□ **occur** ………… **265**
□ occurrence ………… 265
□ **ocean** ………… **14**
□ **October** ………… **8**
□ **octopus** ………… **310**
□ **odd** ………… **300**
□ **offer** ………… **112**
□ offering ………… 112
□ **office hours** ………… **345**
□ **officer** ………… **77**
□ **official** ………… **149**
□ old-fashioned ………… 334
□ **omelet** ………… **21**
□ **once** ………… **337**
□ **operate** ………… **131**
□ operation ………… 131
□ **opinion** ………… **57**
□ **opponent** ………… **292**
□ **opportunity** ………… **190**
□ **oppose** ………… **183**
□ opposite ………… 183
□ opposition ………… 183
□ opt ………… 286
□ optimism ………… 304
□ optimist ………… 304
□ **optimistic** ………… **304**
□ **option** ………… **286**
□ optional ………… 286
□ **order** ………… **319**
□ orderly ………… 319
□ **ordinary** ………… **89, 300**
□ **organ** ………… **248**
□ organic ………… 248
□ **organism** ………… **248, 289**
□ **organization** ………… **193**
□ organize ………… 193
□ **origin** ………… **196**
□ original ………… 196
□ originality ………… 196
□ originate ………… 196
□ ornament ………… 143
□ **otherwise** ………… **316**
□ **ought** ………… **175**
□ **outcome** ………… **293**
□ outer ………… 260
□ out-of-date ………… 306
□ **output** ………… **250**
□ **outside** ………… **97**
□ **oval** ………… **297**
□ **overall** ………… **256**
□ **overcome** ………… **184**
□ **overlook** ………… **226**
□ **overnight** ………… **215**
□ **overseas** ………… **93**
□ overweight ………… 141
□ overwhelm ………… 304
□ **overwhelming** ………… **304**
□ **owe** ………… **142**
□ **owl** ………… **216**
□ **own** ………… **139**
□ **ox** ………… **176**
□ **oxygen** ………… **281**
□ **oyster** ………… **310**

P

□ **package** 80
□ **pain** 152
□ painful 152
□ **palace** 312
□ **pale** 298
□ **palm** 187, 290
□ **panel** 21
□ **pants** 311
□ **paper** 337
□ **paragraph** 69
□ **parallel** 246
□ parasol 13
□ parcel 80
□ **pardon** 136
□ **park** 312
□ (the) Parliament 289
□ **parrot** 216
□ **part** 318
□ partial 318
□ participant 142
□ **participate** 142
□ participation 142
□ **particle** 294
□ **particular** 159
□ **party** 317
□ **pass** 48
□ **passage** 148
□ **passenger** 195
□ **passion** 285
□ passionate 285
□ **passive** 96, 257
□ **passport** 21
□ **past** 53
□ pastime 204, 266
□ **path** 200
□ patience 150
□ **patient** 150
□ **pattern** 21
□ **pause** 279
□ **pay** 340
□ **pea** 170
□ peace 12
□ **peacock** 216
□ **pear** 170
□ **peculiar** 257
□ peculiarity 257
□ **peer** 251
□ **penalty** 290
□ **pentagon** 297
□ **perceive** 140
□ **percentage** 21
□ perception 140
□ **perform** 123
□ performance 123
□ **perhaps** 99
□ **period** 188
□ **permanent** 211
□ permission 182
□ **permit** 182
□ **personal** 96
□ personality 96
□ **perspective** 240
□ **persuade** 132
□ persuasion 132
□ persuasive 132
□ pessimistic 304
□ **phenomenon** 198
□ philosopher 282
□ **philosophy** 282
□ **photocopy** 345
□ **photograph** 21
□ **physical** 161, 208
□ **physician** 282
□ physicist 161
□ physics 161
□ **pick** 39
□ **piece** 81
□ **pigeon** 216
□ **pile** 241
□ **pine** 187
□ **pioneer** 291
□ **pity** 336
□ **place** 51
□ **plain** 260
□ **plan** 49
□ **plane** 13, 297
□ **planet** 197
□ **plant** 49
□ **plate** 67, 308
□ **pleasant** 164
□ please 164
□ pleased 164
□ pleasure 164
□ **plenty** 203
□ **pocket** 21
□ poem 74
□ **poet** 74
□ poetry 74
□ **point** 336
□ **poison** 247
□ poisonous 247
□ **police** 21
□ **policy** 193
□ **polish** 272
□ **polite** 210
□ **political** 206
□ politician 206
□ politics 206
□ pollutant 197
□ pollute 197
□ **pollution** 197
□ **pond** 13
□ **poor** 91
□ **popular** 17
□ popularity 17
□ populate 188
□ **population** 188
□ **portion** 289
□ **pose** 343
□ **position** 12
□ **positive** 163, 167
□ positively 163
□ **possess** 184
□ possession 184
□ possibility 172
□ possible 87, 172
□ **possibly** 172
□ **post** 62
□ post-A 62
□ **pot** 21
□ potent 209
□ **potential** 209
□ **pour** 273
□ **poverty** 274
□ **practical** 207
□ practically 207
□ **practice** 317
□ **praise** 184
□ **pray** 271

□prayer 271
□pre-A 62
□**precious** 298
□precise 262
□**precisely** 262
□precision 262
□**predict** 185
□prediction 185
□**prefer** 116
□preferable 116
□preference 116
□prehistoric 53
□**prejudice** 244
□premature 255
□preparation 118
□**prepare** 118
□preschool 80
□presence 324
□**present** 324
□presentation 324
□preservation 132
□**preserve** 132
□**president** 108
□**press** 336
□pressing 336
□**pretend** 185
□**pretty** 332
□**prevent** 117
□prevention 117
□**previous** 165
□previously 165
□**prey** 248
□**price** 55
□pride 92
□**priest** 291
□primary 256
□**prime** 256
□**primitive** 211
□**prince** 21
□**princess** 21
□**principal** 208
□**principle** 152
□**prior** 306
□**priority** 283, 306
□**prison** 280
□prisoner 280
□privacy 161
□**private** 161
□**privilege** 279
□privileged 279
□**prize** 75
□probability 213
□probable 213
□**probably** 213
□**problem** 14
□**procedure** 280
□**proceed** 218
□**process** 218, **327**
□**produce** 177
□product 177
□production 177
□productive 177
□productivity 177
□**profession** 278
□professional 278
□**professor** 108, 193
□**profile** 239
□profiling 239
□**profit** 197
□profitable 197
□**profound** 302
□**progress** 147
□progressive 147, 302
□**prohibit** 225
□**project** 150
□prominence 305
□**prominent** 305
□**promise** 40
□**promote** 182
□promotion 182
□**prompt** 234
□promptly 234
□**pronounce** 232
□pronunciation 232
□proof 118
□propaganda 204
□**proper** 163
□**property** 155
□**proportion** 237
□proposal 184
□**propose** 184
□proposition 184
□**prospect** 278
□prosper 279
□**prosperity** 279
□prosperous 279
□**protect** 178
□protection 178
□protective 178
□**protein** 295
□**protest** 238
□**proud** 92
□**prove** 118
□**provide** 111
□provided 111
□providing 111
□provision 111
□psychological 282
□psychologist 282
□**psychology** 282
□**public** **88**, 161
□publication 185
□**publish** 185
□pull 41
□**punish** 267
□punishment 267
□**pupil** 69
□**puppy** 176
□**purchase** 268
□**pure** 301
□purity 301
□**purpose** 189
□**purse** 288
□**pursue** 220
□pursuit 220
□**push** 41
□**puzzle** 135
□puzzled 135

Q

□quake 200
□qualification 226
□**qualified** 226, 345
□**qualify** 226
□**quality** 158, 189
□**quantity** 158
□**quarrel** 278
□**quarter** 154
□quarterly 154
□**queen** 21
□**quiet** 17

□ **quit** ………… **186**
□ **quite** ………… **98**
□ **quiz** ………… **345**

R

□ **rabbit** ………… **176**
□ **race** ………… 305, **317**
□ **racial** ………… **305**, 317
□ racism ………… 305
□ **radical** ………… **307**
□ **rail** ………… **312**
□ **raise** ………… **116**
□ **random** ………… **306**
□ **range** ………… **149**
□ **rank** ………… **238**
□ **rapid** ………… **208**
□ rapidly ………… 208
□ **rare** ………… **209**
□ rarely ………… 209
□ **rat** ………… **176**
□ **rate** ………… **146**
□ **rather** ………… **98**
□ rating ………… 146
□ ration ………… 303
□ **rational** ………… **303**
□ **raw** ………… **299**
□ **ray** ………… **281**
□ **razor** ………… **311**
□ **reach** ………… **112**
□ **react** ………… **186**
□ reaction ………… 186
□ readily ………… 160
□ **ready** ………… **160**
□ ready-made ………… 160
□ realization ………… 113
□ **realize** ………… **113**
□ **rear** ………… **341**
□ **reason** ………… **322**
□ **reasonable** ………… **166**, 322
□ reasoning ………… 322
□ **recall** ………… **185**
□ **recent** ………… **170**
□ recently ………… 170
□ recognition ………… 115
□ **recognize** ………… **115**
□ **recommend** ………… **183**
□ **recommendation** ………… 183, **345**
□ **record** ………… **21**, 49
□ record-breaking ………… 49
□ **recover** ………… **137**
□ recovery ………… 137
□ **rectangle** ………… **297**
□ **recycle** ………… **44**
□ recycling ………… 44
□ **reduce** ………… **117**
□ reduction ………… 117
□ **redwood** ………… **187**
□ **refer** ………… **119**
□ reference ………… 119
□ **reflect** ………… **122**
□ reflection ………… 122
□ **reform** ………… **278**
□ refresh ………… 260
□ **refreshing** ………… **260**
□ refreshment ………… 260
□ **refrigerator** ………… **72**
□ refuge ………… 293
□ **refugee** ………… **293**
□ refusal ………… 121
□ **refuse** ………… **121**, 177
□ **regard** ………… **115**
□ **regardless** ………… **310**
□ **region** ………… **151**
□ regional ………… 151
□ **register** ………… **227**
□ registration ………… 227
□ **regret** ………… **130**
□ regretful ………… 130
□ regrettable ………… 130
□ **regular** ………… **91**
□ **regulate** ………… **268**
□ regulation ………… 268
□ **reindeer** ………… **176**
□ **reject** ………… **129**, 177
□ rejection ………… 129
□ **relate** ………… **119**
□ relation ………… 119
□ relationship ………… 119
□ **relative** ………… **151**, 214, 309
□ **relatively** ………… **214**
□ relativity ………… 151
□ **relax** ………… **42**
□ relaxation ………… 42
□ relaxed ………… 42
□ relaxing ………… 42
□ **release** ………… **137**
□ relevance ………… 259
□ **relevant** ………… **259**
□ reliable ………… 130
□ reliance ………… 130
□ **relief** ………… **340**
□ relieve ………… 340
□ **religion** ………… **197**
□ religious ………… 197
□ relocate ………… 138
□ reluctance ………… 299
□ **reluctant** ………… **299**
□ **rely** ………… **130**
□ **remain** ………… **112**
□ **remark** ………… **136**, 167
□ **remarkable** ………… 136, **167**
□ remarkably ………… 167
□ **remember** ………… **329**
□ **remind** ………… **128**
□ **remote** ………… **300**
□ removal ………… 127
□ **remove** ………… **127**
□ **rent** ………… **137**
□ rental ………… 137
□ **repair** ………… **135**
□ **repeat** ………… **44**
□ repeatedly ………… 44
□ **replace** ………… **125**
□ replacement ………… 125
□ **reply** ………… **124**
□ **report** ………… **21**, **49**
□ **represent** ………… **123**
□ representation ………… 123
□ representative ………… 123
□ reptile ………… 293
□ **reputation** ………… **276**
□ **request** ………… **44**
□ **require** ………… **113**
□ **requirement** ………… 113, **345**
□ **rescue** ………… **267**
□ **research** ………… **190**
□ resemblance ………… 185
□ **resemble** ………… **185**
□ reservation ………… 136
□ **reserve** ………… **136**
□ reserved ………… 136

- reside ... 151
- residence ... 151
- **resident** ... 151
- residential ... 151
- **resist** ... 219
- resistance ... 219
- resistant ... 219
- resolution ... 228
- **resolve** ... 228
- **resort** ... 232
- **resource** ... 193
- **respect** ... 322
- respectable ... 322
- respectful ... 322
- respective ... 322
- **respond** ... 121
- response ... 121
- **responsibility** ... 192
- responsible ... 192
- **rest** ... 328
- **restaurant** ... 312
- **restore** ... 273
- **restrict** ... 221
- restriction ... 221
- restructure ... 194
- restructuring ... 194
- **result** ... 144
- **retain** ... 267
- **retire** ... 182
- retirement ... 182
- **return** ... 16
- **reveal** ... 125
- revelation ... 125
- reversal ... 221
- **reverse** ... 221
- **review** ... 243
- **revolution** ... 154
- revolutionary ... 154
- revolve ... 154
- **reward** ... 155
- rewarding ... 155
- **rhinoceros** ... 176
- **rhythm** ... 13
- **rid** ... 273
- **ride** ... 16
- ridicule ... 305
- **ridiculous** ... 305
- **right** ... 18, 105, 314
- **ring** ... 43
- ripe ... 255
- **rise** ... 38
- **risk** ... 151
- risky ... 151
- rite ... 292
- **ritual** ... 292
- **rival** ... 21
- **rob** ... 231
- robbery ... 231
- **robin** ... 216
- **rock** ... 14
- **rocket** ... 21
- **role** ... 189
- **roll** ... 44
- **roof** ... 16, 312
- **room** ... 317
- **root** ... 74, 236
- **rope** ... 21
- **rough** ... 159
- **round** ... 97
- round (-) trip ... 97
- **route** ... 67
- **routine** ... 239
- **row** ... 239
- **royal** ... 94
- **rude** ... 210
- **ruin** ... 220
- **rule** ... 327
- **run** ... 314
- **rural** ... 299
- **rush** ... 129

S

- **sacrifice** ... 267
- **safe** ... 17
- safety ... 17
- **sail** ... 45
- sailboat ... 45
- sailing ... 45
- sailor ... 45
- **sake** ... 70
- **salad** ... 14
- **salary** ... 68
- **sale** ... 60
- salesclerk ... 60
- **salmon** ... 310
- **same** ... 18
- **sardine** ... 310
- **satellite** ... 284
- satisfaction ... 180
- satisfactory ... 180
- **satisfy** ... 180
- **Saturday** ... 7
- Saturn ... 197
- **saucer** ... 308
- **save** ... 329
- savings ... 329
- **say** ... 344
- **scale** ... 64
- scarce ... 263
- **scarcely** ... 263
- **scare** ... 229
- scared ... 229
- scary ... 229
- **scatter** ... 271
- scattered ... 271
- **scene** ... 153
- scenery ... 153
- scenic ... 153
- **schedule** ... 15
- **scheme** ... 284
- **scholar** ... 199
- **scholarship** ... 199, 345
- **school** ... 310
- **score** ... 187
- **scream** ... 271
- sea ... 14
- **sea lion** ... 176
- **seal** ... 176
- **search** ... 121
- seaside ... 68
- **seat** ... 143
- **seaweed** ... 187
- **secret** ... 13
- **secretary** ... 291
- secure ... 155
- **security** ... 155
- **seed** ... 279
- **seek** ... 120
- **seem** ... 35
- seeming ... 35
- **seemingly** ... 35, 310

□ **seldom** …… 172
□ **select** …… 183
□ selection …… 183
□ selective …… 183
□ self-confidence …… 199
□ self-conscious …… 165
□ self-control …… 76
□ self-discipline …… 340
□ **selfish** …… 305
□ **semester** …… 345
□ **senior** …… 170
□ **sense** …… 318
□ sensible …… 210, 318
□ **sensitive** …… 210, 318
□ sensitivity …… 210
□ sensory …… 318
□ **separate** …… 41
□ separation …… 41
□ **September** …… 8
□ **series** …… 64
□ **serious** …… 159
□ servant …… 329
□ **serve** …… 329
□ **service** …… 146
□ **setting** …… 73
□ **settle** …… 339
□ settlement …… 339
□ settler …… 339
□ **several** …… 83
□ **severe** …… 211
□ **sew** …… 143
□ **shade** …… 249
□ **shadow** …… 72
□ **shake** …… 130
□ shallow …… 85
□ **shame** …… 301, 341
□ shameful …… 301
□ **shape** …… 190
□ **share** …… 114
□ **shark** …… 310
□ **sharp** …… 18, 205
□ **sheep** …… 176, 297
□ **sheet** …… 62
□ **shelf** …… 202
□ **shell** …… 310
□ **shelter** …… 242
□ **shift** …… 141
□ **shine** …… 46
□ **ship** …… 12
□ **shock** …… 49
□ shocking …… 49
□ **shoot** …… 16
□ shot …… 16
□ **shore** …… 74
□ **shortage** …… 274
□ **shoulder** …… 311
□ **shout** …… 48
□ **shower** …… 175
□ shrine …… 81
□ **shut** …… 47
□ **shy** …… 302
□ **side** …… 54, 297
□ sidewalk …… 54
□ **sight** …… 81, 149
□ **sightseeing** …… 81, 149
□ **sign** …… 146
□ signal …… 146
□ signature …… 146
□ significance …… 164
□ **significant** …… 164
□ signify …… 164
□ **silk** …… 311
□ **silly** …… 300
□ **silver** …… 21
□ **similar** …… 205
□ similarity …… 205
□ simple …… 99
□ **simply** …… 99
□ **sink** …… 267
□ **sir** …… 108
□ **site** …… 195
□ situated …… 71
□ **situation** …… 71
□ **skeleton** …… 311
□ **skill** …… 189
□ skilled …… 189
□ skillful …… 189
□ **skin** …… 311
□ **slave** …… 244
□ slavery …… 244
□ **slight** …… 308
□ **smart** …… 94
□ **smell** …… 63
□ **smoke** …… 15
□ smoking …… 15
□ **smooth** …… 95, 159
□ smoothly …… 95
□ **snail** …… 216
□ **snake** …… 176
□ sneeze …… 284
□ sociable …… 144
□ social …… 144
□ **society** …… 144
□ sociology …… 144
□ **sofa** …… 21
□ **soil** …… 201
□ **solar** …… 302
□ **soldier** …… 66, 108
□ **solid** …… 212
□ solidarity …… 212
□ solution …… 179
□ **solve** …… 179
□ somebody …… 78
□ **somehow** …… 172
□ **somewhat** …… 309
□ somewhere …… 105
□ **sophisticated** …… 257
□ **sophomore** …… 345
□ **sorrow** …… 283
□ **sort** …… 337
□ **soul** …… 342
□ **sound** …… 319
□ **source** …… 190
□ sow …… 279
□ **space** …… 54
□ spacecraft …… 54, 250
□ **spaghetti** …… 21
□ **span** …… 245
□ **spare** …… 338
□ **sparrow** …… 216
□ specialist …… 224
□ **specialize** …… 224
□ specialized …… 224
□ **species** …… 296
□ **specific** …… 165
□ specifically …… 165
□ **spend** …… 36
□ **spider** …… 216
□ **spill** …… 236
□ **spinach** …… 170
□ **spirit** …… 153
□ spiritual …… 147, 153
□ **split** …… 231
□ **spoil** …… 141

☐ **spot** 65
☐ **spouse** 108
☐ **spread** 119
☐ **spring** 343
☐ **square** 73, 297
☐ **squash** 170
☐ **squid** 310
☐ **squirrel** 176
☐ stability 301
☐ **stable** 301
☐ **staff** 21
☐ **stairs** 73, 312
☐ **stamp** 21
☐ **stand** 314
☐ **standard** 191
☐ **stare** 273
☐ starvation 228
☐ **starve** 228
☐ **state** 193, 321
☐ **statement** 193
☐ statistical 243
☐ **statistics** 243
☐ **statue** 291
☐ **status** 198
☐ steadily 254
☐ **steady** 254
☐ **steak** 308
☐ **steal** 50
☐ **stem** 236
☐ **stereotype** 249
☐ **stew** 308
☐ **stick** 333
☐ **still** 320
☐ **stimulate** 223
☐ stimulus 223
☐ **stock** 237
☐ **stomach** 292, 311
☐ stomachache 73
☐ storage 329
☐ **store** 329
☐ **storm** 203
☐ **story** 343
☐ **straight** 101
☐ **strain** 244
☐ strained 244
☐ **stranger** 196
☐ **strategy** 292
☐ **stream** 201
☐ **strength** 196
☐ strengthen 196
☐ **stress** 129
☐ stressful 129
☐ **stretch** 142
☐ **strict** 212
☐ **strike** 332
☐ **striking** 300, 332
☐ **strip** 249
☐ **stroke** 251
☐ **structure** 194
☐ **struggle** 132
☐ **study** 312
☐ **stuff** 239
☐ **stupid** 212
☐ **style** 12
☐ **subject** 328
☐ **substance** 261, 292
☐ **substantial** 261
☐ **substitute** 222
☐ **subtle** 302
☐ **suburb** 285
☐ **subway** 13
☐ **succeed** 57, 339
☐ **success** 57
☐ successful 57, 339
☐ succession 339
☐ successive 339
☐ **suddenly** 18
☐ sudden 18
☐ **suffer** 117
☐ suffering 117
☐ **sufficient** 211
☐ **suggest** 113
☐ suggestion 113
☐ **suicide** 294
☐ **suit** 125
☐ suitable 125
☐ **sum** 238
☐ summarize 238
☐ summary 238
☐ **Sunday** 7
☐ sunrise 38
☐ sunset 38
☐ sunshine 46
☐ **superior** 165
☐ superiority 165
☐ **supply** 114, 120
☐ **support** 115
☐ **suppose** 116
☐ supposedly 116
☐ **sure** 82
☐ **surface** 193
☐ surgeon 295
☐ **surgery** 295
☐ surprise 88
☐ **surprised** 88
☐ surprising 88
☐ surprisingly 88
☐ **surround** 125
☐ surroundings 125
☐ **survey** 199
☐ survival 123
☐ **survive** 123
☐ **suspect** 138
☐ suspicion 138
☐ suspicious 138
☐ **sustain** 268
☐ sustainable 268
☐ **swallow** 149, 216
☐ **sweat** 296
☐ **sweep** 272
☐ **syllabus** 345
☐ **symbol** 12
☐ sympathetic 276
☐ sympathize 276
☐ **sympathy** 276
☐ **symptom** 279

T

☐ **tail** 13
☐ **tale** 277
☐ **talent** 204
☐ talented 204
☐ **tap** 236
☐ **task** 191
☐ **taste** 149
☐ **tax** 275
☐ **tear** 186
☐ technical 198
☐ **technique** 198
☐ **technology** 59
☐ **teenager** 13

- telegram 293
- **telescope** 293
- **temper** 244
- temperate 298
- **temperature** 196
- **temple** 81
- **temporary** 211
- **tend** 114
- tendency 114
- tense 283
- **tension** 283
- **term** 316, 345
- **terminal** 252
- terminate 252
- **terrible** 207
- terrified 207
- terrify 207
- terrifying 207
- **territory** 242
- terror 207
- terrorism 207
- **text** 187
- **theater** 312
- **theme** 281
- theoretical 192
- **theory** 192
- **therefore** 171
- thick 95
- **thin** 95
- **things** 321
- thirst 210
- **thirsty** 210
- thorough 310
- **thoroughly** 310
- **though** 107
- threat 220
- **threaten** 220
- threatening 220
- thrill 260
- **thrilled** 260
- thrilling 260
- **throat** 311
- **throughout** 173
- **throw** 40
- **thumb** 290
- **thunder** 175
- **thunderstorm** 175
- **Thursday** 7
- **thus** 173
- **tide** 252
- **tight** 256
- tighten 256
- time-consuming 186
- **tiny** 209
- **tip** 296
- **tired** 88
- tiring 88
- **title** 21
- tobacco 15
- **toe** 290, 311
- **tongue** 338
- **tool** 75
- **tooth** 311
- toothache 73
- top 72
- **topic** 75
- **tornado** 175
- **touch** 335
- **tough** 169
- tour 60, 66
- **tourism** 60, 277
- **tourist** 60
- **toward** 106
- **towel** 21
- **toy** 13
- **trace** 222
- **track** 148
- **trade** 147
- **tradition** 194
- traditional 194
- **traffic** 77
- **tragedy** 287
- tragic 287
- **train** 16
- **trait** 291
- **transfer** 230
- **transform** 264
- transformation 264
- **translate** 139
- translation 139
- transmission 224
- **transmit** 224
- **transplant** 296
- transport 149
- **transportation** 149
- **trap** 244
- **travel** 12, 66
- **treasure** 237
- **treat** 118
- treatment 118
- **tremendous** 301
- **trend** 156
- trendy 156
- **trial** 242
- **triangle** 73, 297
- **tribe** 283
- **trick** 343
- trip 66
- **tropical** 298
- tropics 298
- **trouble** 81
- troublesome 81
- **trout** 310
- **true** 86, 261
- truly 86
- trunk 158
- **trust** 183
- truth 86
- **try** 34
- **Tuesday** 7
- **tuition** 345
- **tuna** 310
- **tune** 245
- **turkey** 216
- **turn** 314
- **turtle** 176
- **tutor** 193, 345
- **twilight** 175
- **twin** 152
- **typhoon** 15
- **typical** 208

U

- **ugly** 305
- **ultimate** 302
- **umbrella** 13
- unavoidable 178
- underestimate 126
- **undergo** 271
- **undergraduate** 127, 345
- underlie 258

□**underlying** 258
□**undertake** 231
□undoubtedly 59
□unemployment 133
□unfold 272
□unfortunate 102
□**unfortunately** 102
□unify 270
□**union** 276
□**unique** 90
□uniquely 90
□**unit** 276
□**unite** 270
□unity 270
□universal 202
□**universe** 202
□**university** 312
□**unless** 174
□**unlike** 173
□**upper** 93
□**upset** 164
□**upstairs** 73, 103, 312
□**up-to-date** 306
□**urban** 211, 299
□**urge** 233
□urgency 300
□**urgent** 300
□**usage** 288

V

□vaccine 291
□**vague** 299
□**vain** 258
□valuable 145
□**value** 145
□**vanish** 273
□vanity 258
□variation 127
□varied 127
□variety 205
□**various** 127, 205
□**vary** 127, 205
□**vast** 299
□vegetable 13
□**vehicle** 239
□**venture** 248
□Venus 197
□**verbal** 304
□**version** 246
□vertebrate 293
□**very** 319
□**vessel** 251
□**vice** 276, 342
□vicious 342
□**victim** 201
□**victory** 14
□**view** 326
□viewpoint 326
□**violence** 195
□violent 195
□virtual 309
□**virtually** 309
□**virtue** 276
□virtuous 276
□**virus** 291
□**visible** 299
□**vision** 339
□visitor 79
□visual 299
□**vital** 253
□vitality 253
□**vivid** 261
□**vocabulary** 199
□vocation 241
□vocational 241
□**voice** 12
□**volume** 276
□voluntary 158
□**volunteer** 158
□**vote** 156
□**voyage** 286

W

□**wage** 275
□**wake** 43
□**wall** 312
□wallet 288
□**walnut** 187
□**wander** 186
□**war** 12
□**warn** 128
□warning 128
□**wasp** 216
□**waste** 341
□**wave** 75
□**way** 319
□**weak** 17
□weaken 17
□**wealth** 197
□wealthy 197
□**weapon** 200
□**wear** 328
□**weather** 55
□**web** 202
□Website 195
□**wedding** 21
□**Wednesday** 7
□**weed** 187
□**week** 7
□weekend 7
□weekly 18
□**weigh** 141
□**weight** 141, 194
□**welfare** 240
□well-being 240
□**wet** 17
□**whale** 310
□**wheat** 288
□**wheel** 144
□wheelchair 144
□**whereas** 263
□**whether** 175
□**while** 107
□**whisper** 272
□**whole** 83
□wholly 83
□**wide** 87
□widely 87
□widen 87
□**widespread** 299
□width 87, 194
□wife 80
□**wild** 89
□**wild boar** 176
□**wildlife** 89, 289
□**will** 321
□**willing** 162
□willingly 162

□willingness ………… 162
□**willow** ………… 187
□**win** ………… 39
□**wing** ………… 13
□**wipe** ………… 269
□wiper ………… 269
□**wisdom** ………… 275
□wise ………… 275
□**wish** ………… 39
□**withdraw** ………… 234
□withdrawal ………… 234
□**within** ………… 174
□**without** ………… 106
□**witness** ………… 241
□**wolf** ………… 176
□**wonder** ………… 113
□wonderful ………… 113
□**wood** ………… 15
□**wool** ………… 311
□**word** ………… 335
□**work** ………… 324
□workaholic ………… 303
□**worm** ………… 216
□**worry** ………… 113
□**worth** ………… 161
□**wound** ………… 244
□wounded ………… 244
□**wrap** ………… 46
□**wrinkle** ………… 311
□wrist ………… 290
□**wrong** ………… 18

Y

□**yard** ………… 201, 312
□**yet** ………… 99
□**yield** ………… 341
□**youngster** ………… 292
□**youth** ………… 198
□youthful ………… 198

Z

□**zebra** ………… 176

MEMO

システム英単語 Basic 5訂版 Pocket

著者　霜　康司
　　　刀祢雅彦
発行者　山﨑良子
印刷・製本　日経印刷株式会社
発行所　駿台文庫株式会社
〒101-0062　東京都千代田区神田駿河台1-7-4
小畑ビル内
TEL. 編集 03(5259)3302
販売 03(5259)3301
《ポケット⑤－388pp.》

ISBN978-4-7961-1142-3　Printed in Japan

駿台文庫 Web サイト
https://www.sundaibunko.jp